디지털의 진화:

감성 UX 디자인

권지은

도서출판 청람

이 저서는 2014년 정부(교육부)의 재원으로 한국연구 재단의 지원을 받아 수행된 연구임
(NRF-2014S1A6A4027777)

머리말

디지털은 더 이상 새로운 탄생이 아니다. 이미 진화하면서 아날로그 세계와의 공존을 넘어서 우리 생활 속에 깊숙이 자리 잡고 있다. 계산을 위해 처음 만들어진 컴퓨터가 현재는 최첨단 기술력의 근간이 되어 모든 인간생활의 일부가 되었다. 컴퓨터와 인공지능이 인간을 지배할지 모른다는 공상과학 영화의 우려 메시지가 있음에도 불구하고 마이너리티 리포트의 미래 모습이 하나씩 실현되고 있다. 생명체의 진화는 생존을 위해 이루어지지만 디지털의 진화는 우리 인간의 더 나은 삶을 위해 만들어진다. 디지털의 진화 방향은 인간을 위한, 인간의 삶을 위한, 인간 중심의 디자인으로 이끌어져야 하며 이를 위한 디자인적 사고가 필요한 때이다.

정보화 시대를 지나 컨셉추얼 시대(Conceptual Age)를 맞이하고 있는 현 시대의 인간은 기술을 넘어서는 감성과 컨셉을 중요시하고 있다. 많은 데이터의 양보다 질적이거나 의미 있는 정보를 추구한다. 이러한 시대적 요구에 맞는 관점에서의 인간을 연구하고 새로운 미디어에 대한 디자인 방식이 요구되고 있다. 미적인 가치와 기능적인 측면보다 인간 중심의 관점에서의 "문제 해결(Solve the problems)"이라는 디자인의 근본적인 의미를 추구하고 있다. 따라서 "디지털의 진화: 감성 UX 디자인"은 디지털 디자인의 분야에서의 인간에 대한 이해와 연구 그리고 적용 방법을 이야기함으로써 감성 시대를 이끄는 디지털 디자인에 대한 진화의 방향성을 제시하고자 한다. 또한 실용적 학문인 디자인 분야에 활용되어 디자인 경영과 마케팅에 좋은 자료가 될 것으로 기대한다.

인간 중심의 사고를 기반으로 하는 UX 디자인의 의미와 방법론을 제시하여 디지털 진화의 방향성을 모색하고자 한다. 감성 시대에 창조되는 디자인은 인간을 이해하고 연구하여 반영해야 한다. 좋은 디자인(Good Design)이란 미학적으로 아름답고(Looks good), 기능적으로 편리하며(Works well), 감성적으로 만족감(Feels great)을 느낄 수 있어야 한다. 이러한 기준의 주체가 바로 사용자인 '인간'이다. 따라서 디자이너는 인간을 이해(Understanding)해야 한다. 이해한다는 의미는 대상을 존중하고 공감한다는 말이다. 따라서 디자인 사고를 하고, 디자인을 구현하며, 디자인을 평가하는 데 있어서 인간에 대한 이해는 더 나은 감성 UX 디자인이라는 디지털 진화의 방향을 만들어 나갈 것이다. 특히 인터랙션을 동반하는 디지털 디자인의 새로운 영역에서 인간의 이해에 대한 새로운 관점이 필요하다. 유비쿼터스의 기반이 될 수 있는 물리적 공간에서 이루어지는 사용자와의 인터랙션 디자인 분야에서 디자이너가 생각해야 할 UX 디자인을 기술하였다. 사용자를 이해하기 위한 UX 디자인의 정의와 이론을 다루었을 뿐만 아니라 인간의 감성을 자극하기 위한 창의적 사고와 표현 방법을 저서를 통해 공유하고자 한다.

2018년 6월

저자 씀

차례

Chapter 1 Empathize: 감성 UX(User eXperience)

Section 1 감성 UX 디자인 3
(1) 감성 시대, 감성 디자인 3
내가 본 감성 디자인 4
(2) 감성이란 무엇인가? 5
인문학에서 보는 감성 7
공학에서 보는 감성 9
디자인에서 보는 감성 10
(3) 사용자 경험 11
경험의 개념 11
경험의 과정과 결과 13
경험의 철학적 의미 13
(4) 감성과 경험의 관계 21

Section 2 UX 디자인의 발달 24
(1) 미디어 발달 24
(2) UX 디자인 역사 28
시스템, 기계 중심 시대 31
인간 요소(Human Factor) 중심 시대 33
사용자 경험 디자인 시대 38
(3) 사용자 중심 디자인 39

Chapter 2

Think: 사용자(User)

Section 1 사용자에 대한 이해 47
(1) 사용자 47
(2) 사용자 정보 처리 모델 49
(3) 사용자 개념 모델 52
사용자 개념 모델(User Conceptual Model) 53
디자이너 개념 모델(Designer Conceptual Model) 54
(4) 사용자 정황(Context) 55

Section 2 사용자 특징 59
(1) 인간공학(Ergonomics)적 특징 59
신체적 구조 59
감각 62
(2) 인지심리학적 특징 63
형태재인 63
(3) 행태주의적 특징 69
Interesting Ⅰ 사용자의 감성과 경험을 이해한 스트로우 디자인 72

Section 3 사용자 분석 75
(1) 디자인 리서치 75
설문 75
인터뷰 80
관찰 83
(2) 표정과 제스처 분석 93
표정 93
몸의 자세와 동작 96
(3) 신체의 생리적 지표 분석 98

Section 4 사용자 모델링 101
(1) 퍼소나 101
퍼소나 제작 시 고려해야 할 사항 104
(2) 감성 어휘 모델 108
어휘 수집 110
적합 어휘 추출 110
감성 어휘 분류 및 대표 어휘 추출 111
차원 추출 및 감성 어휘 모델 구축 113
Interesting Ⅱ 보는 것과 사용자 경험 관찰 – 보는 것이 보이는 것이 아니다! 115

Chapter 3 Strategy: UX 설계(Planning)

Section 1 UX 디자인 프로세스 119
(1) 폭포수(Waterfall) 모델 119
폭포수 모델 개요 119
폭포수 모델 특징 122
(2) 나선형(Spiral) 모델 122
나선형 모델 개요 122
나선형 모델 특징 124
(3) 애자일(Agile) 프로세스 124
애자일 프로세스 개요 124
애자일 프로세스 특징 125
(4) 디자인 씽킹(Design thinking) 125
디자인 씽킹 개요 125
디자인 씽킹 특징 126

Section 2 설계 128
(1) 정보 설계(Information Architecture) 128
정보 128
정보 설계 129
(2) 인터페이스 설계 131
인터페이스의 정의 131
시스템(System) 132
인터페이스 메타포 135
(3) 인터랙션 디자인 136
UI와 UX 136
인터랙션 유형 136
인터랙션 설계를 위한 고려 사항 140
참여 유도 153
참여 단계 유형 156
(4) 재미(Fun) 요소 163
퍼놀로지(Funology) 163
펀웨어(Funware) 165

Interesting Ⅲ 빅데이터와 자기 정량화 – 라이프 로깅 시대 166

Chapter 4 Create: UX 디자인(Development)

Section 1 공간과 환경 171
(1) 물리적 환경 172
(2) 시스템으로서의 공간 174
(3) 가상 디지털로서의 공간 178
Section 2 콘텐츠 디자인 180
(1) 시각 요소 180
색채 180
Typography 197
(2) 사운드 요소 202
(3) 모션 요소 203
모션 방법 203
Section 3 인터랙션 디자인 205
(1) 사용자와의 관계 205
(2) 인터랙션 디자인 방법 206
수동적 인터랙션과 능동적 인터랙션 206
바디 인터랙션 207
Section 4 디자인 구현 212
(1) 프로토타입 제작 212
(2) 하드웨어 216
(3) 디지털 프로세싱 219
Interesting Ⅳ 손에 잡히지 않는 실재 – 홀로그래피 콘텐츠 221

Chapter 5 Service: UX 디자인 평가 및 서비스(Evaluation)

Section 1 사용성 평가 227
(1) 사용성 227
(2) 사용성 평가 요소 228
제이콥 닐슨(Jakob Nielsen)의 사용성 평가 방법 228
제이콥 닐슨(Jakob Nielsen)의 인터페이스 사용성 평가 방법 232
피터모빌(Peter Morville)의 허니콤 240
애플 iOS 디자인 평가 원칙 242

구글 안드로이드 OS ---- 245
(3) 사용성 평가 방법 ---- 249

Section 2 UX 디자인 서비스 ---- **252**
(1) 앱 & 웹(App & Web) ---- 252
무, 바, 라라라!(Moo, Baa, La La La!) ---- 252
크레용 피직스(Crayon Physics) ---- 253
블룸버그 빌리언에어(Bloomberg Billionaires) ---- 254
(2) 인포메이션 키오스크(Information Kiosk) ---- 255
유벤딩 머신(U-Vending Machine) ---- 255
포도씨 ---- 256
(3) 프로젝션 맵핑(Projection Mapping) ---- 257
랄프로렌(Ralphlauren 패션쇼) ---- 257
비비드 시드니(Vivid Sydney) 페스티벌 ---- 257
(4) 인터랙티브 스페이스(Interactive Space) ---- 258
데이턴 대학 인터랙티브 월(University of Dayton Interactive Wall) ---- 258
인터랙티브 월(Interactive Wall) ---- 259
싱가포르 박물관 증강현실 ---- 260

Section 3 미래의 감성 UX 디자인 ---- **261**
(1) 인터페이스 확장 ---- 261
(2) 진정한 융합 디자인 ---- 262
Interesting V 디자인과 공학 사이 – 미래의 융합 UX ---- **264**

Chapter 1

Empathize:
감성 UX(User eXperience)

1. 감성 UX 디자인
2. UX 디자인의 발달

사용자 경험인 UX(User eXperience)를 정의하기 위해 감성과 경험에 대해 역사적 배경을 바탕으로 디자인 영역에서의 다양한 관점과 해석을 살펴본다. 사전적 정의뿐만이 아니라, 인문학과 스토리텔링이 대두되고 있는 감성 시대에 생각해봐야 할 철학적 관념들과 기술, 마케팅에 기반한 공학적·마케팅적 측면에서의 사용자 경험을 제시할 것이다. 또한 예술과 과학, 인문과 디자인의 융합에 대한 뿌리를 이해하고 인간 중심의 사고가 시작될 수 있는 계기를 마련하여 디자인 사고를 시작할 수 있도록 첫 번째 파트를 구성하고자 한다.

Section
01
감성 UX 디자인

(1) 감성 시대, 감성 디자인

미래학자인 다니엘 핑크(Daniel Pink)는 그의 저서인 『새로운 미래가 온다(A Whole New Mind)』에서 아래 그림과 같이 예술적 · 독창적 · 감성적 가치가 세상을 지배하는 하이 컨셉(High Concept)과 공감(정서)을 이끌어내는 능력인 하이 터치(High Touch)가 중요한 시대인 개념 시대(Conceptual Age), 즉 감성 시대가 21세기에 도래할 것이라 말했다. 현재 우리가 살고 있는 시대가 바로 우뇌의 창의성과 컨셉, 그리고 스토리텔링의 중요성이 강조되고 있는 감성의 시대이다.

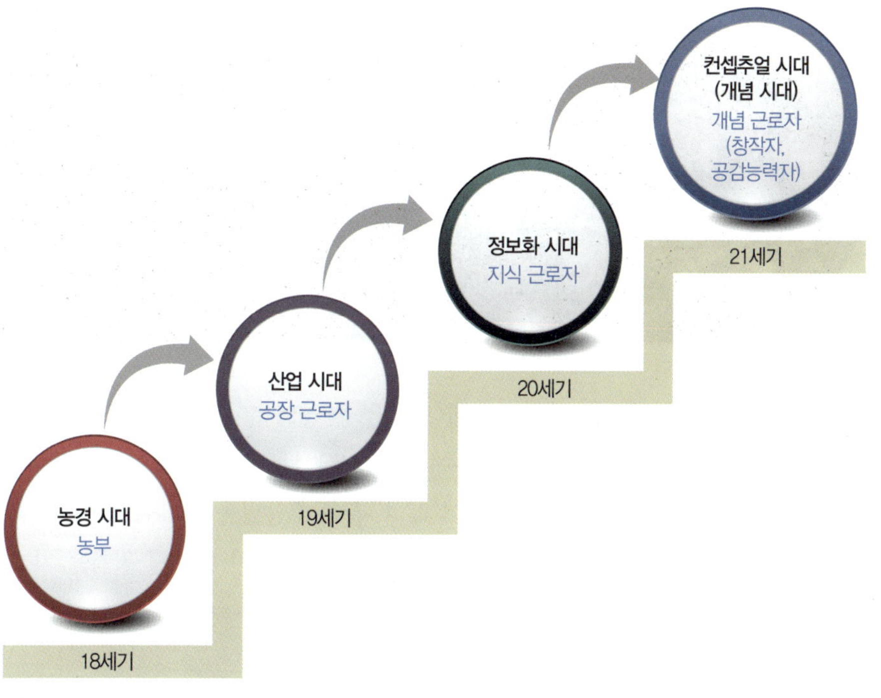

내가 본 감성 디자인

이탈리아 자동차 중의 하나인 마세라티 회사는 별도의 엔진 사운드 디자인을 위한 엔지니어를 두고 있다. 이것은 자동차라는 시스템이 누군가를 이동시켜주고, 무엇인가를 운반해주는 기능에 대한 사용자의 만족도 이외에 사운드를 통해 또 다른 가치를 창조할 수 있다는 것을 보여준다. 마세라티 회사의 사운드 디자인 엔지니어는 실제 피아니스트나 작곡가 등 음악 전문가와 함께 저회전에서부터 고회전 영역에 이르는 단계마다 악보를 그려가며 정교한 엔진음 튜닝 작업을 한다. 2012년도에는 사람들에게 마세라티 엔진 사운드와 바이올린 소리를 들려주면서 생체신호를 측정하는 실험을 시도하였다. 그 결과 사람들이 엔진음과 가장 비슷하게 반응을 보인 것은 전설의 악기라 불리는 스트라디바리우스라는 현악기였다고 한다. 그만큼 엔진 사운드가 기능이나 외관의 아름다움 이외에 사람들에게 감성적 가치를 부여할 수 있는 요소가 될 수 있다는 것이다. 또한 자동차를 디자인하는 데 있어서 엔진 사운드는 더 이상 기계적 기능의 역할이 다가 아닌 것이다. 소음이 아닌 아름다운 사운드로 사용자의 마음을 움직일 수 있는 기능 이상의 가치적 의미를 지니고 있다. 바로 이것이 감성 디자인이라 할 수 있다.

또 다른 감성 디자인의 예로 나에게 따뜻한 느낌을 준 양념통이 있다. 음식을 먹기 위한 테이블에 일반적으로 놓여 있는 소금과 후추통이 서로 허그하는 형태로 디자인된 것이다. 양념통은 양념을 담고 테이블 위에 놓일 수 있어야 하며, 음식에 양념을 뿌릴 수 있는 기능과 함께 소금과 후추를 구분해야 하는 등의 기본 디자인 원칙이 있다. 이 디자인 원칙을 지키면서도 따뜻함과 정겨움, 그리고 즐거움과 긍정적인 감성을 느끼게 해주는 이 허그 양념통이 나에게는 감성적 디자인으로 인상 깊게 남아있다.

나에게 이런 감성을 전달해주는 디자인은 무엇인가? 그리고 그 감성을 경험하게 해주는 UX 디자인은 무엇일까?

감성 시대에서 추구하는 경험 디자인이 디지털 혁명을 뛰어넘어 새로운 진화를 이룰 수 있는 요소들과 방법들을 함께 생각해보자.

(2) 감성이란 무엇인가?

감정(Emotion, Affect)이란 인간의 마음속에서 발생한 것이 정신적, 신체적 또는 행동적으로 표출된 것으로 감성은 사물에 대한 감수성을 의미한다.[1]

감성(Sensibility)은 사전적 정의는 다음과 같다.

- 느낌을 받아들이는 성질, 감수성, 자극이나 자극의 변화를 느끼는 성질을 말한다.
- 대상으로부터 감각되고 지각되어 표상을 형성하게 되는 인간의 인식 능력의 의미로 사용된다. 다시 말해 외부의 물리적 자극에 의해 감각이나 지각으로부터 인간의 내현적인 반응으로 일어나는 심리적 체험으로 쾌, 불쾌, 공포감, 편안함 등 복합적으로 표현된다.

단어	정의
감각 (Sense, Sensation)	• 감촉되어 깨달음, 느낌, 외부 또는 내부의 자극에 의해서 일어나는 느낌(이희승, 1998) • 인간이 물리적 혹은 정신적으로 Emotion에 자극을 받아 가장 먼저 반응함을 의미(이경아, 2011)
느낌, 감정 (Feeling)	a: (1): the one of the basic physical senses of which the skin contains the chief end organs and of which the sensations of touch and temperature are characteristic: touch(주요 장기 말단기관을 포함한 피부나 촉각과 온도를 느끼는 신체적 감각 중에 하나) (2): a sensation experienced through this sense(이 감각을 통해 느끼는 경험) b: generalized bodily consciousness or sensation(일반적 몸의 인지나 감각) c: appreciative or responsive awareness or recognition(인식하거나 인식하는 의식)

1) 감성은 sense, sensibility, feeling, esthetic, emotion, intuition 등의 의미를 동시에 갖고 있는 다의적 단어이다.

감성 (Affect)	(1) obsolete: feeling, affection(느낌, 감정) (2) the conscious subjective aspect of an emotion considered apart from bodily changes; (신체적으로 변화하는 것으로부터 감정이 고려되는 부분에 대해 의식하는 주관적 관점) also: a set of observable manifestations of a subjectively experienced emotion(주관적으로 경험이 되는 감정에 대해 식별되는 징후의 세트) 〈patients … showed perfectly normal reactions and affects – Oliver Sacks〉
감정 (Emotion)	(1) 느끼어 일어나는 심정, 마음, 기분 (2) 어떠한 대상이나 상태에 따라 일어나는 기쁨, 노여움, 슬픔, 두려움, 쾌감, 불쾌감 따위 마음의 현상(동아 새국어사전) 라틴어 'e + motio' 밖으로(e) 움직이다(move), 흥분하다(excite), 휘젓다(stir up), 동요시키다(agitate) → 사람을 안에서 밖으로 움직이게 하다. A strong feeling deriving from one's circumstances, mood, or relationships with others: 'she was attempting to control her emotions'(Oxford, 2016)

이러한 개인 감성에 영향을 미치는 요인으로는 개인적 요인은 물론이거니와 사회적 요인, 문화적 요인 등의 생활 전반에서 느껴지는 것이 감성을 유발한다. 즉, 생활 속에서 겪게 되는 경험 속에서 개인의 의사결정이나 행동에 미치는 영향에 따라 긍정적 감성(Positive sensibility), 부정적 감성(Negative sensibility), 또는 중립적 감성(Neural sensibility)을 갖게 된다.

개인의 경험은 자신이 자라온 환경이나 나이, 성별, 심신 상태의 개인적 요인, 가족과 사회관계, 경제적, 정치적 상황에 따른 사회적 요인, 그리고 전통과 관습 등의 생활문화의 배경이 되는 문화적 요인의 정도에 따라 입력되어 들어오는 감각과 정보자극이 다양한 형태의 감성

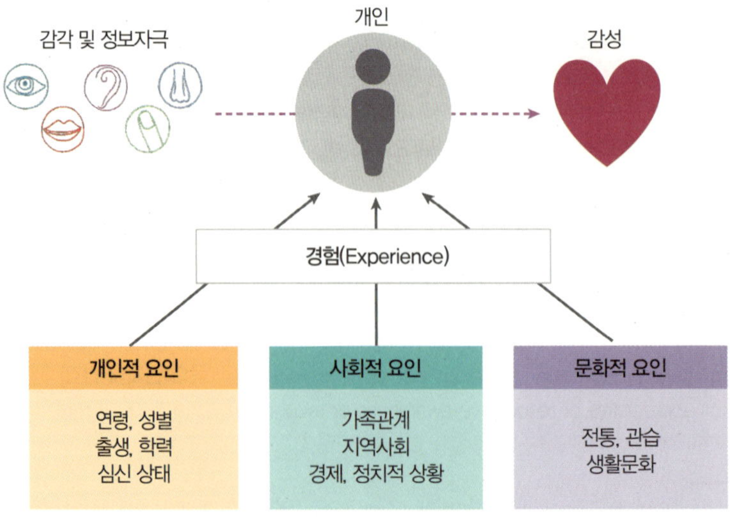

을 만들어낸다. 예를 들어 초록색이 개인에게 시각을 자극하였을 때 일반적으로 자연을 상징하거나 편안한 감정을 느끼게 되지만, 아랍계 국가에서는 국기의 색상으로 사용할 만큼 종교를 상징하기 때문에 해당 국민들에게 보여지는 초록색은 전혀 다른 의미와 감정을 유발시킬 수 있다. 이것은 Chapter 2에서 설명하게 될 정황(Context)과 깊은 관련이 있다.

인문학에서 보는 감성

철학에서의 감성

서양 고대에서는 감성을 이성의 노예로 볼만큼 이성이 영혼 전부를 지배하는 것을 이상으로 삼았다. 인간의 감정은 이성보다 크게 열등하고 부정적인 것으로 인식되어 왔다. 감성은 이성보다 더 원시적이고, 지적이지 않으며, 의존할 수 없고, 위험하므로 이성에 의해 통제되어야 한다는 생각이 지배적이었다.

데카르트(Rane Descartes) 그러나 근대의 대표적인 철학자인 데카르트(Rane Descartes)의 생각은 달랐다. 그는 인간의 감정을 우선적으로 인간의 정신 안에 두었다. 데카르트에게 감정은 물리적 운동에 의해 만들어지는 감각들뿐만 아니라, 지각이나 원망, 믿음과 같은 것들을 포함한 정신적 지각을 포함한다. 그는 감정의 개념적 차원을 인정함으로써 현대 감성과 관련된 이론의 특징을 이루는 인지적인 양상의 토대가 되었다. 정서를 정념(passion)으로 표현하고 그의 저서 '정념론'에서 경이, 사랑, 증오, 욕망, 기쁨, 슬픔의 6가지를 기본 정념으로 말했다.

이성이 우위에 있는 전통에서 벗어나 감성이 본격적으로 학문적 가치로 주목받게 된 것은 미국의 철학자이자 심리학자인 윌리엄 제임스(William James)의 "감성이란 무엇인가?(What is an emotion?)"(1884년)라는 글의 발표였다. 그는 감성은 느낌(Feel)에 반드시 뒤따르는 하나의 생리적 반응이라 정의했다. 19세기에 감성은 이성적 요소 못지않게 서구의 역사 발전에 적극적으로 기여하였다.

아브라함 매슬로우(A. Maslow) 감성은 욕구에 기인하는 것으로 이를 설명하기 위해 1943년 매슬로우가 연구한 '인간 욕구 5단계' 이론이 있다. 인간의 행동은 욕구로부터 유발된다는 개념에서 출발하여 인간에 의해 소유되는 주요 욕구들을 5가지로 나누었다. 매슬로우는 인간은 신체적 · 생리적인 욕구뿐만이 아니라 상위의 심리적인 욕구도 가지고 있다고 주장하였고 개인적 차이는 있지만 일반적인 강도와 순서에 따라 위계적인 수직 배열을 구성하고 있다. 이 욕구 체계는 하위에 있는 욕구가 충족되어야만 상위의 욕구가 유발된다는 개념을 가지고 있다.[2]

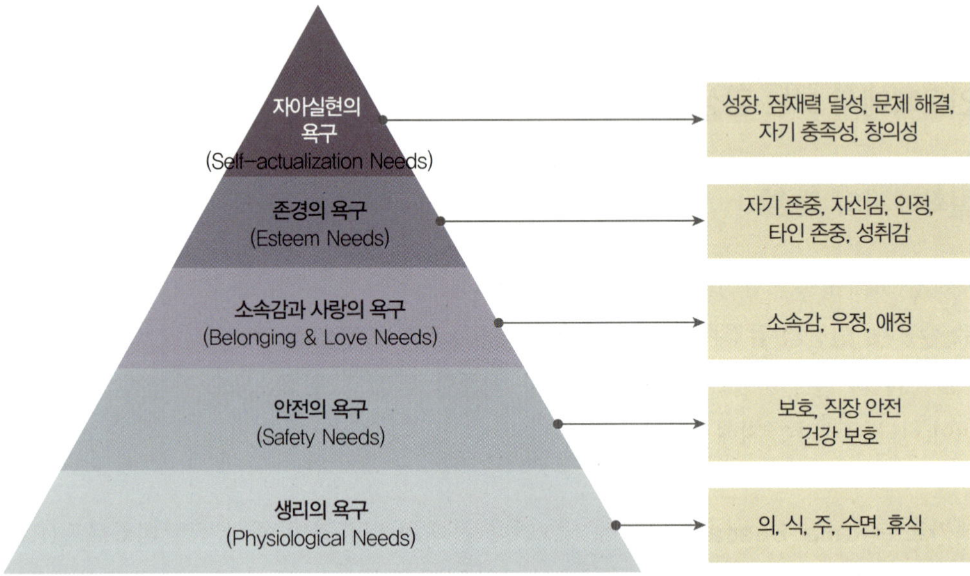

매슬로우(A. Maslow)의 인간욕구 5단계

첫째, 최하위 단계에 있는 생리적 욕구(Physiological Needs)는 인간이 삶을 유지하는 데 최소한의 필수적인 욕구로 의식주와 관련된 가장 기본적인 욕구이다. 생물적 · 신체적으로 느끼는 것으로 다른 욕구에 비해 비교적 짧은 시간에 해결되고 반복적인 충족이 필요하다. 둘째, 안전의 욕구(Safety Needs)는 하위 단계인 생리적 욕구가 충족된 후에 발생하는 것으로 인간이 처한 환경에서 위험 요소나 해로운 것으로부터 보호하고 안전을 지키고자 하는 욕구이다. 경제적 혜택이나 직장에서의 안정감이 여기에 해당한다. 셋째, 소속감과 사랑의 욕구(Belonging & Love Needs)는 사회적 욕구라 하기도 하며 기본적인 욕구들이 어느 정도 해소가 되면 나타나는 단계이다. 어떤 집단에 소속되고 사회적인 동물로서 사람들 사이의 관계나 애정에 관련된 욕구이다. 넷째, 존경의 욕구(Esteem Needs)는 자기 자신에 대한 존경뿐만이 아니라 타인에 대한 존중, 목표나 일에 대한 성취감과 책임감 등이 해당하는 욕구이다. 다섯 번째 욕구는 자아실현의 욕구(Self-actualization Needs)로 가상 상위 단계로 다른 욕구들이 모두 충족된 후에 나타나는 것이다. 인간은 자신이 가지고 있는 능력을 발휘하고 원하는 것을

2) Em Griffin, *A First Look at Communication Theory*(McGraw-Hill Companies Incorporated, 2008).

모두 이루고자 하는 욕구가 있다. 이 단계는 개인적 지식과 이해력, 잠재력에 따라 다양한 형식으로 표현되며 이를 통해 자아실현을 완성하고자 한다.

공학에서 보는 감성

패트릭 조단(Patrick Jordan)

인간공학자인 조단은 즐거움(Pleasure)에 대해 좋음 또는 호감 있게 보이거나 느껴지는 의식적 또는 감각적 상태로 정의하였다. 이러한 즐거움을 야기시키는 것으로는 사랑스러움, 기쁨, 만족 등을 의미하고 이와 반대되는 것으로는 고통(Pain), 즉 불쾌(Unpleasure)를 말했다. 조단이 말하는 즐거움은 단순히 만족으로 느끼는 것이 아니라, 제품의 상황이나 맥락과 연계

즐거움 분류	내용
물리적 즐거움(Physio-pleasure)	생리적 · 육체적 감각과 관련한 즐거움
사회적 즐거운(Socio-pleasure)	타인과의 관계에 따른 사회적 즐거움
심리적 즐거움(Psycho-pleasure)	심리 · 마음과 관련한 인지적 즐거움
관념적 즐거움(Ideo-pleasure)	개인적 · 문화적 가치와 관련한 즐거움

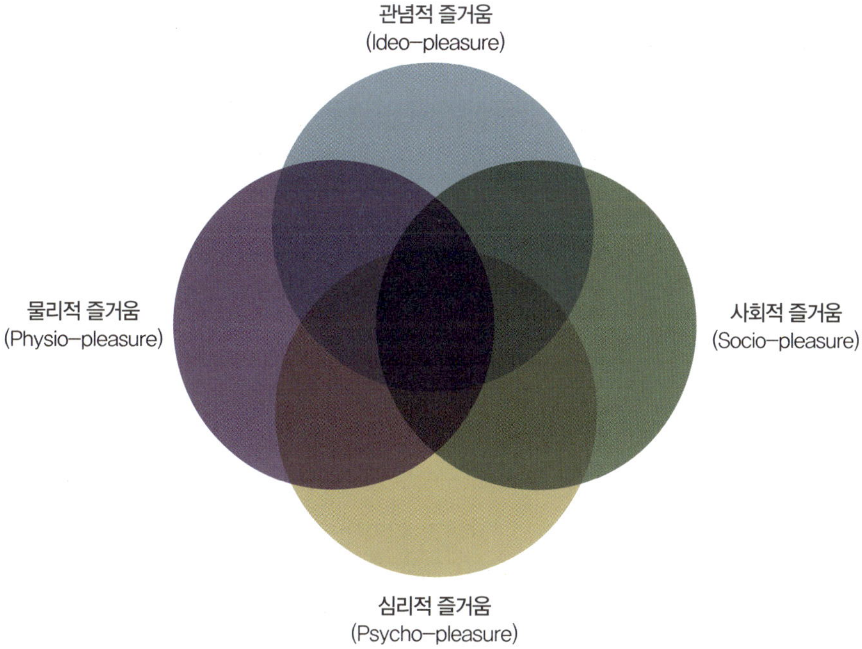

해서 명확해진다고 한다. 여기에서 제품은 인간의 삶을 지배하는 대부분의 'Things'를 의미하는 것으로 UX 디자인의 관점에서는 제품, 시스템, 서비스 모두를 포함한다고 할 수 있다.

사용자는 이 제품들을 통해 행복과 실질적인 이득을 얻는다. 구체적으로 감성적 이득(Emotional benefits), 행복적 이득(Hedonic benefits), 실질적 이득(Practical benefits)을 얻음으로써 즐거움을 발생시킨다.

패트릭 조단은 생산품의 기능성과 사용성에 대해 연구하면서 사용자의 욕구를 이해하기 위해 감성, 특히 즐거움(Pleasure)에 대한 의미를 정립하고자 하였다. 그가 말한 4가지 차원의 즐거움은 물리적 즐거움(Physio-pleasure), 사회적 즐거움(Socio-pleasure), 심리적 즐거움(Psycho-pleasure), 관념적 즐거움(Ideo-pleasure)로 구분하여 감성 디자인의 요소를 파악하였다. 감성 디자인은 사용자의 이런 내재적인 심리 상태를 현실화 · 외현화 · 가시화해주는 디자인 과정을 총체적으로 의미한다.

디자인에서 보는 감성

도널드 노먼(Donald Norman)

인지심리학자인 도널드 노먼은 감성 디자인을 3단계– 본능적(Visceral) 디자인, 행동적(Behavioral) 디자인, 회고적(Reflective) 디자인 –로 설명하였다. 그는 디자인은 이 3단계가 서로 상호작용에 의해 영향을 주고받아서 조정하는 관계라고 보았다.

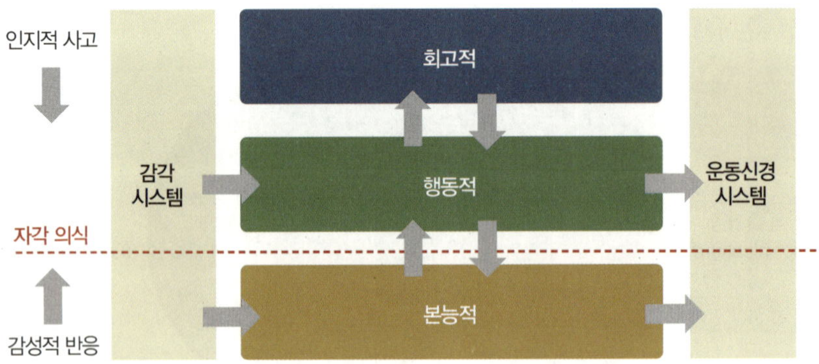

본능적 디자인(Visceral Design) 본능적 디자인은 신체적 디자인이라고도 말하며, 시각적 외형, 사운드, 감촉 등 감각자극을 통해 제품이나 서비스에 순간적으로 느끼게 된다. 제품의 외관 디자인과 같이 시각적 감성에 의해 첫인상을 좌우하는 경우가 많다. 좋고 나쁨에 대한 즉각적인 감성적 반응으로 행동적・감성적 반응에 대한 사전 암시 역할을 한다. 시각적 아름다움 이외에 청각과 촉각에 의해서도 형성될 수 있다. 할리 데이비슨(Harley Davidson) 모토 사이클은 배기관에서 나오는 웅장한 엔진음을 발생시키는데, 이 소리만으로도 유니크한 브랜드의 인상을 남기고 사용자의 감성을 자극한다.

행동적(Behavioral) 디자인 행동적 디자인은 인간공학적 측면에서 기능, 이해의 용이성, 사용성, 물리적 느낌 등과 관련된 단계이다. 본능적 반응에 영향을 받아 행동에 반영되어 조정된다. 직접 행동으로 사용함에 따른 경험이나 기쁨(Pleasure)으로 주로 제품의 목적과 의미에 따른 기능이 중요한 요소로 작용된다. 이 단계에서 노먼은 디자이너와 사용자의 시스템 이미지가 일치해야 한다고 주장하였다.

회고적(Reflective) 디자인 회고적 디자인은 인지, 지능적 단계로 본능적 반응을 위한 직접적인 관계가 아닌, 행동적 단계와 영향에 의해 반영된 기억과 의미, 자기 이미지 등에 관련되어 있다. 즉, 제품의 외형을 통해 즉각적으로 형성되는 느낌이 아니라, 사용을 통해 느끼게 되는 특별한 경험과 마음, 인지에 관련된 것이다. 따라서 본능적 단계와 행동적 단계의 디자인에서는 '현재(now)'와 연관이 있으나, 회고적 단계는 이보다는 더 지속적이고 장기적인 경험과 기억에 기반한다. 이것은 후에 사용자가 자기 만족감과 타인에 대한 우월감까지 형성하는 것을 목표로 한다.

도널드 노먼의 좋은 디자인은 이 3가지 단계의 디자인을 만족시키는 것으로 결국은 사용자와 소비자들의 감성을 충족시키는 것을 말한다.

(3) 사용자 경험

경험의 개념

경험은 인간이 감각기관을 통해 얻어지는 것으로 객관적 대상에 대한 감각 또는 지각작용을 통해 깨닫게 되는 주관적 의식작용으로 체험과 혼용하여 사용하고 있다(2011, 이경아). 사전적인 의미를 보면 일상생활을 하면서 관찰하거나 참여하면서 얻게 되는 지식을 의미한다.

테마파크에서 경험하는 스릴과 흥미진진함. 여행 가서 느끼는 새로운 맛과 다양한 경험

단어	품사	정의
경험 Experience	noun	(1) a: direct observation of or participation in events as a basis of knowledge(지식의 근거로써 사건에 참여하거나 직접적인 관찰) b: the fact or state of having been affected by or gained knowledge through direct observation or participation(직접적 관찰이나 참여를 통해 얻은 지식 또는 영향을 받은 사실이나 상태) (2) a: practical knowledge, skill, or practice derived from direct observation of or participation in events or in a particular activity(직접 관찰하거나 사건에 참여하거나 또는 특정 행위에서 얻어지는 실용적 지식, 기술, 실행) b: the length of such participation(어떤 참여의 시간) 〈has 10 years' experience in the job〉 (3) a: the conscious events that make up an individual life(개인적 삶을 구성하는 지각되는 사건) b: the events that make up the conscious past of a community or nation or humankind generally(공동체, 국가 또는 일반적인 인간으로서 자각하는 과거를 구성하는 사건들) (4) something personally encountered, undergone, or lived through(개인적으로 조우하거나, 겪거나, 사는 것) (5) the act or process of directly perceiving events or reality(직접적으로 감지하는 사전이나 현실의 과정 또는 행동)

경험이 성립되려면 주체(Subject)와 대상(Object)이 있어야 한다. 경험은 그 과정에 있어서 대상과 방법의 측면을 모두 포괄하고 있으며, 그 활동 속에 외적인 행위와 내적인 사고가 존재한다. 따라서 경험활동은 행위와 사고를 하는 주체(Subject)와 이것을 발생시키기 위한 대상(Object)이 있다. 즉, 주체는 물리적 활동이나 인지적 활동이 일어나며 이와 대립되는 대상은 사물과 같은 물리적 속성이나 상황, 사태와 같은 관념적 속성도 포함한다. 따라서 UX 디자인 관점에서 주체는 인간인 사용자가 되고, 대상은 사용자의 정황과 환경을 포함한 시스템, 제품, 서비스 등을 말한다.

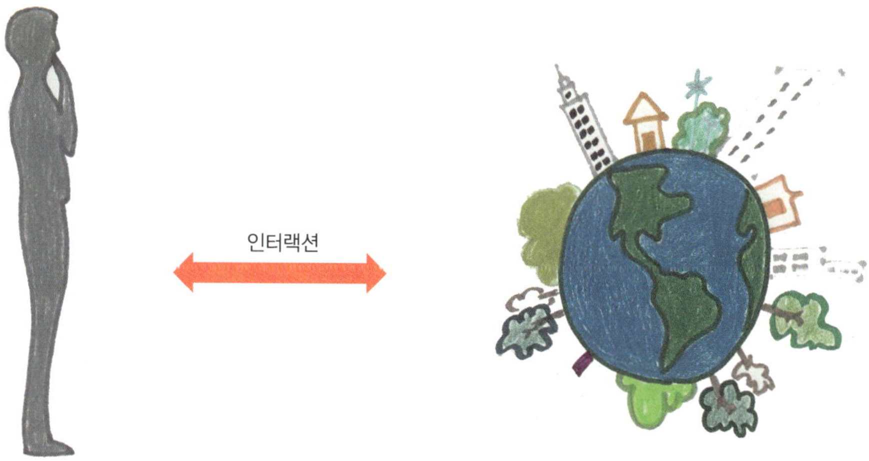

주체(Subject): 사용자

대상(Object): 사물, 환경, 시스템

경험의 과정과 결과

경험은 그 과정과 결과로 나누어 생각해볼 수 있다. 과정의 측면에서 경험은 '경험활동'을 말하고, 결과적 측면에서는 '경험화된 내용'으로 볼 수 있다. 경험은 해보는 것–Trying, 행하는 것–Doing과 같이 능동적인 활동과 겪는 것–Undergoing, 당하는 것–Suffering과 같이 수동적 활동이 있다. 이러한 행위와 사고과정을 통해서 깨닫게 되는 모든 것에 대한 양적인 결과와 그 내용 중 긍정적인 가치를 제공하는 질적인 결과를 경험을 통해 주체가 습득하게 된다.

경험의 철학적 의미

경험의 철학적 의미는 '객관적 대상에 대한 감각이나 지각작용에 의하여 깨닫게 되는 내용'으로 정의된다(국립국어원 표준국어대사전, 2012). 경험은 인식이나 지식의 한 요인이므로 역사적으로 인식론의 근본 개념이었다. 근세 이후 관찰이나 실험 등을 중시여기는 과학적인 방법과 이론이 발달하면서 인식론을 기반으로 한 인간이 가지는 경험을 핵심으로 하는 경험론(Empiricism)이 대두되었다.

존 듀이(Dewey, J.)

미국의 실용주의(Pragmatism) 철학자인 존 듀이(Dewey, J.)는 경험에 대한 이론적 사고와 원리를 제시였다. 그는 〈경험으로서의 예술〉(1934), 〈학교와 사회〉(1899) 등의 저서를 통해 경험주의에 대한 사상과 경험의 작용에 대해 설명하고 있다.

존 듀이는 경험을 관점별로 다음과 같이 유형을 분류하였다.

분류 관점	유형	
경험 내용 및 대상의 측면	1차적 경험	2차적 경험
경험의 방법적 측면	직접 경험	간접 경험
경험의 가치적 측면	긍정적 경험	부정적 경험
경험의 주체에 따른 측면	개인 경험	공동 경험

경험 내용 및 대상의 측면 경험은 그 내용과 대상의 측면에서 1차적 경험과 2차적 경험으로 나눌 수 있다. 1차적 경험은 인간의 일상생활에서 직접 접하게 되는 첫 단계의 경험으로 경험의 주체가 보고, 듣고, 만지는 등의 오감을 이용하여 직접 지각하게 된다. 2차적 경험은 일차적 경험을 소재로 반성과 숙고를 통해 성립되는 관념이나 판단 등의 내적 경험을 말한다. 1차적 경험에서 시작된 경험은 2차적 경험을 통해 그 의미가 확장되고 개념화된다. 그리고 또 그 2차적 경험은 다시 1차적 경험에 의해 검증되는 순환과정이 이루어진다.

경험의 방법적 측면 경험의 방법에 따라 직접 경험(Direct experience)과 간접 경험(Indirect experience)으로 분류한다. 직접 경험은 경험의 주체가 직접 참여하여 체험을 통해 몸소 느끼는 경험이고, 간접 경험은 타인이나 기호, 상징 등의 '매개체'에 의해 전달되어 습득하는 경험이다. 존 듀이가 말하는 직접 경험은 주체 스스로가 사물이나 환경 속에서 그 대상과 직접 대면하며 느끼는 것으로 '매개되지 않는 경험(Immediate)'이라고 했다. 그 '매개'는 주체와 대상을 연결시키는 기호, 상징, 언어, 문자 등으로 이러한 매개에 의한 경험이 곧 간접 경험이 된다. 직접 경험은 시간과 공간의 제약을 받기 때문에 한계가 있다. 간접 경험은 언어와 같은 상징매체를 통해 직접 경험의 범위를 확장시켜 준다. 그러나 간접 경험은 직접 경험에서 얻은 의미와 상징을 기반으로 간접 경험을 위한 매개체가 만들어지고, 간접 경험만으로는 새로운 것을 이해하는 데 어려움이 있다. 따라서 직접 경험과 간접 경험의 적절한 조화가 이루어져야 한다.

경험의 가치적 측면 경험은 가치의 유무에 따라 긍정적 경험과 부정적 경험으로 구별될 수 있다. 긍정적 경험은 주체에게 좋은 이미지나 감동, 행복감 등 긍정적인 영향력을 주는 경험이다. 주체가 대상과 활발하게 교감하고 얻게 되는 가치 있는 결과물들이 이후의 경험을 촉진시키고 확장시키게 되어 개인의 삶을 풍부하고 조화롭게 만들어준다. 반대로 부정적 경험은 주체의 환경에 영향을 주지 않거나 2차적 경험을 제한시키는 것으로 감성과 감동을 결핍하게 한다. 주체자에게 선택의 기회를 제한하여 경험의 범위를 작게 하고, 무의미한 가치로 남아 그 후의 경험에 도움이 되지 않는 경험이 이에 속한다.

경험의 주체에 따른 측면 경험의 주체에 따라 개인 경험과 공동 경험으로 분류할 수 있다. 존 듀이의 경험에 대한 개념에서는 주체가 개인일 때는 경험을 개인의 삶과 그 결과로 만들어지는 지식과 인격 등을 말한다. 주체가 사회일 때 경험은 지역사회, 국가, 세계에서 일어나는 인류 전체의 활동과 그 결과 나타나는 역사, 문화, 기술을 뜻한다. 경험은 개인적인 것이면서 사회적인 것이기 때문에 경험이라는 것은 고정되어 있는 것이 아니라 계속적으로 변화하는 것으로 보았다. 이러한 경험이 성장하고 사회적으로 영향을 미치면 진보적 사회가 되고, 문명 발달과 삶의 질이 높아지게 된다. 특히, UX 디자인에 있어서 사용자의 주체가 공동 또는 집단으로 이루어지는 경우가 증가하면서 이에 대한 인터랙션 방식이나 경험의 확장 범위가 다양해지고 있다.

존 듀이가 말하는 경험의 3가지 원리에는 '상호작용의 원리', '연속의 원리', 성장의 원리'가 있다.

상호작용의 원리 존 듀이는 "경험이란 언제나 개인과 그 환경을 구성하는 요소들 사이에 일어나는 거래 작용으로 말미암아 성립된다"고 말했다. 즉 경험하는 주체, UX 디자인에 있어서 사용자와 그를 둘러싸고 있는 환경이 서로 정보를 주고받는 것을 의미한다. 또한 듀이는 경험이라는 것은 그 속에 능동적 요소(Active element)와 수동적 요소(Passive element)가 특수하게 결합되어 있고, 이러한 요소들을 기반으로 인간과 환경이 상호작용하면서 나타나는 결과를 '상황'이라고 했다. 이 '상황'은 Chapter 2에서 설명하게 될 컨텍스트와 동일하다. 경험의 주체인 사용자가 '경험을 한다'는 것은 능동적인 요소에 의해 성립되고 '경험을 겪는다'는 것은 수동적인 입장이 될 것이다. 예를 들어, 내가 전혀 맛 본적이 없는 모로코 음식을 알고 싶어서 직접 모로코를 찾아가 먹어본다면 그때의 레스토랑, 테이블, 접시와 음식, 주변의 사람들까지 모두 능동적인 요소로 작용하여 '경험을 하게 된다'. 그런데 모로코가 아닌 곳에서 식사를 하고 있을 때, 그곳에서 모로코 전통 음악이 흘러나오게 되면 의도하지는 않았지만 그 음악을 들으면서 그 분위기를 느낄 수 있는 '경험을 겪게 되는 것이다.'

따라서 UX 디자인에서의 경험은 주체자인 사용자가 주변 환경의 모든 요소들과 상호작용하게 되는 원리에 의해 구성된다.

연속의 원리 상호작용의 원리가 환경과의 관계에 대한 공간적 통합 원리라고 한다면 연속의 원리는 시간적 통합 원리라 할 수 있다. 듀이는 "전에 어떤 경험을 하고 나면, 그 후에 뒤따르는 경험은 앞선 경험의 영향을 받아 변모된다"고 말했다. 예를 들어 최근에 사람들은 터치 스크린이 대중화되면서 화면을 보면 직접 터치하거나 눌러서 무엇인가가 나올 것을 기대하는 것에 익숙해져 있다. 이러한 경험은 실제 터치 스크린이 아님에도 불구하고 디스플레이 화면에 제시되면 습관적으로 터치하려는 경향을 보인다. 따라서 새로이 축적되는 경험들은 단순한 시간상의 연속성보다는 경험 주체자에게 새로운 행동 양식을 유도하고 그 과정에서 새로운 가치가 발전하게 된다.

성장의 원리 듀이는 경험의 원리를 말하면서, "성장은 행위가 다음의 결과를 향해서 누적되어 나가는 운동과정이며, 어느 순간에 완성되는 것이 아니라 미래로의 끊임없는 전진이다"라고 했다. 그는 기본적으로 경험의 성장은 '미성숙'을 전제조건으로 생각하였다. 공간적

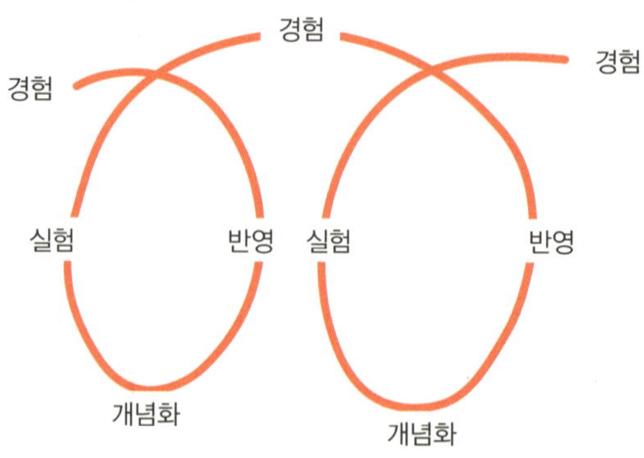

인 통합인 상호작용의 원리와 시간적 통합인 연속성의 원리에 의해 경험은 끊임없이 양적·질적 변화가 일어나게 되는데, 이것을 성장이라고 보았다. 인간은 삶의 문제와 더불어 계속 경험이 일어나게 되고 이 경험들이 반복되면서 자아실현을 위한 '성장'이 이루어진다.

번트 슈미트(Bernd H. Schmitt)

미국의 경영학자 번트 슈미트는 그의 저서 〈경험 마케팅(Experiential Marketing)〉에서 경험 창출 요소와 경험 디자인의 논리적 개념화를 제시하였다. 그는 마케팅적 관점에서 소비자의 주체적 체험을 자극하고 이것을 감성적 또는 감각적으로 자극하는 마케팅 전략에 초점을 맞추고 있다. 경험 마케팅을 위한 전략적 체험 모듈(SEMs: Strategy Experiential Modules)을 위한 5가지 요소– 사고(Think), 행동(Act), 관계(Relate), 감각(Sense), 감성(Feel) –를 말했다.

구분	요소	내용
능동적 요소	사고(Think)	사용자의 지적 욕구를 자극하는 인지적 경험
	행동(Act)	사용자가 직접 물리적으로 행동함으로써 얻는 경험
	관계(Relate)	사용자가 타 사용자나 문화와의 관계를 통해 생성되는 경험
수동적 요소	감각(Sense)	사용자의 오감 등의 감각적 지각을 통한 경험
	감성(Feel)	사용자의 즉각적인 느낌이나 정서적 감성을 창출하는 경험

사고(Think) 사고 요소는 사용자의 생각과 인지능력에 호소하고 문제해결의 체험을 제공하는 것이다. 인간은 새로운 것에 호기심을 갖게 되고, 문제해결에 대한 창의적 흥미로움을 갖는다. 따라서 이러한 사용자들의 사고를 유도하기 위해 기업 브랜드나 기술들을 활용하여 마케팅에 적용할 수 있다.

행동(Act) 행동 요소는 사용자가 자신의 육체를 움직여 직접 생생한 체험이 일어난다. 행동적 마케팅은 자신이 직접 무엇인가를 만들어내거나 생성하게 되는 행위를 강화함으로써 제품과 사용자 간의 동적인 인터랙션을 구현하고 새로운 행동양식이나 라이프스타일을 제시하게 된다. 예를 들어, 나이키(NIKE) 브랜드의 'Just do it'의 슬로건은 직접 소비자가 행동을 하게끔 유도하는 경험 마케팅 요소를 적극 활용한 전략으로 볼 수 있다.

관계(Relate) 관계 요소는 사용자가 타인과의 상호작용 또는 다른 사회, 지역, 문화 등의 접촉을 통해 발생되는 경험을 말한다. 관계 마케팅은 사고, 행동, 감각, 감성 요소 4가지를 모두 포함하고 있으나, 개인적인 차원을 넘어 집단의 차원까지 영향을 미친다. 따라서 이것은 소비자의 사회적 자아욕구와 사회문화적 가치의 상호작용을 통해 얻어진 결과로서 강력한 브랜드 체험을 제공할 수 있다.

감각(Sense) 감각 요소는 시각, 청각, 촉각, 미각, 후각 등의 오감을 자극하여 체험을 생성하여 사용자, 즉 마케팅에서의 소비자에게 호소한다. 감각을 차별화하여 소비를 촉진시키고 고객에게 감각적 가치를 제공하는 것이다. 특히, 시각적인 아름다움을 기본으로 스타일, 테마 등을 활용하여 감각과 제품과의 경험적 연관성을 기억하고 체험할 수 있도록 한다.

감성(Feel) 감성 요소는 사용자의 기분이나 감성에 영향을 주어 소비욕구를 자극하는 데 목적이 있다. 사람들은 긍정적인 감정, 즐거운 감정 등의 좋은 감정은 느끼고 싶어 하고 부정적 감정이나 고통스런 감정을 피하고 싶어 한다. 따라서 소비자들의 좋은 감정을 지속적으로 느끼게 하고, 긍정적인 감성이 유발될 수 있도록 하는 자극과 감정이입에 중요성을 둔다.

번트 슈미트는 사용자에게 이러한 5가지 경험 요소를 제공하는 수단으로 커뮤니케이션(Communication), 아이덴티티(Identity), 제품의 외형(Product), 공동 브랜딩(Co-branding), 공간적 환경(Environment), 웹사이트(Web sites), 인적 요소(People)를 제시하였다.

체험제공 수단	내용
커뮤니케이션 (Communication)	• 기업이나 브랜드의 광고 및 홍보용 자료 • 팸플릿, 뉴스레터, 캠페인, 동영상 등
아이덴티티 (Identity)	• 시각적 · 언어적 아이덴티티 • 로고, 그래픽 디자인 요소, CI(Corporate Identity), 색채, 캐릭터 등
제품의 외형 (Product)	• 제품의 외관을 이용한 체험 제공 수단 • 제품 디자인, 포장, 진열 및 디스플레이, POP 등
공동 브랜딩 (Co-branding)	• 이벤트 마케팅이나 스폰서, 제휴, 공동 경영 등의 수단 • 라이센싱, 영화나 드라마 속 PPL(Product PLacement) 등
공간적 환경 (Environment)	• 주변 환경과 공간에 관련된 수단 • 제품의 디스플레이, VMD(Visual Merchandiser), 건물과 사무실, 전시부스 등
웹사이트 (Web sites)	• 인터넷을 통한 소비자의 이상적인 상호작용 구현 • 인터넷 쇼핑, 통신 및 정보 교환, 가상 체험 등
인적 요소 (People)	• 브랜드나 기업과 관련된 인적 인프라와 사람들 • 영업 및 판매 사원, 기업 대표 이미지, 상담 직원 등

포를리찌(Jodi Forlizzi)와 바타비(Battarbee)

포를리찌와 바타비는 HCI 관점에서 사용자 경험을 위한 프레임워크를 제안하였다. 이 모델은 사용자와 제품 사이의 인터랙션을 중심으로 자연스러운(Fluent) 인터랙션, 인지적(Cognitive) 인터랙션, 표현적(Expressive) 인터랙션으로 구분하였다.

자연스러운 인터랙션은 마치 자전거를 타는 것과 같이 많은 집중이나 의무감이 필요 없이 자동적으로 자연스럽게 생성되는 인터랙션이다. 인지적 인터랙션은 전에 경험하지 않았던 무엇인가를 사용하게 될 때 발생되는 것으로 특정 제품을 어떻게 사용하는가에 대해 기존의 지식과 사고를 바탕으로 인지하는 인터랙션이다. 표현적 인터랙션은 좀 더 개인적인 인터랙션을 구현하는 것으로 특정 사용자의 니즈를 제공하기 위한 제품 또는 인터페이스를 수정하게 되어 새로운 관계를 형성하는 인터랙션을 말한다. 이러한 유형의 상호작용은 경험과정에서 서로 영향을 미친다. 따라서 이러한 경험들의 관계 속에서 공동의 경험(Co-experience)이 발생된다.

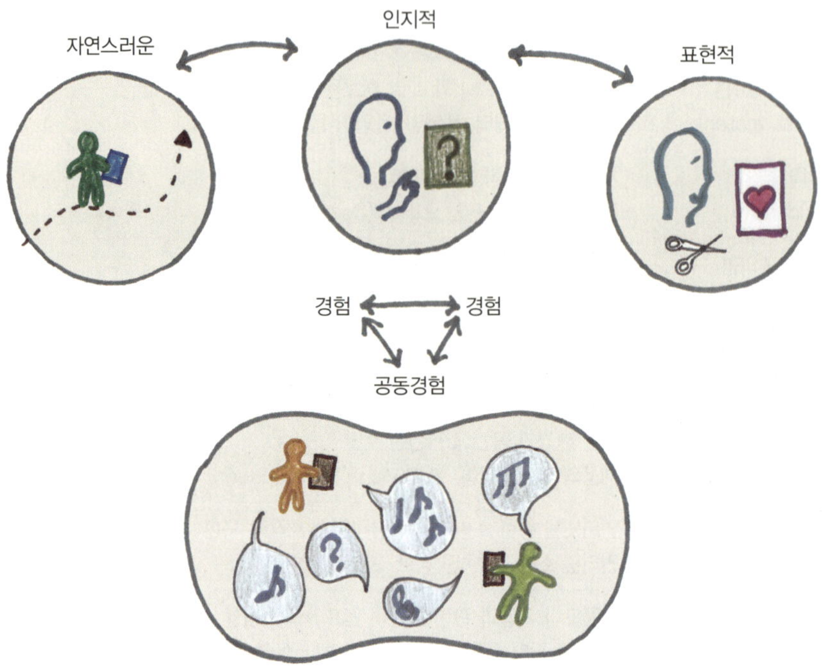

전통적인 관점에서의 경험은 환경에서 살아남기 위하여 독립적인 개인에 초점이 맞추어져 있다. 그러나 관계적 관점에서 개인과 개인 사이에 일어나는 상호작용을 핵심으로 본다. 이것이 공동적 경험인 Co-experience의 기반이 된다.

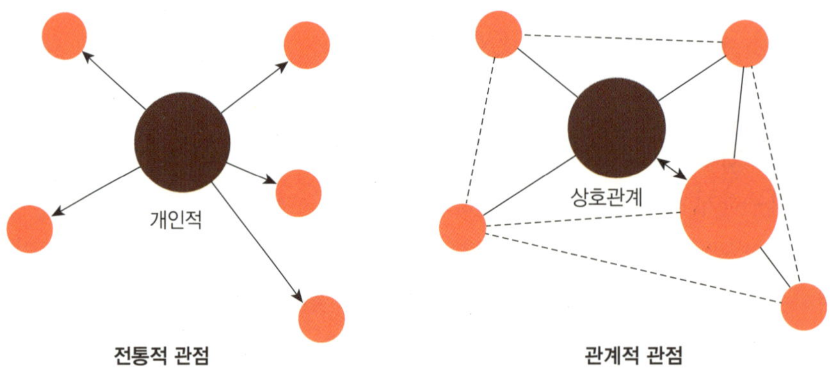

포를리찌와 바타비는 이러한 관계적 경험을 기반으로 경험을 이해하기 위한 프레임워크를 제안하였다. 이 프레임워크에는 영향(Impact), 인식(Cognition), 정체성(Identity)의 3개의 축으로 구성되어 있다. 영향(Impact)은 일반적인 것(Mundane)에서부터 인상 깊은 것(Wow)까지이고, 인식(Cognition)은 자연스러운(Fluent) 것에서부터 표현적인(Expressive) 것까지 정도를 구분한다. 정체성(Identity)은 자신(Self), 상호작용(Mutuality), 집단(Collective)으로 좌표축이 정의된다. 이 프레임워크에서는 개인적이고 자연스럽고 일상적인 경험은 내적으로 형성되고, 표현적이면서 와우의 놀라운 충격과 집단의 경험은 외적으로 발생된다.

따라서 감성 UX 디자인은 제품, 시스템, 서비스에 대한 사용자의 주관적 경험이나 감정, 정서, 의미와 사용성 등의 가치를 높이기 위한 관점에서 이루어지는 것이다.

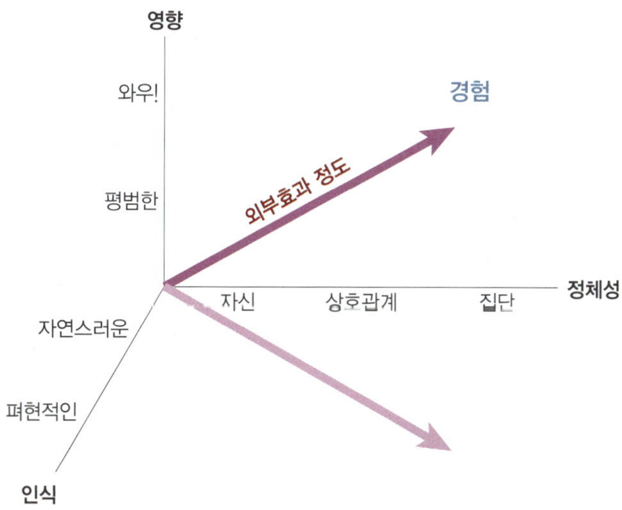

(4) 감성과 경험의 관계

감성과 경험은 다른 성질의 단어이고 다른 의미를 갖고 있지만 서로 상호작용의 관계적 특징을 갖는다. 경험은 감성의 작용으로 생겨난다. 박성봉은 그의 저서 〈감성시대의 미학〉에서 감성을 호수에 비유하였다. 우리가 일상에서 마주치는 모든 것들이 감성이라는 호수에 돌을 던지는 것이다. 그러면 호수에 파문이 일 듯이 감성의 느낌(Feeling)이 전달된다. 이 느낌을 감성(Emotion)이라 했다.

개인의 경험에 의한 감성의 자극은 인간의 오감에 의해 만들어진다. 번트 슈미트는 감성과 경험의 관계에 대해 감성은 외부자극에 대한 반응으로 일어나는 개인적 사건의 결과로 마음 어딘가에 생기는 어떤 느낌으로 보았다. 노먼이 생각하는 최적의 경험은 사용자가 어떤 긍정적인 감성을 가졌을 때 생겨났다고 하면서, 감성 디자인 단계에서 행동적 단계의 경험을 강조하였다.

감성은 결국 인간 내면의 추상적인 심리상태로 인간 신체에 지각되는 다양한 감각들 간의 상호작용으로 경험을 내재하고 있다.

위에서 설명한 매슬로우의 욕구 5단계는 사용자 경험 욕구 단계 모형으로 발전시킬 수 있다. 생리적 욕구는 제품의 기능이나 품질에 대한 경험과 관련이 되고, 안전에 대한 욕구는 편리성과 신뢰도에 반영된다. 소속감과 사랑의 욕구는 사용자에게 즐거움이나 공동체의 체험을 발생시키며, 존경의 욕구는 타인에게 영향력을 주는 경험이다. 자아실현의 욕구는 자아개발의 단계에까지 이르는 경험을 제공하게 된다. 이렇게 감성의 의미를 해석하기 위한 욕구는 사용자의 경험의 욕구 단계와 직접적인 연계성을 갖는다. 욕구 충족은 곧 유용성, 편의성, 체계적 구성 등 제품의 기능적 가치가 아닌 창의성, 심미성, 매력도 등의 감성적 가치와 연관이 있다.

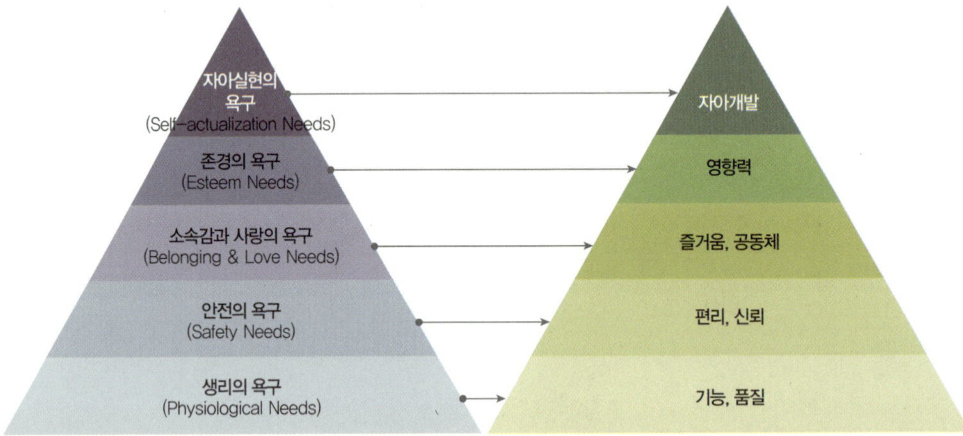

출처: Anderson, S.(2011), Seductive Interaction Design: Creating Playful, Fun, and Effective User Experience.

카노 모델(Kano Model)은 1980년대 일본에서 제품 개발에 관련된 상품기획론이다. 이 이론에서는 제품의 기능적 가치가 부정적 정서 감소에 기여하지만 긍정적 정서 상승을 위해서는 즐거움, 동기부여 등 감성적 가치를 개선할 필요가 있다고 말하고 있다. 즉, 소비자가 기대하는 것과 기대를 충족시키는 것 사이에 주관적 관계가 형성되어 있고, 요구되는 사항의 만족 또는 불만족에 의해서 객관적 관계가 만들어진다는 것을 알 수 있다. 이와 같이 감성 상태와 소비자의 경험과 마케팅적인 요소에는 긴밀한 관계를 형성하며 떨어뜨릴 수 없는 연계성을 갖는다.

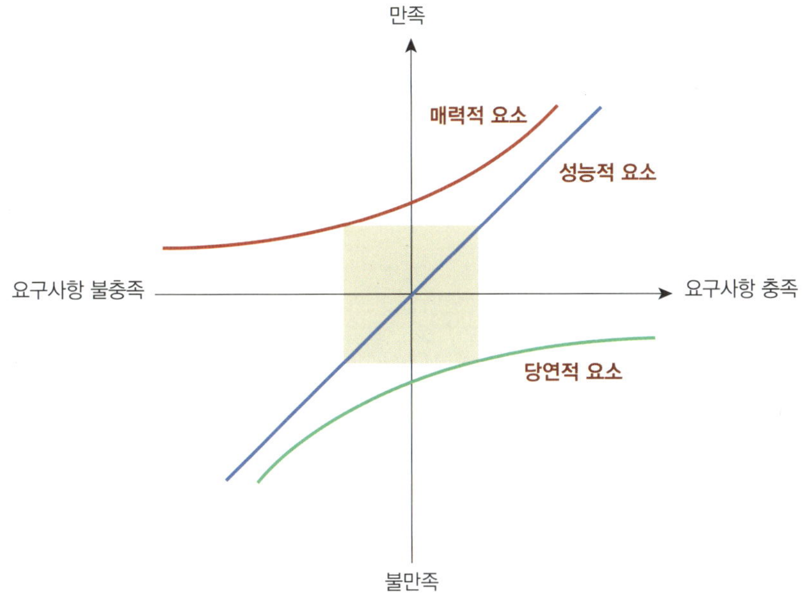

또한, 이경아는 감성과 경험을 융합한 감성-경험(FEEM MODEL: Function-Emotion-EXPERIENCE-Meaning Model)을 개발하였다. 이 모델에서 기능은 감각작용에 의해 작용하는 육체적 · 생리적 요소인 신체적 단계와 본능적 단계를 거쳐 기능적인 만족감에 대한 Emotion을 느끼게 된다. 이때 감성에서는 기능을 포함한 협의의 경험이 포함되고 광의의 경험(EXPERIENCE)은 감성에 의해 행동을 유발하는 행태적 단계와 연계되어 의미(Meaning)로 전달된다.

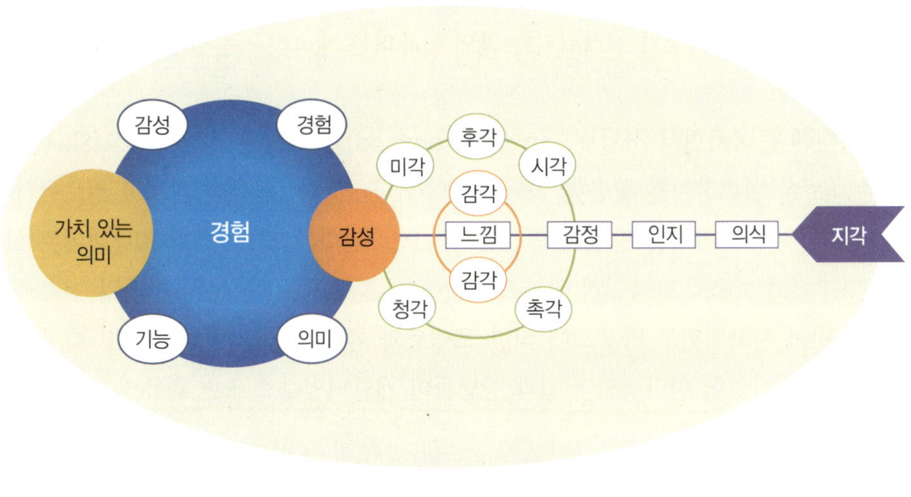

Section

02

UX 디자인의 발달

(1) 미디어 발달

UX 디자인은 사용자가 제품이나 서비스를 경험하는 접점에서 발생하는 것이므로 미디어는 UX 디자인의 플랫폼이 된다. 미디어는 곧 인간과 상호작용을 하는 시스템이며 시대에 따라 그 시기에 요구되던 상황과 필요에 따라 계속 새로운 것이 개발되고 결국 이 시스템에 의해 형성되는 인터페이스 역시 그 흐름을 같이 하고 있다.

1830년대에는 사무엘 모르스(Samuel Finley Breese Morse)가 인간의 언어를 간단한 전기 신호로 바꾸어 다시 인간에게 전달하여 커뮤니케이션할 수 있는 모르스 부호와 전신기 시스템을 만들었다. 1940년대까지 라디오, 텔레비전과 같은 대중적인 커뮤니케이션이 가능한 기계들이 만들어졌으며 전화기, 카메라 등의 시스템 등도 고안되어 인간과 기계 사이의 인터페이스가 증가하고 있었다. 이 당시의 인간–기계 시스템은 인터페이스가 단순하고 커뮤니케이션 방법 또한 일차원적이었다. 하지만 1946년 컴퓨터의 모체가 되었던 애니악(ENIAC)의 탄생으로 컴퓨터라는 기계에 주목하게 되고 시스템의 대명사가 되었다. 초창기 컴퓨터는 초대형 사이즈에 수많은 전기 장치를 사용했기 때문에 인간–기계 시스템 사이에 존재하는 인터페이스는 초창기 기계를 조작하는 것보다 더 복잡해지고 새로운 방법이 생겨나게 되었다. 인터페이스가 복잡해지고 다루기 어려워지는 반면 컴퓨터는 계속적으로 발전하여 대중화되기 시작했다.

1960년대에 들어서면서 서덜랜드(Ivan Sutherland)가 개발한 스케치패드(Sketch Pad)와 같은 새로운 입력장치를 활용한 인터페이스가 나타났다. 인간이 기계를 컨트롤하여 목표를 이루기 위해 조작하는 방법이 인간중심적으로 변화된 것이다. 1970년대에는 알파넷(ARPANET: Advanced Research Project Agency Network)을 통한 이메일 전송에서 시작된 인터넷이 시작되었고 마우스에 의한 포인트와 클릭, 하이퍼링크, GUI(Graphic User Interface) 등의 다양한 인터랙션 컨셉과 방법들이 개발되었다.[3] 또한 컴퓨터 게임이 발달하

3) Dan Saffer, *Designing for Interaction: Creating Innovative Applications and Devices*(Voice That Matter, 2009).

면서 하드웨어뿐만이 아니라 소프트웨어적인 인터페이스 또한 관심을 갖게 되었다. 1980년대에는 컴퓨터의 대중화와 개인화에 의해 맥킨토시의 GUI가 각광을 받으며 인터페이스 디자인에도 관심을 가지기 시작했다. 따라서 컴퓨터는 인간-기계 시스템에 있어서 인간과 커뮤니케이션하는 대표적인 시스템으로 인식되었고, HCI(Human-Computer Interaction)로 발전하게 되었다.

1990년대에는 본격적으로 네트워크 컴퓨팅 시대가 도래하고 디자인, 예술 분야에도 컴퓨터의 기술이 도입되면서 인터페이스의 개념에서 언급되는 시스템이 컴퓨터를 기반으로 한 모든 분야로 확장되었다. 마우스와 GUI를 이용한 인터랙션에서 직접 터치하는 방식으로 확대되고 데스크탑의 컴퓨터는 모바일과 같은 휴대용 컴퓨터로 전환되었다. 컴퓨터를 기반으로 하고 있지만 시스템의 구성 요소나 결합 방식, 그리고 입력받고 출력하는 디스플레이 방식이 달라지면서 그에 따라 인간이 제어하고 감지하는 것 또한 변화하고 있다. 도널드 노먼(Donald Norman)은 이러한 시스템을 일반 기계, 컴퓨터, 디자인되는 모든 것으로까지 확장하여 인터랙션을 언급하였고, 이렇게 변화하고 복잡해지는 제어와 감지에 대한 인터페이스에 일관된 시스템 이미지(System Image)가 필요하다고 말했다.

2000년대 이후에는 소셜 네트워크와 유비쿼터스의 발달로 인해 가상의 시스템과의 인터페이스 영역이 증가하고 물리적 공간에 자연스럽게 스며든 디지털 시스템과의 인터랙션이 성장하고 있다. 따라서 인간이 제어하고 감지하는 시스템이 시각, 청각을 기본으로 해서 촉각적 활용이 증가하고 멀티미디어를 활용한 공감각적 인터랙션이 제공된다. 또한 물리적 인터페이스의 증가로 환경과 특정 공간이 시스템으로 디자인되고 인간의 신체 일부의 제스처나 움직임에 따른 입력장치가 구현되고 있다. 3차원의 물리적 인터페이스와 가상현실(Virtual Reality)이나 증강현실(Augmented Reality)과 같은 인터페이스 증가는 홀로그램과 같은 미래의 시스템으로 연계되어 발전할 것으로 예상된다. 또한 진화된 컴퓨터의 형태인 로봇이나 웨어러블 컴퓨터(Wearable Computer) 시스템의 대중화로 지속적인 인터페이스의 변화와 혁신적인 인터랙션 방법들이 기대되고 있다.[4]

---

4) John Wiley & Sons, Ltd, *Interaction Design, beyond human-computer interaction*(Wiley, 2007).

1830년대

- 사무엘 모르스(Samuel Finley Breese Morse)
  : 모르스 부호와 전신기

1940년대

- 전화기
- 라디오

- 텔레비전

- 카메라

- 1946년 애니악(ENIAC)

1960년대

- 서덜랜드(Ivan Sutherland): 스케치패드(Sketch Pad)

- 알파넷(ARPANET)
- GUI(Graphic User Interface)

1970년대

- 제록스 파크 연구소
  (Xerox PARC,
  Palo Alto Research Center)

- 아타리(Atari) 게임 산업

1980년대

- 애플사의 GUI

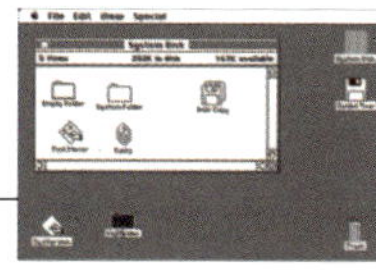

- 개인용 컴퓨터 확산

- 슈퍼 닌텐도 게임 콘솔 인기

1990년대

- Web 플랫폼 개발과 대중화
- 모바일 기기 보급

2000년대

- 소셜 네트워크(Social Network)
- 유비쿼터스 환경조성

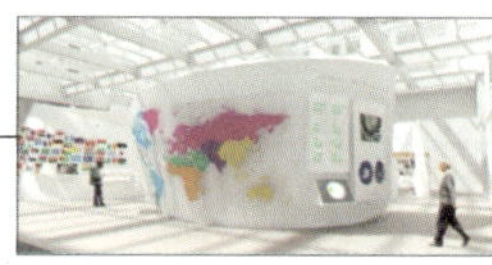

- 스마트폰 보급

2010년대

- 가상현실, 증강현실

- 제스처 인터페이스

- 로봇

- 웨어러블 컴퓨터 (Wearable Computer)

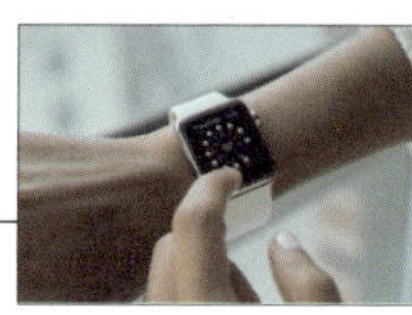

- 홀로그램 (Hologram)

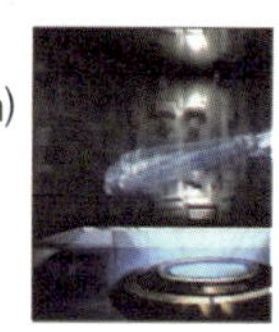

(2) UX 디자인 역사

시스템, 기계 중심		인간 요소(Human Factor) 중심 디자인	
1911	**1916**	**1948**	**1955**
			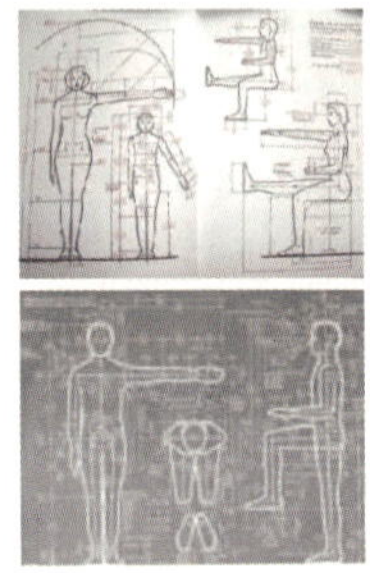
주체	**주체**	**주체**	**주체**
프레데릭 테일러(Frederick Taylor)	프랭크 길브레스와 릴리안 길브레스(Frank and Lillian Gilbreth)	도요타(Toyota)	헨리 드레이퍼스(Henry Dreyfuss)
핵심	**핵심**	**핵심**	**핵심**
과학적 관리	작업이론	인간 중심 제품(Human Centered Production) 생산	인간 중심 디자인
내용	**내용**	**내용**	**내용**
프레데릭 테일러는 최초로 노동에 대한 과학적 관리법인 '테일러 시스템'의 창안자. 산업계의 효율을 높이는 방법으로 시간과 동작(motion)에 대한 연구 집중	길브레스 부부는 작업의 효율성을 높이기 위한 방법을 연구한 과학자. 빠르고 쉽게 일을 진행할 수 있도록 작업자들의 동작을 연구하고 작업 관리를 위한 서블릭(Therblig)을 창안	도요타는 엔지니어링과 제품의 효율성에 가치를 두고 있었지만, 기술과 인간의 인터랙션 역할을 하는 기술에 새롭게 주목하기 시작. 제품 시스템의 인간중심화에 가치를 둠	헨리 드레이퍼스는 미국의 산업 디자이너로 인간공학적 관점에서 디자인 접근. 〈대중을 위해 디자인하기(Designing for People)〉, 〈인간의 측정: 디자인에서의 인간적 요소(The Measure of Man: Human Factors in Design)〉 등으로 휴먼 스케일을 완성

인간 요소(Human Factor) 중심 디자인

1956

주체

조지 밀러
(George Miller)

핵심

매직넘버 7±2

내용

심리학자인 조지 밀러는 〈마법의 수 7±2〉 논문을 발표하여 인간의 뇌에 있는 단기 기억장치의 용량은 5~9개 사이라는 이론으로 정보처리이론을 심리학에 적용

1980

주체

에릭슨과 사이몬
(Ericsson and Simon)

핵심

씽크 얼라우드
(Think Aloud)

내용

에릭슨과 사이몬은 사용성 테스트를 위한 방법으로 언어적 데이터를 분석하는 "씽크 얼라우드(Think Aloud)" 방법을 창안

1983

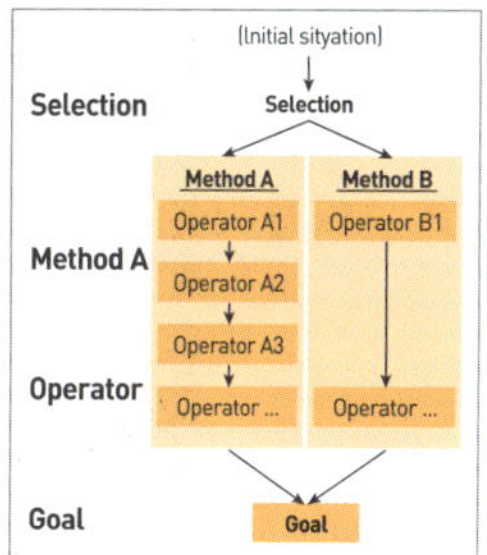

주체

카드(Card), 모란(Moran),
뉴웰(Newell)

핵심

심리학의 HCI
(Human–Computer
Interaction)

내용

심리학 측면에서의 HCI 연구 책 발간.
초기 테일러나 길브레스의 연구에 기반하여 만들어진 것으로 GOMS(Goal, Operation, Method, Selection Rule)과 KLM(Keystorke Level Modeling)을 기술

1988

주체

도널드 노먼
(Don Norman)

핵심

디자인과 인간 심리학

내용

도널드 노먼은 〈디자인과 인간 심리학(Psychology of Everyday Things)〉이라는 책으로 사용자 관점에서 제품 또는 시스템에 대한 디자인에 대한 내용 기술

	사용자 경험 디자인			
1990	1995	2007	2012	2016
				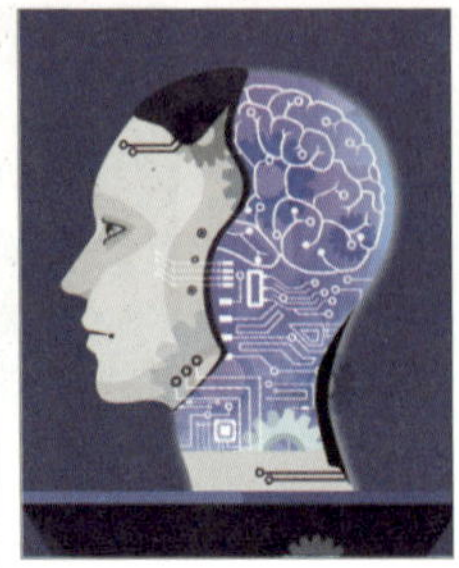
주체 제이콥 닐슨과 롤프 모리치 (Jakob Nielsen & Rolf Molich)	**주체** 도날드 노먼 (Don Norman)	**주체** 스티브 잡스 (Steve Jobs)	**주체** 사우로(Sauro)와 로이스(Lewis)	**주체** 구글 딥 마인드
핵심 휴리스틱 사용성 평가	**핵심** 사용자 경험 용어 사용	**핵심** 아이폰 생산	**핵심** 사용자 경험 정량적 측정	**핵심** 인공지능 알파고
내용 제이콥 닐슨(Jakob Nielsen)과 롤프 모리치(Rolf Molich)는 사용자 인터페이스의 휴리스틱 평가를 개발하여 사용성 평가에 영향	**내용** 인지공학자인 도널드 노먼은 최초로 '사용자 경험 설계(User Experience Architect)'라는 직업을 언급하고 사용자 중심 제품 디자인 추구	**내용** 사용자 경험과 감성을 기반으로 플랫폼과 제품을 하나로 통합한 아이폰 개발	**내용** 사우로(Sauro)와 로이스(Lewis)는 통계적 분석에 기반한 〈사용자 경험 정량화: 사용자 리서치를 위한 실용 통계〉 책 출간	**내용** 인공지능 바둑프로그램으로 이세돌 9단과 대국하여 4승 1패의 승리

시스템, 기계 중심 시대

1900년대에는 기계와 시스템이 개발되면서 어떻게 하면 제품 생산과 작업이 효율적으로 이루어질 것인가에 대한 가치가 중시되었다. 작업 능률과 대량생산을 위해 인간의 작업 과정과 프로세스를 과학적으로 분석하고 동작을 연구하였다. 비록 시스템과 기계의 효율을 위한 인간 요소가 연구되었지만, 이러한 과정은 인간공학적 연구의 토대가 되고 인간중심 디자인의 모태가 되었다.

1911년

프레데릭 테일러(Frederick Taylor)는 최초로 노동에 대한 과학적 관리법인 '테일러 시스템(Taylor System)'을 창안하였다. 테일러는 철강회사에서 근무하면서 작업자들의 생산성이 낮은 것은 비과학적인 경영 때문이라 생각하였다. 그는 작업방법과 작업조건 등을 표준화하고 초시계를 이용하여 과업기준으로 모든 작업을 합리화하였다. 특히, 시간과 작업자의 동작을 중심으로 과학적으로 연구하여 〈과학적 관리의 원칙(Principles of Scientific Management)〉을 발표하였다.

1916년

길브레스 부부는 작업의 효율성에 대한 관심과 미세동작연구로 20세기 초반의 정교한 동작연구의 핵심적 역할을 하였다. 길브레스의 동작연구(Motion Study) 목적은 본래 작업을 수행하고 있는 사람의 신체 각 부위의 동작을 면밀히 분석하여 비능률적인 동작을 줄이고 효과적으로 능률을 높일 수 있도록 빠르고 용이하게 수행되도록 하기 위함에 있었다. 작업환경, 배치동선, 작업장 이외의 요소들을 객관적으로 분석하고 그 안에서 이루어지는 동작들을 과학적인 방법으로 체계화하여 동작경제원칙의 기본적인 골격을 마련하였다. 그리하여 서블릭(Therblig)이라는 기본 동작 차트를 만들었다. 길브레스는 미시적 관점에서 동작을 연구한 것으로 서블릭(Therbrig)이라는 단위동작으로 분할하여 작업의 효율을 높이는데 적용하였다. '서블릭(Therbrig)'은 길브레스가 자신의 성인 'Gilbreth'를 거꾸로 써서 명명한 것으로 인간이 행하는 수동작(Manual Operation)을 18가지의 기본동작으로 기호를 구성하였다. Search(찾기), Find(찾아냄), Select(선택하기), Grasp(쥐기), Hold(잡고 있기), Transport Loaded(운반), Transport Empty(빈손 이동), Position(바로 놓기), Assemble(조립), Use(사

서블릭(Therblig) 기호

서블릭	심볼		설명	색상
Search(찾기)	Sh		물건을 찾는 눈의 형태	Black
Find(찾아냄)	F		찾기가 끝난 눈의 형태	Gray
Select(선택하기)	St		목표물에 손을 뻗는 형태	Light Gray
Grasp(쥐기)	G		물건을 쥐기 위해 손을 벌린 형태	Lake Red
Hold(잡고 있기)	H		자석에 쇠막대가 붙어 있는 형태	Gold Ochre
Transport Loaded (운반)	TL		물건을 쥔 손의 형태	Green
Transport Empty (빈손이동)	TE		빈손의 형태	Olive Green
Position(바로 놓기)	P		손에 있는 물건의 위치를 정하는 형태	Blue
Assemble(조립)	A		여러 부품이 결합된 형태	Violet, Heavy
Use(사용)	U		Use의 첫 글자	Purple
Disassemble(분해)	DA		한 개 부품이 제거된 형태	Violet, Light
Inspect(검사)	I		볼록렌즈 형태	Burnt Orange
Preposition (미리 놓기)	PP		볼링의 표적인 핀을 세운 형태	Sky Blue
Release Load (내려 놓기)	RL		손에서 물건을 떨어뜨리는 형태	Carmine Red
Unavoidable Delay (불가피한 지연)	UD		뜻하지 않게 앞으로 넘어진 형태	Yellow Ochre
Avoidable Delay (피할 수 있는 지연)	AD		의도적으로 누워 있는 형태	Lemon Yellow
Plan(계획)	Pn		손가락을 이마에 대고 생각 중인 형태	Brown
Rest(휴식)	R		쉬기 위하여 앉아 있는 형태	Orange

용), Disassemble(분해), Inspect(검사), Preposition(미리 놓기), Release Load(내려 놓기), Unavoidable Delay(불가피한 지연), Avoidable Delay(피할 수 있는 지연), Plan(계획), Rest(휴식) 동작으로 규정하였다. 본래 이와 같이 18개의 항목으로 제안되었으나 이 중에서 Find(찾아냄)는 Search(찾기)가 끝나면서 일어난 순간적 반응으로 간주되어 동작에서 제외하고 17가지를 일반적으로 사용한다. 이 서블릭은 미세동작연구 결과와 함께 서블릭 시간 차트(Therblig Time Chart)에 도표에 표시하여 작업의 효율을 높일 수 있는 방안으로 적용되었다.

인간 요소(Human Factor) 중심 시대

1940년대 들어서 인간 요소(Human Factor)에 대한 관심이 부각되면서 인간공학적 측면 또는 심리학적 측면에서 인간을 바라보고, 이러한 관점에서 제품과 시스템을 개발하기 시작하였다. 또한 1950년에 인지과학이 발전하기 시작하면서 제품 또는 시스템과 인간과의 인터랙션에 있어서 인간의 요소가 어떠한 작용을 하고 반응을 보이는가에 관한 연구가 활발하게 이루어졌다. 제품의 기능이 기계 중심이 아니라 인간의 신체적 조건이나 인지적 또는 생리적 반응에 맞추어 인간이 더 편리하고 쉽게 사용할 수 있는 것이 중요한 시대가 되었다.

1948년

도요타는 포드와 동일한 방식의 생산 시스템을 갖고 있지만 경영에 있어서는 인간존중, 사람 중심의 경영 철학을 갖고 있다. 1940년대 말 이러한 철학을 바탕으로 도요타 생산 시스템

TPS(Toyota Production System)이 정립되었다. TPS는 인간을 고려한 생산 시스템으로 2가지 요소를 요구한다. 첫 번째는 JIT(Just in Time) 생산 시스템을 요소이다. 이것은 고객이 필요로 하는 것을 할 때, 필요한 양만큼만 제품을 만들어 공급하는 생산방식을 말한다. 두 번째는 '지도카(Jidoka)'라고 하여 인간과 함께하는 자동화를 의미한다. 이것은 공정 중에 이상이 발견되면 그 자리에서 프로세스를 중단하고 원인을 찾아 자동으로 우선 해결하고서 다음 공정으로 넘어갈 수 있도록 하는 시스템을 말한다. 도요타 생산 방식은 철저하게 고객 중심이며 인간을 고려한 제품 생산에 핵심을 두고 있다.

1955년

미국의 산업 디자이너인 헨리 드레이퍼스(Henry Dreyfuss)는 인간공학적 측면에서 디자인을 접근하였다. 그가 활동하던 1950년대에는 기능 때문이 아니라 제품의 디자인에 의해 판매 여부가 결정되고 있었다. 소비자의 마음을 움직이는 데는 실용성과 안정성, 유지 보존과 원가, 호소력, 외관 등으로 생각하였다. 특히, 인간공학의 원리를 디자인에 도입하여 사람들에게 편안함과 안정감을 제공할 수 있어야 한다는 관점으로 휴먼 스케일(Human Scale)을 제작하였다. 〈대중을 위해 디자인하기(Designing for People)〉 저서에서 인체공학적 디자인과 인체측정학 차트를 발표하여 산업 디자인계에 영향을 미쳤다. 그의 저서에 등장하는 미국인 남성 인체 측정 표준 모델은 '조(Joe)'라는 이름을 붙이고, 여성 인체 특정 표준 모델에게는 '조

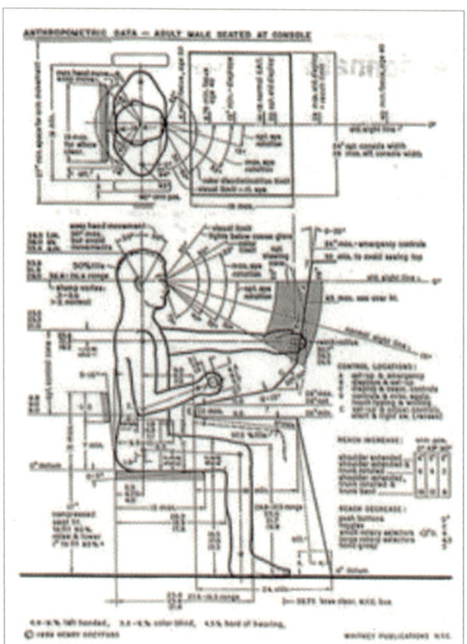

Anthropometric Data of the Adult Male Seated at a Console, 1959

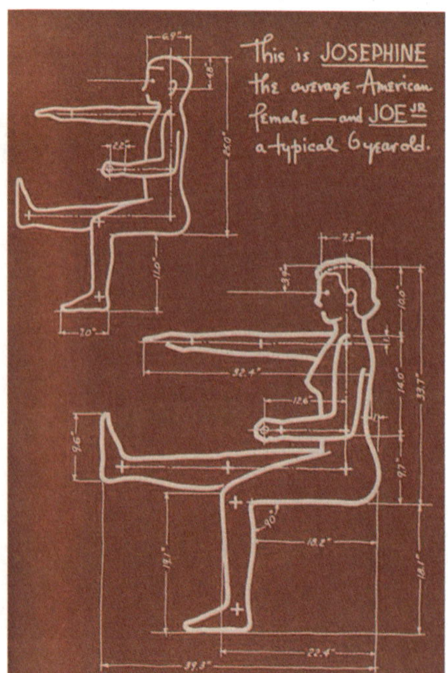

세핀(Josephine)'이라는 이름으로 표현하였다. 내용을 총괄하고 확대하여 〈인간의 측정: 디자인에서의 인간적 요소(The Measure of Man: Human Factors in Design)〉 저서까지 출간하였다.

1956년

심리학자인 조지 밀러(George Miller)는 정보처리이론을 그의 분야인 심리학에 적용하여 '매직 넘버 7±2' 이론을 발표하였다. 밀러가 출간한 논문은 〈매직 넘버 7±2: 정보처리를 위한 우리 용량의 한계(The Magical Number Seven, Plus or Minus Tow: Some Limits on Our Capacity for Processing Information)〉에서 인간의 뇌에서 단기 기억장치의 용량은 5개에서 9개 사이라고 말한다. 즉, 사람은 단기적으로 기억을 처리할 수 있는 개수가 최소 5개 최대 9개 정도이기 때문에 이를 고려하여 제품 또는 서비스를 개발해야 한다는 것이다. 예를 들어 우리나라 전화번호는 123-4567으로 7개 자릿수로 되어 있고, 이러한 전화번호 하나 정도는 금방 기억할 수 있다. 그러나 7개 자릿수의 전화번호 여러 개가 되면 수십개의 숫자를 외워야 하기 때문에 한 번 듣고 기억하기란 쉽지 않다. 그러나 하나의 전화번호를 7개 숫자로 외우지 않고 백이십삼(123)번에 사천오백육십칠(4567)번인 2개의 숫자로 외우면 기억의 한계가 늘어난다. 즉, 기억력의 핵심은 큰 정보를 하나로 묶어서 하나의 기억으로 저장할 수 있다는 것이다. 이렇게 의미 있는 정보를 하나의 덩어리로 묶는 것을 청크(Chunk)라고 한다.

이 이론이 UI, UX 디자인에 적용될 수 있다. 예를 들어 웹 디자인의 메뉴의 개수를 주로 5~9개 정도에서 결정한다. 이 이상을 넘어가면 사용자 입장에서 한번에 기억하기 쉽지 않기 때문이다. 그러나 최근에는 반드시 이 이론이 모든 디자인에 정확히 개수로 적용되는 것은 아니다. 같은 7개의 메뉴라도 형태나 색채, 또는 의미에 따라 사용자에게 다르게 적용될 수 있기 때문이다. 그러나 밀러의 매직 넘버 이론은 정보처리 이론을 심리학적 측면에서 연구하여 인간 중심 디자인에게까지 영향을 미친 것으로 의미가 있다.

1970년

제록스는 팔로 알토 리서치 센터(PARC: Palo Alto Research Center)를 설립하여 레이저 프린팅, 분산 컴퓨팅, 이더넷(Ethernet) 등의 개발 혁신을 이루었다. 특히 GUI(Graphic User Interface)를 개발하여 사용자가 쉽고 직관적으로 시스템과 인터랙션을 할 수 있는 인터페이스 기반을 마련하였다.

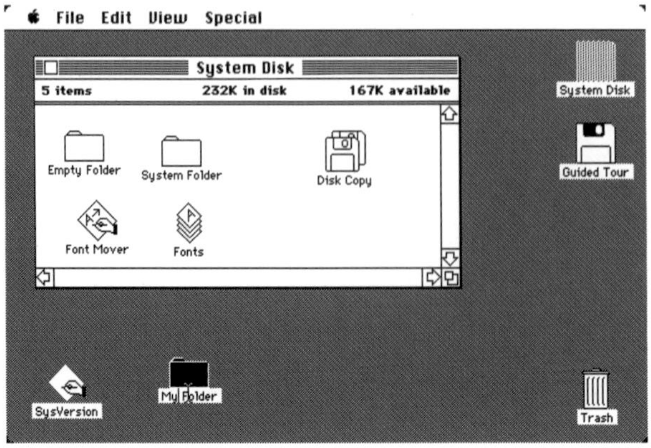

1980년

에릭슨과 사이몬(Ericsson and Simon) 에릭슨과 사이몬은 사용성 테스트를 위한 방법으로 씽크 얼라우드(Think Aloud)를 창안하였다. 이것은 사용자가 시스템을 사용하면서 생각하는 것이나 수행하고 있는 테스크에 대하여 무엇이든 소리 내어 말하게 하는 방법이다. 말하는 내용은 사용자의 마음이나 생각, 느끼거나 하고 있는 것, 보고 있는 것 등 무엇이든 포함한다. 이것을 촬영하거나 녹음하여 사용성 테스트 데이터를 모아 해석하고 분석하게 된다.

씽크 얼라우드 방법은 사용자가 수행하는 특정 행동에 대하여 왜 그렇게 했는지에 대한 이유나 동기, 감성 등을 정확하게 파악할 수 있는 장점을 가지고 있다. 버튼을 클릭하는 의도가 무엇인지, 오류가 발생한 요인은 무엇인지, 그것을 어떻게 느끼고 해결해 나갈 것인지 등을 말로 전달함으로써 입장에서 주관적 판단이나 추측보다 구체적이고 명확한 정보를 얻을 수 있게 된다. 그러나 말을 하면서 생각을 정리하게 되거나 말을 해야 된다는 부담에 자연스럽거나 무의식적인 시스템 사용에 대한 방해 요소로 작용할 수도 있다.

1983년

카드(Card), 모란(Moran), 뉴웰(Newell)이 인간의 정보처리과정을 인지 심리학적 측면에서 바라본 GOMS 모델을 제시하였다. GOMS 모델은 사용자가 시스템이나 서비스를 사용하는 데 있어서 어떻게 이해하는지에 대해 심리학적 관점에서 정의하고 과제 수행에 있어서 소요되는 시간이나 학습성을 평가하는 방법이다. 인간과 컴퓨터의 상호작용을 하나의 문제해결행위로 보고 과학적이고 실용적인 평가 방법으로 제시되었다. 즉, 하나의 문제를 해결하기 위해서는 전체 문제에 대해서 하위 단위들로 문제를 분해하고 그 하위 문제에 대해 다시 작은 단위의 하위 문제로 쪼갠다. 가장 작은 하위 단위 문제들을 해결함으로써 전체 문제를 해결할 수 있다는 논리를 기반으로 인간이 어떤 행위를 수행할지에 대해 예측하고 그 문제를 해결하는 데 필요한 시간을 평가하는 방법이다.

〈심리학의 HCI(The Psychology of Human Computer Interaction)〉 저서에서 목표(Goal), 행위(Operators), 방법(Methods), 선택규칙(Selections rules)의 4가지 요소로 구성된 GOMS를 소개하고 있다.

- 목표(Goal): 성취되어야 할 일의 상태를 정의하고 수행하기 위해 가능한 방법을 결정하는 상징적 구성요소이다.
- 행위(Operators): 테스크 환경에 영향을 주거나 사용자의 내적인 상태의 어떤 측면을 변화시키는 지각적, 운동적 또는 인지적 요소이다.
- 방법(Methods): 목표를 성취하기 위한 과정이다.
- 선택규칙(Selections rules): 목표를 이루기 위해 시도에 있어서 성공적으로 목표 달성을 위한 방법을 선택하기 위한 규칙을 말한다.

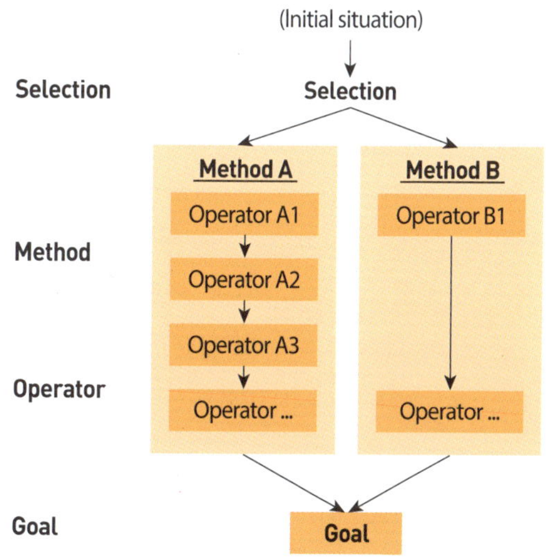

1988년

도널드 노먼은 〈디자인과 인간 심리학(Psychology of Everyday Things)〉이라는 책에서 사용자 관점에서 제품 또는 시스템에 대한 디자인에 대한 내용을 기술하였다. 그는 모든 디자인에 있어서 사용자 중심을 강조하고 있다. 특히, 심리학과 인지적인 측면에서의 사용자에 대한 이해를 기반으로 제품을 디자인해야 좋은 디자인이 개발될 수 있다는 것이 핵심이다. 이 후 사용자 경험 디자인 개념을 세우는 새로운 패러다임의 중요한 기반이 되었다.

1990년

제이콥 닐슨(Jacob Nielsen)은 사용자 인터페이스의 휴리스틱 평가를 개발하였다. 사용성에 대한 중요성이 커지고 평가에 의해 UI 또는 UX 디자인이 발전할 수 있는 요소로 작용된다. 휴리스틱 사용성 평가 요소로는 학습용이성, 효율성, 기억용이성, 오류 빈도, 주관적 만족도의 5가지로 구성되어 있다.

사용자 경험 디자인 시대

1995년

인지공학자인 도널드 노먼이 최초로 '사용자 경험 설계(User Experience Architect)'라는 용어를 사용하였다. 그는 〈감성 디자인(Emotional Design)〉이란 저서에서 사용자 경험의 개념과 접근법에 대하여 설명하여 UX 디자인의 중요성을 부각하였다. 사용자 경험은 인간의 성격이나 인지적 특성에 따라 주관적일 수 있고 각각의 상황이나 환경적 맥락에 의해 영향을 받는 개인의 총체적 심리적 효과이기 때문에 제품이나 시스템에 내재되어 있는 개념이 아니라 사용자에게 귀속된 개념으로서의 '경험'을 논하고 있다. 이후 UX 디자인에 대한 용어가 다양한 분야에 적용되고 디지털 시스템의 개발과 설계 및 사용자 중심 디자인과 맞물려 고유명사처럼 널리 사용되고 있다.

2007년

애플에서 스티브 잡스가 사용자 경험과 감성을 기반으로 플랫폼과 제품을 하나로 통합한 아이폰을 발표하게 된다. '혁명적 휴대폰(Revolutionary mobile phone)', '터치로 조작하는 아이팟(iPod with touch control)', '혁신적인 인터넷 통신기기(Breakthrough internet communicator)'라는 3가지 핵심 컨셉이 하나로 합쳐진 혁신적인 제품으로서 스마트폰의 새로운 혁명을 가져왔다. 멀티터치, 직관적인 UI, OS X 플랫폼, 감성적인 외관 등의 새로운 기능과 관점 그리고 감각적인 디자인을 내세운 아이폰은 사용자 경험 디자인의 주요 연구 대상으로 많은 영향력을 미치게 되었다.

iPhone　　iPhone Nano　　iPhone Shuffle

2012년

사우로(Sauro)와 로이스(Lewis)는 통계적 분석에 기반한 〈사용자 경험 정량화: 사용자 리서치를 위한 실용 통계〉 책을 출간하였다. 사용자 경험에 대한 측정이 정성적인 측면뿐만이 아니라 정량적인 측면에서 객관화된 연구가 시도되었다. 디자인에 대한 평가와 측정을 주관적인 관점이 아닌, 과학적이고 객관적인 방법으로 아이 트래킹, 생체 신호 측정, 사용자 행태 계량 등 다양한 사용자 경험에 대한 정량화 작업들이 연구되고 있다.

또한 이러한 정량화 작업은 현재 자기 정량화(Self Quantified) 개념으로 웨어러블 기기의 발달과 함께 자동으로 사용자의 경험을 측정해주고 기록해주어 분석까지 나오는 라이프로깅(Life-Logging)에도 영향을 미치고 있다.

(3) 사용자 중심 디자인

앞서 미디어와 UX 디자인의 발달을 시간의 흐름대로 살펴보았다. 이 발달의 방향은 과연 어디로 가고 있는 것일까? 발달이라는 것은 '좋은'쪽이라는 긍정적인 의미를 갖고 있을 것이다. 그럼 '좋은 디자인(Good Design)'이라는 것은 무엇일까. 디자인학적으로 '좋은 디자인'이란 미학적으로 보기 좋고, 인간공학적인 측면에서 사용하기 편리하며 감성적으로 느낌이 좋은 것을 말한다. 산업 디자인계의 대부인 필립 스탁(Philippe Starck)은 "내 디자인은 인간에 대한 사랑을 토대로 한 이해에서 출발한다"고 말한 바 있다. 여기에서 좋은 디자인의 기준이 그 디자인을 사용하는 '사용자(User)'에게 있다는 것을 알 수 있다. 나건은 그의 책 〈디자인 발전소〉에서 사용자인 인간을 이해한다는 것은 곧 감정이입인 '공감(Empathy)'의 의미라는 것을 강조하였다.

좋은 디자인이란 결국 사용자 중심 디자인의 의미를 내포하고 있다. 그리고 UX 디자인은 사용자 중심 디자인에 있어서 '경험'이라는 요인에 더 초점을 맞추고 있다고 할 수 있다. 따라서, 최근 디자인은 과거에 비해 사용자 중심 디자인으로 그 흐름이 변화하고 있다. 1940년대 제품디자인의 성능과 기능들이 강조되고 인간공학적인 측면에서 편리한 것만 쫓으면서 기기의 필요조건만을 충족시키고자 하였다. 그러나 사용자 인터페이스와 HCI(Human-Computer Interaction), 지속가능한 디자인, 휴대용 단말기, 감성공학 등이 나타나면서 사용자의 필요조건을 중심으로 한 디자인의 중요도 비율이 증가하고 있다.

예를 들어 옛날 옛적 언제인가 더운 날씨에 내 몸을 식혀줄 바람이 필요해서 무엇인가 누군가 얇은 판을 잡고 흔들어 바람을 일으켜 봤을지 모른다. 그래서 부채라는 것이 만들어지고, 부채질을 하면서 내 팔이 아프기도 하고, 전기 기기와 자동 기기가 발명되기 시작하면서 버튼 하나로 바람을 일으키는 선풍기가 만들어졌을 것이다. 기계적으로 바람을 자동으로 일으키려면 전기가 공급되어야 하고 날개가 모터에 의해 돌아가야 하고, 오랫동안 빠르게 돌려도 마모가 되거나 고장나지 않도록 튼튼한 메탈로 만들어야 하고, 등등의 기계적 조건에 맞추어 선풍기가 만들어졌다. 이렇게 만들어진 선풍기는 편리한 기능을 갖고 있음에도 불구하고 날개에 손을 넣어서 다치거나 베이는 일이 발생되었다. 바람은 나와야 하고 손은 다치지 말아야했기 때문에 날개에 손가락이 들어가지 않을 만큼의 촘촘한 망이 생기기도 하였다. 그러나 최근 날개가 없는 선풍기가 개발되었다. 조금 더 사용자 중심의 안전하고 편리한 관점에서 사용자를 위협했던 날개를 없애고도 바람이 나와서 사용자의 기분을 좋게 만드는 디자인이 생겨난 것이다.

와인 오프너 하나에도 인간 중심 디자인의 고민들이 깃들여 있다. 와인은 그 맛과 상태 보존을 위해 유리병에 코르크 마개가 단단하게 끼워져 있다. 이 코르크 마개를 빼는 와인 오프너는 어떻게 하면 쉽게 힘을 들이지 않고 코르크를 깨끗하게 잘 뺄 수 있을까에 대한 고민들로 발달되어 왔고, 다양한 도구의 형태로 나타났다.

본래 전통적인 와인 오프너는 스크류 형태에 손잡이가 있어서 코르크에 비틀어 넣어 고정시킨 뒤 잡아당겨 빼는 형태로 개발되었다. 잡아 빼는 힘을 줄이고자 지렛대의 원리를 이용한 오프너들도 대중화되었다. 최근에는 전동 오프너로 와인 병 채로 기계에 넣고 버튼을 누르기만 하면 편리하게 오픈할 수 있는 기계도 나왔다. 또 하나 주목할 것은 알렉산드로 멘디니의 와인 오프너이다. 대중화되어 있는 지렛대 기능을 갖고 있는 오프너이지만 사람의 형태로 디자인된 오프너이다. 스크류가 있는 부분은 사람의 몸통 형태로 보호되어 있기 때문에 손이 닿아서 다칠 염려가 없다. 스크류를 와인 병 코르크에 박고 머리 부분을 돌리면 스크류가 코르크에 들어가면서 사람의 팔 부분이 올라간다. 그리고서 팔 부분을 내리면 스크류가 따라 올라

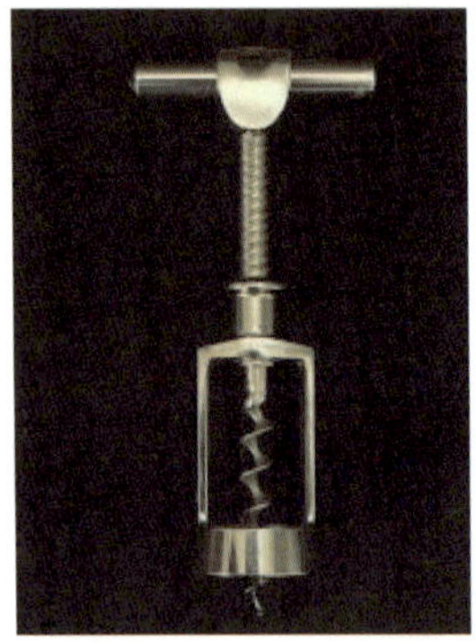

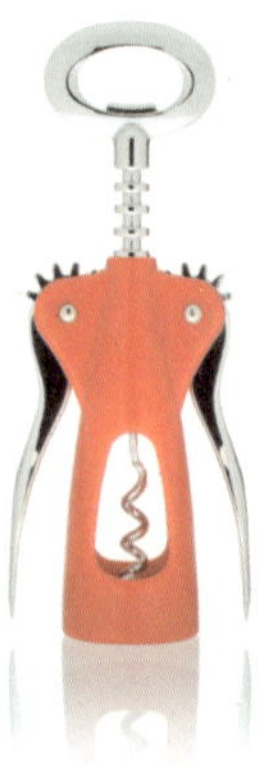

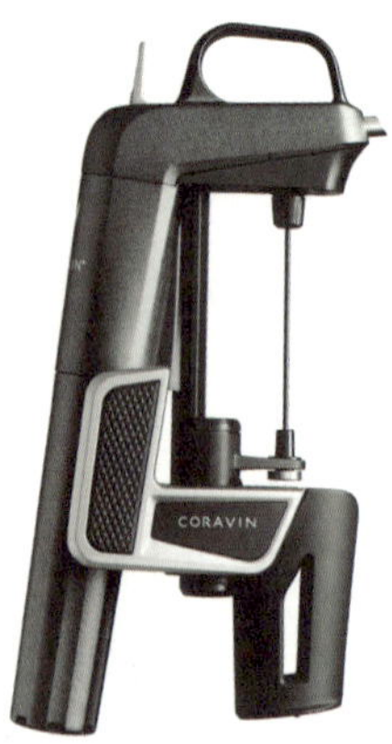

오면서 코르크도 같이 뺄 수 있게 되는 원리를 갖고 있다. 평소에 장식용처럼 세워둘 수도 있다. 이 와인 오프너는 앞서 말한 미적인 아름다움을 갖고 있으면서 사용하기에 편리하고 좋은 경험에 의한 긍정적인 감성까지 더해주는 좋은 디자인이라 할 수 있다.

와인 오프너 하나에도 어떤 요소가 내포되어 있느냐에 따라 좋은 디자인이 될 수도 있고 나쁜 디자인이 될 수도 있다. 그리고, 여기에는 이 오프너를 직접 사용하게 되는 '사용자'가 중심이 되어 발전하고 개발되어 나가는 것을 알 수 있다. 곧 사용자 중심 디자인은 UX 디자인의 핵심이면서 전체적인 기반이 되는 가치이다.

Chapter 2

Think:
사용자(User)

1. 사용자에 대한 이해
2. 사용자 특징
3. 사용자 분석
4. 사용자 모델링

사용자인 인간을 이해하고 생각하는 챕터이다. UX 디자인은 인간의 심리, 인지, 인체공학 등에 관한 지식이 필요하다. 따라서 인간공학적 측면에서 디자이너가 알아야 할 개념 모델, 인간공학적인 특징과 인간 요소(Human Factor)를 설명한다. 신체적 · 생리학적인 인간의 특징을 고려한 디자인의 사례들과 함께 디지털 환경에서 필요한 인간 요소까지 살펴본다. 또한 가장 중요한 사용자 경험을 위한 인간의 지각 과정, 사용자 정황, 인간의 행태(Behavior)에 대해 감성시대의 UX 디자이너가 알아야 할 지식과 이론을 담는다. 인간의 경험과 더불어 중시되고 있는 감성에 대한 내용을 포함한다.

Section

01

사용자에 대한 이해

(1) 사용자

사용자는 곧 '인간'으로 시스템이나 서비스의 인터페이스상에서 신체적 요소와 감각적인 요소를 활용한 대상과의 커뮤니케이션이 이루어진다. 신체를 이용하여 시스템을 제어하고 시스템으로부터 디스플레이되는 출력값을 오감으로 감지하게 된다. 이러한 특징을 가지고 있는 사용자는 시스템과 놓여 있는 관계 속에서 개인 한 명으로서 존재할 수도 있고, 여러 명이 같이 존재하는 그룹으로 인터페이스를 구성할 수도 있다.

사용자에 대한 리서치와 분석은 곧 인간에 대한 연구이기 때문에 사용자에 대한 정보처리 모델, 사용자 개념 모델, 사용자 정황 등 여러 측면에서의 인간에 대한 요소를 고려하여 UX 디자인에 적용하는 것이 좋다.

사용자(USER)
키 183cm
성호연
피자와 햄버거를 좋아함.
용인 거주
휴먼지능정보공학과 전공
대학교 2학년
요리 취미
나이 22살
친구들과 게임하는 것을 즐겨함.
혈액형 B형
성실하고 인내심 많음
힙합 음악 좋아함.
프라모델 수집
항상 스마트폰을 손에 들어 다님.
일어나면 SNS부터 확인함.
축구 동호회 활동
주말에는 축구 동호회 활동을 함.
IT에 능통
대중교통 수단 이용
어디든 항상 계단을 이용해서 다님.
운동할 때 스마트 폰의 음악을 들음.
자전거를 타는 것을 좋아함.
주로 스니커즈 착용
신발 사이즈 280mm

(2) 사용자 정보 처리 모델

UX 디자인은 시스템과 사용자 사이에서 정보를 주고받으며 커뮤니케이션, 즉 인터랙션이 일어나고 그 사이에 사용자는 경험이 생성된다. 따라서 시스템이 인간에게 전달하는 정보의 자극들이 어떻게 인간에게 정보가 처리되는 과정은 UX 디자인을 설계하는 데 중요하다.

사용자인 인간의 정보처리 모델은 어떻게 정보가 지각되고 기억 장소에서 저장되고 처리되는 과정에 대한 것이다.[1] 인터페이스에서 행해지는 인간의 정보처리 프로세스는 일반적으로 아래 그림에서와 같이 4가지 단계에 걸쳐 일어난다.[2] 첫 번째 단계는 인간의 오감의 자극을 통해 입력된 정보는 이해할 수 있는 형태로 표현하는 부호화(Encoding)이다. 두 번째 단계는 부호화된 정보를 기억 장소에 이미 저장되어 있는 정보들과 비교(Comparison)한다. 세 번째 단계는 비교한 결과 입력에 대한 적합한 반응을 선택(Response Selection)한다. 그리고 마지막으로 네 번째 단계에서 선택한 반응을 실행(Response Execution)하여 출력된다. 이 과정 속에서 정보들은 인간의 집중(Attention)에 의해 비교, 선택되고 기억장소(Memory)를 통해 정보가 저장되거나 꺼내어진다.

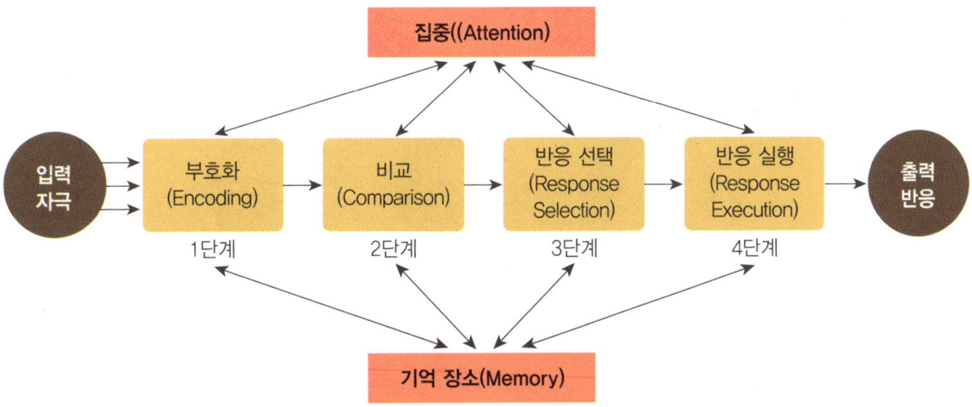

이러한 단계를 거치는 인간의 정보처리 방식은 지각 프로세서(Perceptual Processor), 인지 프로세서(Cognitive Processor), 행위 프로세서(Motor Processor)로 기억장치를 통해 이루어진다. 지각 프로세서는 신체의 입력 기관이 어떤 자극을 받아들여서 뇌로 전달하는 과정이다. 눈, 귀, 피부, 손, 입, 코, 혀 등을 통해 감각이 받아들여져서 감각 버퍼(Sensory Buffer)에 저장된다. 들어온 정보들은 감각 버퍼에서 매우 짧은 시간을 거쳐 일부가 작업 기억 장소

1) Wicken, Christopher, *Engineering Psychology and Human Performance*(Haper Collines, 1992).

2) John Wiley & Sons, Ltd, *Interaction Design, beyond human-computer interaction*(Wiley, 2007).

(Working Memory)로 옮겨진다. 작업 기억 장소에 도착한 정보들은 작은 양만을 저장할 수 있기 때문에 짧은 시간 동안만 머무르면서 인지 프로세서 과정을 진행한다. 인지 프로세서는 정보가 무엇을 의미하는지 알아내는 과정으로 경험이나 지식과 문맥 등에 기반하여 수행한다.[3] 따라서 장기 기억 장소(Long-term Memory)에서 이미 보유하고 있는 지식과 정보들의 양과 내용에 따라 인지하고 선택하는 정보도 달라진다.

인지 프로세서를 통해 선택된 적합한 반응 정보는 행위 프로세서를 통해 신체적인 근육 운동 등의 움직임으로 나타나고 필요한 정보는 다시 장기 기억 장소(Long-term Memory)로 남겨진다. 인간의 장기 기억 장소는 무한한 용량과 반영구적인 저장 기간을 갖고 있기 때문에 인지 프로세서상에서 새로 들어온 정보와 계속적으로 비교, 선택, 재구성의 과정을 갖는다. 장기 기억 장소에 보관되는 정보는 독립적인 것보다 유기적으로 다른 정보들과 연계되어 있을 때 기억력이 높아진다. 또한 가시화된 정보나 반복적인 정보에 대한 기억이 더 용이하다. 따라서 인터페이스 디자인 과정에서 인간의 정보처리 과정의 이러한 부분을 고려해야만 문제점을 해결하고 자연스러운 인터랙션을 이끌어 낼 수 있다.

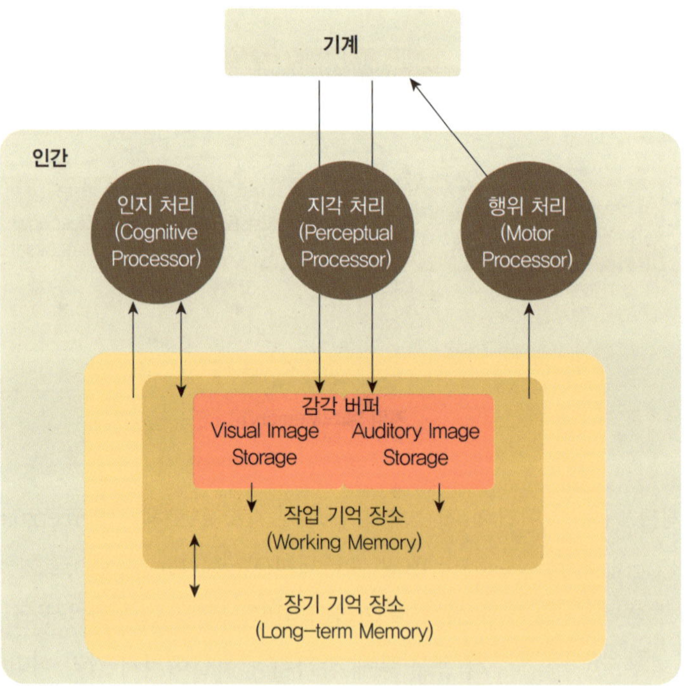

정보 처리 과정에서 정보가 입력되어 그것을 감지하여 지각(Perception)되는 부분이 사용

3) 한혁수, Web 기반의 사용자 인터페이스(홍릉과학출판사, 2008)

자에게 무엇을 어떤 방법으로 정보를 전달할 것인가를 결정짓는 중요한 요인이 된다. 지각(Perception) 처리과정을 다시 상세히 살펴보면 다음과 같다.[4]

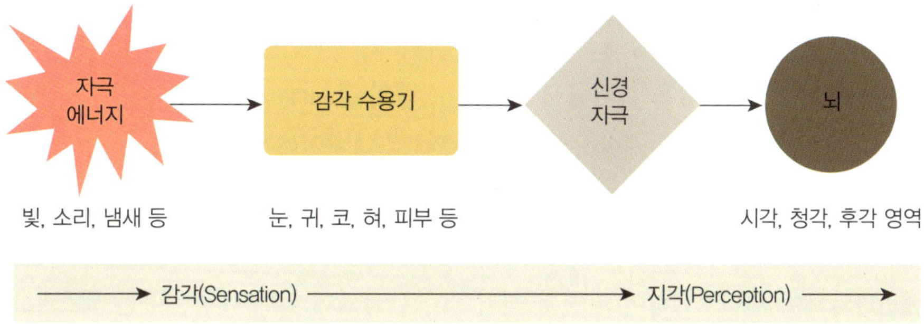

지각은 탐지(Detection)와 일맥상통하는 의미로 신호나 타깃이 있는지 아니면 존재하지 않는지를 결정하는 것이다. 감각을 일으키는 데 필요한 최소한의 자극 에너지를 절내역(Absolute Threshold)이라고 한다. 전형적인 각 감각기관에 대한 절대역(Absolute Threshold)은 아래 표와 같다. 예를 들어 시각적 감지는 어두운 곳에서 약 48m 떨어져 있는 촛불이 시각적으로 감지할 수 있는 최소한의 정도인 것이다.

또한 두 자극 간에 감지하기 위한 최소한 자극의 변화 양을 차이역(Difference Threshold), 절대역(Absolute Threshold) 또는 JND(Just Noticeable Difference)라고 한다.[5] JND는 이 두 자극에서 감각을 감지할 수 있는 최소한의 자극치를 의미하는 것으로 일반적으로 인간의 경우 50% 정도의 변화 수준에서 감각을 느낀다.[6] 베버(Weber)는 처음 자극과 그 다음에 주어지는 자극의 정도에 차이가 일정한 비율 이상이 되어야만 탐지가 가능하다고 하여 그 비율에 대한 베버의 법칙(Weber's Law)을 세웠다.

감각	전형적인 절대역(Absolute Threshold)
시각	어두운 곳에서 30mile(약 48m) 떨어져 켜 있는 촛불
청각	완전히 조용한 곳에서 20feet(약 6m) 떨어져서 있는 시계의 똑딱 소리
촉각	뺨에서 1cm 떨어진 곳에서 떨어지는 벌의 날개
후각	방 3개가 있는 아파트 도처에 분산된 한 방울의 향수
미각	물 2gallons(약 7.5L)에 티스푼 1개 분량의 설탕

4) E. Bruce Goldstein. *Sensation and Perception*(Wadsworth Publishing, 2009).
5) Andris Freivalds, Benjamin Niebel, *Niebel's Methods, Standards & Work Design*(McGraw-Hill, 2008).
6) E. Bruce Goldstein. *Sensation and Perception*(Wadsworth Publishing, 2009).

그러므로 사용자에게 정보를 전달하기 위해서는 인간이 감지할 수 있는 정도의 자극을 전달해야 비로소 보낸 정도를 지각할 수 있다. 그 한계치를 넘지 못하면 정보를 전달받지 못하고 감지할 수 없으므로 반응을 보이지 않고 더 이상 시스템과의 인터랙션도 진행되지 않는다. 예를 들어 아이콘에 있는 네이밍에 대한 텍스트 사이즈를 사용자가 지각할 수 있는 범위 안에서 디자인해야 한다. 아름다움을 위해서 또는 시스템의 한계에 의해서 사용자의 지각 프로세스와 능력의 범위를 무시한 채 개발하게 되면 좋은 UX 디자인이 만들어지기 어렵다. 특히 UX 디자인은 대중을 대상으로 이루어지기도 하지만, 특정 대상에 대한 상품이나 서비스가 더 많다. 예를 들어 실버 세대를 위한 UX 디자인을 하게 되면 실버 세대의 지각 프로세스 속도와 능력치를 파악해야 한다. 고령이 되면서 시각력이 감퇴되어 일반 대중보다는 텍스트 사이즈를 크게 조절한다든지, 감각 속도와 반응이 느린 것에 대해 인터랙션 방식을 선택한다든지 하는 고려가 필요하다.

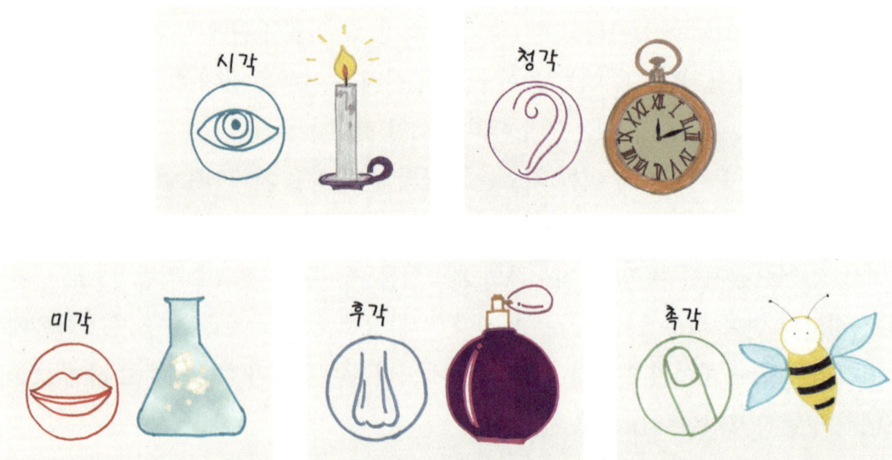

(3) 사용자 개념 모델

존슨 레어드(Philip N. Johnson-Laird)는 인간의 표상 시스템에는 자연언어에 대응하여 기호로 표현되는 명제, 특정의 시점에서 영상적 표상으로 나타나는 이미지, 그리고 이미지의 기초이며 명제와 대응하여 존재하는 멘탈 모델(Mental Model)의 3가지의 요소가 존재한다고 말했다.[7] 멘탈 모델은 인간이 자기 자신, 주변 사람, 환경, 사용하는 제품 등을 해석하려고 만

7) Philip N. Johnson-Laird, *Mental Models*(Harvard University Press, 1986).

든 모델을 의미하며 광의로는 인간이 생각하고 행동하는 구조를 말하기도 한다. 멘탈 모델에서 인간-기계 시스템을 이해하는 부분을 개념 모델(Conceptual Model)이라 할 수 있다. 멘탈 모델과 개념 모델을 같은 의미로 사용하기도 하지만, 디자인적 관점에서 개념 모델에 대한 이해가 필요하다. 개념 모델은 인간-기계 시스템의 인터랙션 시점에서 사용자 개념 모델(User Conceptual Model)과 디자이너 개념 모델(Designer Conceptual Model)로 나누어 볼 수 있다. 그리고 도널드 노먼은 개념 모형을 실제 시스템으로 표현한 결과물을 시스템 이미지(System Image)라 칭하면서 사용자 개념 모델과 디자이너 개념 모델이 최대한 일치하도록 시스템을 구현해야 한다고 말했다.[8]

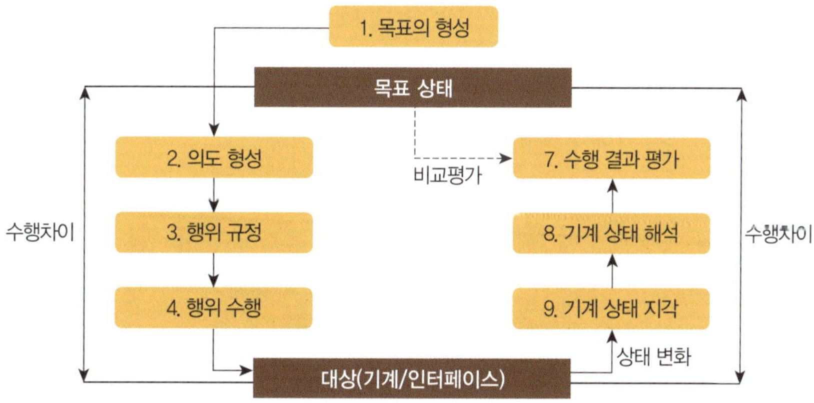

사용자 개념 모델(User Conceptual Model)

사용자 개념 모델은 사용자가 어떤 시스템에 대해 이해하는 방식이다.[9] 앞서 고찰하였던 시스템이 갖추고 있는 목적과 요소를 이해해야 사용자는 시스템을 사용할 수 있다. 사용자는 시스템에 대한 작동 방식을 알고 시스템이 출력하는 디스플레이 방식을 인지해야 한다. 사용자 개념 모델에서는 인간의 정보처리 과정에서 알 수 있듯이 앞서 경험했던 기억이나 지식과 유사한 시스템은 이해하기가 쉬워진다. 유선전화를 쓰던 사용자는 시스템의 체계가 바뀐 무선 전화도 번호 자판을 누르는 방법만 알면 번호를 눌러 전화를 하는 목적을 수행하는 데는 아무런 문제가 없다. 또한 자동차 시스템을 운전하는 데 있어서 핸들을 움직이고 기어를 조작하는 방법만 알면 자동차 내부의 엔진과 기어가 어떻게 연결이 되어 있고 움직이는가에 대한

8) Donald Norman, *The Psychology of Everyday Things*(Basic Books, 1988).

9) Deborah J. Mayhew, *Principles and guidelines in software user interface design*(Prentice-Hall, 1992).

복잡한 이론을 정확히 이해하지 못해도 운전을 할 수 있다. 또한 실제 자동차 핸들 조작법을 경험해본 사람이라면 핸들 모양이 설치되어 있는 어떠한 시스템을 보더라도 손을 이용하여 핸들을 돌릴 수 있다는 기대나 예상을 하게 된다. 사용자 컨셉 모델은 이러한 체계성, 일관성, 예측성을 가지고 있다. 따라서 사용자와 시스템의 인터페이스에서 조작하는 지점과 사용하는 방법에 대한 직관적 이해, 그리고 시스템에서 보내오는 피드백에 대한 감지를 어떻게 인지하는가에 대한 것이 사용자 컨셉 모델의 핵심이 된다. 또한 사용자 컨셉 모델은 시스템과 계속적인 인터랙션이 이루어진다.

디자이너 개념 모델(Designer Conceptual Model)

시스템을 만드는 디자이너는 대상에 대해 기술적 · 사업적 측면에서 시스템 작동 방식을 구현하고 작동 방식을 사용자에게 설명하기 위한 표현을 한다. 이것을 디자이너 개념 모델이라 칭한다. 시스템을 이해하는 관점이나 접근 방식이 사용자 개념 모델과는 달리 시스템을 개발하고 제작하는 것에 있기 때문에 제작 이후에 사용할 사용자보다 시스템의 구조나 조작 방식에 대한 이해도가 다르다. 이에 따라 디자이너의 의도가 사용자가 시스템을 사용하는 의사결정 과정에서 여러 가지 오류를 범하게 만들 수 있다. 그러므로 디자이너 개념 모델은 사용자의 입장을 적극적으로 이해하여 시스템 동작 방식, 동작 결과 예상, 문제 해결 방법 등을 고려해야 한다. 또한 디자이너 개념 모델은 시스템을 일방적으로 디자인하는 것으로 인터랙션이 이루어지지 않기 때문에 시스템 설계 시 이러한 사항 등을 미리 적용하여 사용자 개념 모델과 일치할 수 있도록 해야 한다. 즉, 앞서 언급한 인간의 정보 처리 과정에 따른 지각 프로세스를 이해하여 적절한 자극과 그 정도를 가늠하여 정보를 주고 사용자의 직관적인 통제를 받을 수

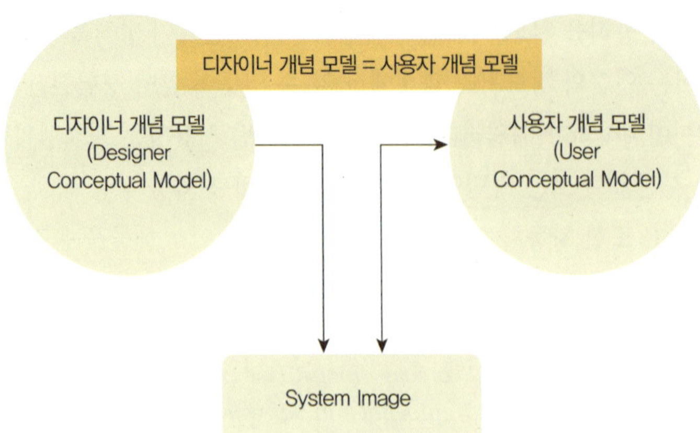

있는 시스템의 디자인이 요구된다.

도널드 노먼(Donald Norman)은 이상적인 시스템을 만들기 위해서는 사용자 중심의 디자인으로 디자이너 모델과 사용자 모델이 일치해야 하고 이것을 시스템 이미지라 칭했다.[10] 따라서 UX 디자이너는 사용자의 개념 모델을 이해하고 특정 시스템과 서비스에 대한 사용자의 개념 모델에 따른 시스템 이미지가 무엇인지 정확히 이해해야 한다.

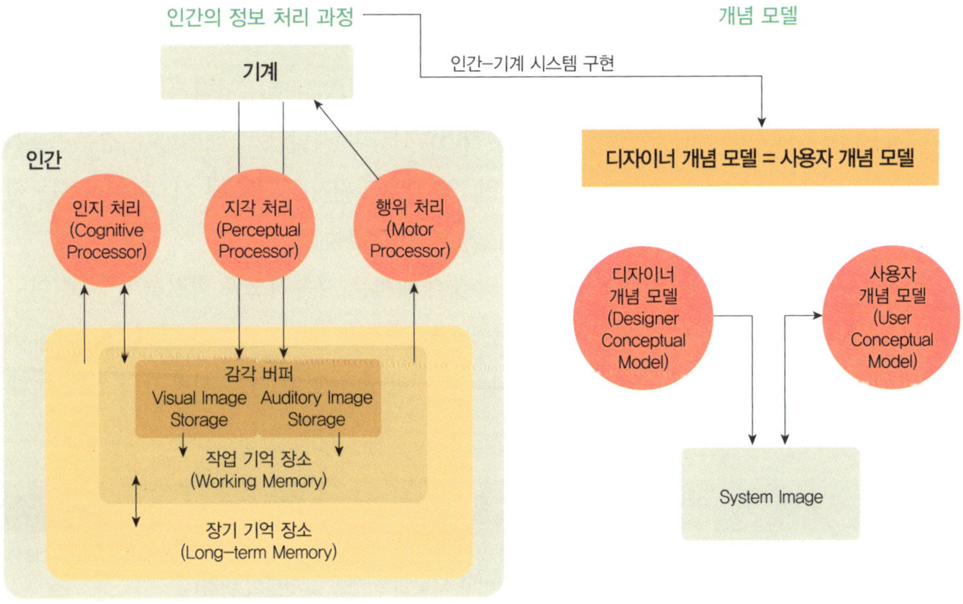

(4) 사용자 정황(Context)

정황(Context)의 사전적인 의미를 보면, 첫째 한 단어나 구절에 대해 그 의미를 밝히는 것이고, 둘째는 어떤 것이 존재하거나 발생되는 상태와 관련이 있는 환경과 같은 것이다. 따라서 사용자 정황은 사용자가 처해 있는 상태와 조건 등을 말하는 것이고 UX 디자인에서는 행위를 유발하는 사용자의 정황을 의미한다. 사용자를 이해하는 데 있어서 정황은 사용자의 개인적 역사와 현재 상태, 그리고 시스템 또는 제품이나 서비스를 만났을 때의 상황이나 환경의 모든 것을 포함한다. 포괄적인 의미에서 이러한 사용자 정황은 곧 사용자의 경험으로 직결되기 때문에 사용자를 이해하는 가장 중요하면서 기본적인 요소이다.

---

10) Donald Norman, *The Psychology of Everday Things*(Basic Books, 1988).

단어	품사	정의
Context	noun	1. the parts of a discourse that surround a word or passage and can throw light on its meaning (한 단어나 구절을 둘러싸고 있는 담론에 대한 부분들, 즉 그 의미를 밝히는 것) 2. the interrelated conditions in which something exists or occurs: Environment, Setting (어떠한 것이 존재하거나 발생되는 상태와 밀접한 관련이 있는 것: 환경, 장소)

인간의 정황에 대해서는 일반적으로 누가(Who), 언제(When), 어디서(Where), 무엇을(What), 어떻게(How), 왜(Why)라는 육하원칙(5W1H)의 맥락에서 해석하는 경우가 많다. 사용자 측면에서 누가는 행위의 주체를 말하며, 언제는 행위가 이루어진 시간, 어디서는 행위가 이루어진 장소, 어떻게는 행위의 방법, 왜는 행위의 목적을 의미한다.

어떠한 시스템에 대한 사용자의 정황의 정의에 대해서는 지속적으로 학자들에 의해 연구되어 왔다. 최초로 정황-인식(Context-Aware)을 소개한 Schilit와 Theimer의 정의에서부터 비슷한 의미의 표현까지 포괄적이다. 또한 컴퓨터나 인터랙션을 알고 있는 사용자의 정황에 대한 언급들도 나타난다.

연도	연구자	정황(Context)에 대한 정의 〈Context is〉
1994	Schilit, B. Theimer, M.	location, identities of nearby people, objects, changes to those objects[11] (위치, 주변 사람들이나 사물의 정체와 그것들의 변화)
1997	Brown, P.J. Bovey, J.D. Chen, X.	location, identities of the people around the user, the time of day, season, temperature, etc.[12] (위치, 사용자 주변의 사람들, 시간, 계절 온도 등)
1997	Rayn, N., Pascoe, J. Morse, D.	user's location, environment, identity and time[13] (사용자의 위치, 환경, 정체성, 시간)
1998	Dey, A.K.	user's emotional state, focus of attention, location and orientation, date and time, objects, and people in the user' s environment[14] (사용자의 감정적 상태, 주의력, 위치와 방향, 날짜와 시간, 사물들, 사용자의 환경에 있는 사람들)

11) Schilit, B., Theimer, M., "Disseminating Active Map Information to Mobile Hosts," IEEE Network, 8(5) (1994), pp.22-32.

12) Brown, P.J., Bovey, J.D., Chen, X., "Context-Aware Applications: From the Laboratory to the Marketplace," IEEE Personal Communications, 4(5) (1997), pp.58-64.

13) Rayn, N., Pascoe, J., Morse, D., "Enhanced Reality Fieldwork: the Context-Aware Archaeological Assistant," Gaffney V., van Leusen, M., Exxon, S. (eds.) Computer Applications in Archaeology (1997).

14) Day, A.K., "Context-Aware Computing: The CyberDesk Project," AAAI 1998 Spring Symposium on Intelligent Environments, Technical Report SS-98-02(1998), pp.51-54.

1999	Dey, A.K. Abowd G.D.	a person, place or object that is considered relevant to the interaction between a user and an application, including the user and application themselves (사용자와 애플리게이션 사이의 인터랙션에 관련되는 것으로 간주되는 사람, 장소, 사물)
2001	Dey, D. Salber, G. Abowd	place, people, and things[15] (장소, 사람, 물건)
2003	Henricksen, K.	the set of circumstances surrounding it that are potentially of relevance to its completion[16] (어떤 것이 완성되기 위해 관련된 잠재적인 것으로 주변을 둘러싸고 있는 환경에 놓인 것)
2005	Peter Ingwersen J. Karvelin	actors and their components function act as context to one another in the interaction processes[17] (인터랙션 과정에서 서로 파악할 수 있는 행동자와 기능을 수행하기 위한 구성 요소)
2007	Zimmermannn, A. Lorenz, A. Oppermann, R.	individuality, activity, location, time, and relations[18] (개인성, 행위, 위치, 시간, 관계)

이와 같이 사용자 정황은 UX 디자인을 하는 데 있어서 타깃 유저를 리서치할 때 고려해야 한다. UX 디자인에 타깃팅되는 메인 유저 또는 서브 유저들의 특징과 정황이 무엇인지 연구하고 분석하여 이에 따라 시스템 또는 서비스를 개발하게 된다. 예를 들어 20대 여대생을 위한 스마트폰에 대한 UX 디자인을 한다고 가정해보자. 그럼 메인 타깃이 되는 20대 여대생에 대한 정황이 무엇인지 살펴본다면 다음과 같을 것이다.

15) Dey, D. Salber, and G. Abowd, "A Conceptual Framework and a Toolkit for Supporting the Rapid Prototyping of Context-Aware Applications", Special issue on Context-Aware Computing inthe Human-Computer Interaction (HCI) Journal, Vol. 16 (2-4), (2001), pp.97-166.

16) Henricksen, K., "A Framework for Context-Aware Pervasive Computing Applications," Ph.D. Thesis, University of Queensland (2003).

17) Carla Teixeira Lopes, "Context Features and Their use in Information Retrieval," 3rd Symposium on Future Directions in Information Access(FDIA), pp.36-42.

18) Anreas Zimmermann, Andreas Lorenz, and Rein Oppermann, "An Operational Definition of Context," B. Kokinov et al.(Eds.): CONTEXT 2007, LNAI 4635, (2007), pp.558-571.

Context
맛집 검색
먹기 전에 항상 스마트 폰으로 사진을 찍음.
실시간 길찾기
인터넷 쇼핑
Smart Phone
SNS에 나의 생활상 올리기
20대 여대생
항상 충전할 곳을 찾음.
앱을 활용한 출석 체크
찰칵
셀카 삼매경
Hi~
Good~
친구들과 이야기
이메일 확인
메모하는 습관
mp3 음악 듣기

Section
02
사용자 특징

사용자는 곧 인간이다. 따라서 인간 요소(Human Factor)를 알면 사용자에 대한 이해와 분석이 가능하다. 따라서 인간 요소를 신체적 물리적 특성을 고려한 인간공학적 관점과 내적이고 감성적 특성에 기반한 인지심리학적 측면에서 사용자를 살펴보겠다.

(1) 인간공학(Ergonomics)적 특징

인간공학은 기계 또는 도구와의 관계에 인간의 외적・물리적 조건을 고려하여 형성되는 원리와 법칙 또는 조건을 탐구하는 학문으로 인간의 행동, 능력, 한계, 특성 등에 관한 정보를 다룬다. 프레데릭 윈슬로 테일러(Frederick Windslow Taylor)의 '과학적 관리법의 원리'와 길브레스(Gilbreth)부부의 동작연구 등의 초기 인간공학은 주로 작업효과 중심의 공장 경영이나 대량생산 증진을 위한 방법으로 연구되었다. 그러나 점차 인간 요소에 대한 연구가 활성화 되면서 인간중심의 사고와 연계된 생산성과 안정성 그리고 질적인 향상에 기여하기 위한 방향으로 인간공학이 발전되고 있다.

UX 디자인에 있어서 개별 사용자는 신체적 구조와 감각을 가지고 시스템을 제어하고 피드백을 감지한다. 따라서 신체 구조와 오감을 나누어 사용자의 인간공학적 측면을 살펴보겠다.

신체적 구조

인간은 신체를 지탱해주는 골격과 골격을 둘러싸고 있는 체간이 있다.[19] 체간 내에 있는 근육의 수축과 이완에 따라 움직임이 생기고 신진대사에 의해 에너지를 얻어 활동할 수 있게 된다. 주로 시스템이나 제품을 조작하기 위해서는 손, 발, 머리 등의 신체 부분을 사용하며 몸 전체가 활용되기도 한다. 사용자인 인간의 신체적인 구조과 시스템과의 관계에 있어서 직접적으로 접촉되는 부분과 공간의 규모는 인간 척도(Human Scale)의 기준에 맞추어 설계되고 디

19) 김영수・문선욱・최병선, 인간공학 지각행태학(공간예술사, 2000).

자인된다.[20] 인간적 척도는 인간의 행태에 따라 높이, 폭, 면적, 볼륨 등을 고려하여 공간을 만들게 된다. 사용자의 신체가 직접 닿거나 움직임과 관계를 갖는 부분은 인간공학적 측면에서 가장 편안하고 자연스러운 범위를 설정하여야 한다.

레오나르도 다빈치는 자신의 예술 작품에 사람의 신체 구조를 정확히 표현하기 위해 해부학에 관심을 가졌고, 황금비율을 기반으로 한 인체의 비율을 표현하기도 하였다. 팔꿈치에서 가운데 손가락 끝까지의 길이를 나타내는 1큐빗이라는 단위를 기본으로 배꼽을 중심으로 원을 그렸을 때 사람의 손과 다리가 끝에 닿을 수 있는 구조이다.

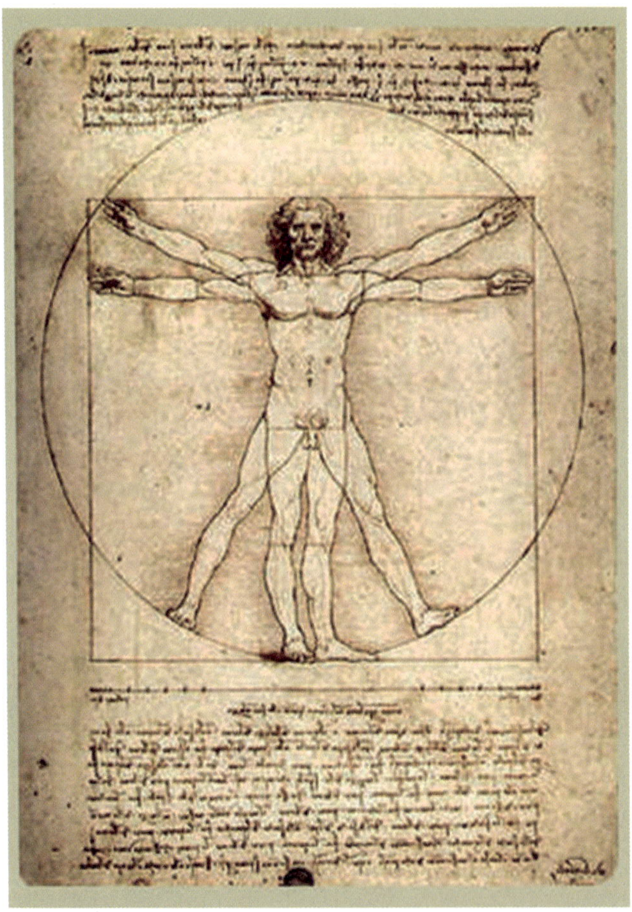

인간 척도와 인체의 비례, 분할을 연구한 르 코르뷔제(Le Corbusier)의 모듈러(Modular)에 의하면 위 그림과 같이 키가 175cm인 사람의 경우 황금비례에 의해 108cm 부분에 인체의 중

20) 임승빈, 환경심리와 인간행태(보문당, 2012).

심이 있으며 이 길이가 인체의 기본 단위가 된다고 하였다.[21] 그래서 기본 단위인 108cm의 2배가 되는 216cm는 사람이 팔을 위로 뻗었을 때의 가능한 길이가 되고 이러한 것을 고려하여 공간을 디자인하고 오브젝트를 배열해야 한다. 이러한 척도는 건축에 있어서 사람이 생활하기 편리한 구조와 스케일을 정하는 데 기준이 될 수 있다. 또한 가구의 형태나 구조를 디자인하는 데 있어서도 중요한 정보가 된다. 사용자가 앉았을 때 발이 편하게 바닥에 닿는 길이를 고려한 의자의 높이와 책상의 높이, 손을 위로 뻗었을 때 닿는 높이에 따른 선반의 높이 등이 고려될 수 있다.

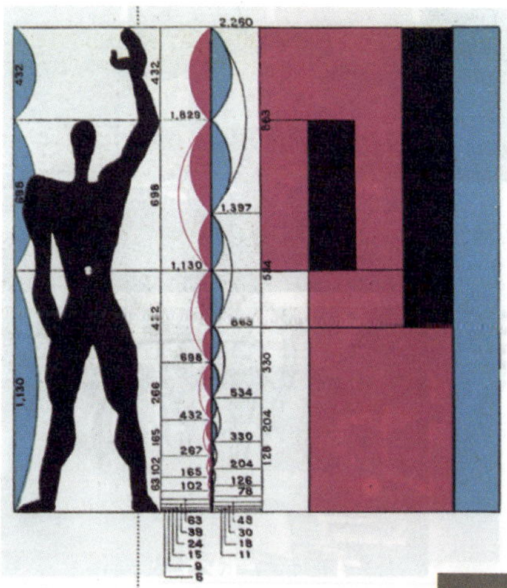

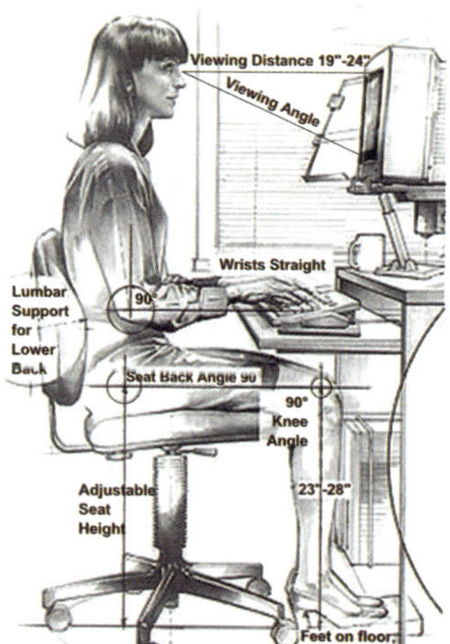

T4.1L

신체의 구조가 갖고 있는 특징과 한계는 물리적 공간에 만들어지는 UX 디자인에 있어서 중요한 요소이다. 예를 들어 일반적으로 성인 남자가 들을 수 있는 무게, 어린이들이 걷는 보폭

21) Charles Wallschlaeqer, Cynthia Busic-Snyder, *Basic Visual Concepts and Principles for Artist, Architects and Designers*(McGraw-Hill Humanities, 1992).

이나 점프하는 높이, 시야의 높이와 폭의 각도, 글을 읽을 때의 시선 방향 등이 고려되지 않은 디자인은 사용자에게 좋은 경험을 제공할 수 없다. 자연스러운 동작과 움직임, 행동이 이루어질 수 있도록 유도하고 한계를 넘어서는 무리수를 피하는 것이 좋다.

감각

인간의 감각은 말초신경에 속하는 감각 수용체가 자극을 받아 신경세포를 활성화함으로써 뇌 안의 감각 처리 과정을 작동시키는 것으로 오감, 평형 감각, 내장 감각이 있다.[22] 이 중에서도 특히 UX 디자인에서는 사용자의 오감이 주로 작용하여 인터랙션을 형성한다. 인간의 오감은 시각, 청각, 촉각, 후각, 미각을 기본으로 이 중에서 시각이 감각의 가장 많은 부분을 차지하고 있으며 최근에는 터치 스크린의 발달로 촉각을 활용한 시스템이 개발이 증가하고 있다. 또한 인간의 오감은 각기 다른 기관에서 자극을 받지만 두 가지 이상의 자극이 동시에 일어나거나 어떤 감각이 다른 영역의 감각을 불러일으키는 공감각(Synesthesia)을 느끼기 때문에 복합적인 양상을 보인다. 공감각은 인간의 감성을 높일 수 있는 요소가 되기 때문에 UX 디자인의 인터페이스 요소로 적극 활용되고 있다. 감각에 대한 자극은 다음과 같다.

22) 조성주, "C-FEEM 모델을 적용한 디자인 Panning 단계에서 Concept making에 관한 연구–차세대 모니터 디자인 중심으로", 홍익대학교 디자인전문대학원 박사학위 논문(2012).

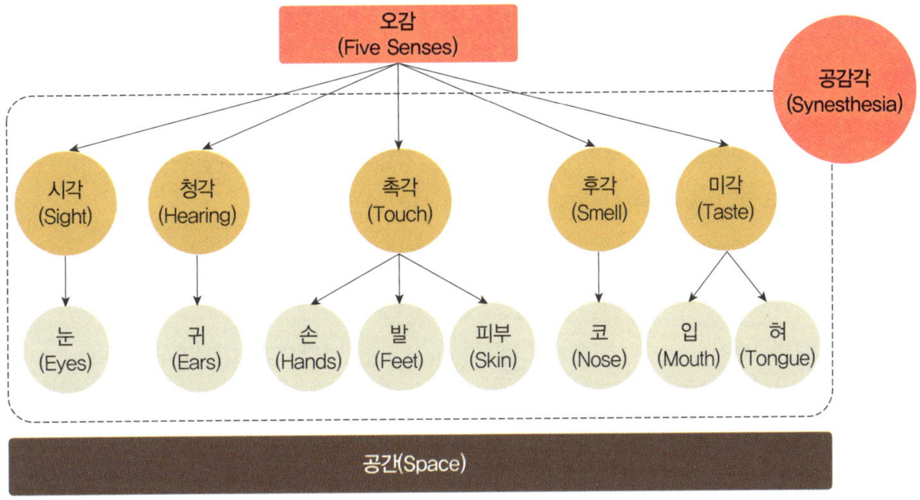

(2) 인지심리학적 특징

인간공학적 특징이 인간의 외적인 요인과 밀접한 관계가 있다면 인지심리학적 특징은 인간의 내적인 요인과 연계되어 인간의 마음이 어떻게 작용하는지에 초점을 맞추고 있다.

형태재인

재인(Recognition)은 재인식과 같은 말로 본디의 인식을 고쳐 새롭게 인식함이라 정의되어 있다. 즉, 기억하는 활동의 한 형태로 이전에 보았거나 경험이 저장되어 있다가 다시 기억이 꺼내어져 알아채는 인지과정을 말한다. 사람들은 형태를 인지하는 데 있어서도 재인에 의해서 대상을 지각하고 인식하는 특징을 가지고 있다.

게슈탈트(Gestalt) 지각이론

게슈탈트(Gestalt)란 독일어로 '형태, 모양, 유형'을 의미하는 것으로 형태를 지각하는 원리를 말한다. 독일의 심리학자 막스 베르트하이머(Max Werheimer)가 자신의 시야를 가리고 있는 창문 프레임이 있음에도 불구하고 바깥 경치를 볼 수 있다는 것을 깨달은 것에서 만들어졌다. 기본 원리는 인간이 어떤 하나의 형태를 지각하는 과정에서 특정 부분들을 독립적으로 보는 것보다 전체를 하나로 통틀어 보려는 경향을 가지고 있다는 것이다. 즉, 인간은 지각된 내용을 하나의 전체로 통합하고 조직화하려는 심리를 가지고 있기 때문에 이것을 이해하고 디자인해야 한다.

- 인간은 대상을 부분을 나누어서 보기보다는 전체적으로 지각한다.
- 인간은 이전에 경험하거나 보았던 형태에 대한 기억의 영향을 받는다.
- 인간은 익숙하거나 친숙한 형태를 보다 쉽게 인식한다.
- 인간은 전경과 배경(또는 형과 배경)을 지각한다.

전경과 배경(형과 배경) 전경이란 형(Figure)으로 지각되는 대상을 말하다. 그리고 전경 뒤에 놓여 있어 구분되는 배경을 인지한다. 일반적으로 작은 구성 요소나 상세하게 두드러진 요소, 또는 익숙한 형태를 자연스럽게 전경으로 본다. 그러나 루빈(Edgar Rubin)의 "꽃병"처럼 두 사람의 얼굴이 마주보고 있으면서 만들어지는 공간을 배경으로 인지되다가 꽃병의 전경으로 보이기도 한다. 즉, 레이아웃과 영역의 조합에 따라 전경과 배경이 역전되어 인지될 수 있다. 형태주의 심리학자들은 이것을 전경-배경 분리(Figure-ground segregation)라 한다.

시각적 착시나 착각을 표현한 작품을 제작한 에셔(Escher)의 그림은 보는 사람에 따라 전경을 배경으로 또는 배경을 전경으로 지각하도록 명도대비를 바꾸는 방법이 사용되었다.

루빈의 "꽃병"

에셔

Escher의 Lizard 초현실주의 작가 살바도르 달리(Salvador Dali, 1904~1989)의 "사라지는 볼테르 흉상과 노예시장(Slave Market with Disappearing Bust of Voltaire)" 작품에서도 전경과 배경 이론을 발견할 수 있다. 이 작품은 노예시장을 묘사하고 있는데, 노예 해방과 종교의 자유를 주장한 계몽사상가 볼테르의 얼굴 이미지를 숨겨 넣었다. 전체 그림을 보면 볼테르의 얼굴이 보이며 전경과 배경을 역전시켜서 보면 볼테르 얼굴 부분에 두 명의 수녀가 두

드러지게 보인다. 살바도르 달리는 이 그림을 통해서 보이지 않는 듯 보이는 볼테르의 형상을 통해 노예제의 부조리함을 표현하고 있다.

살바도르 달리의 "사라지는 볼테르 흉상과 노예시장"

볼테르 흉상

그룹핑

게슈탈트 주요 법칙은 그룹핑에 관련한 것이다. 대표적인 그룹핑의 법칙으로 5가지가 있다.

근접성의 법칙(Law of Proximity) 가까이 있는 요소 또는 부분들을 묶어서 지각하는 것을 말한다. 예를 들어 실제로 8개의 수직선이 있지만 우리는 가까이 있는 2개의 수직선을 그룹핑하여 지각하기 때문에 마치 4개의 기둥이 있는 것처럼 보게 된다.

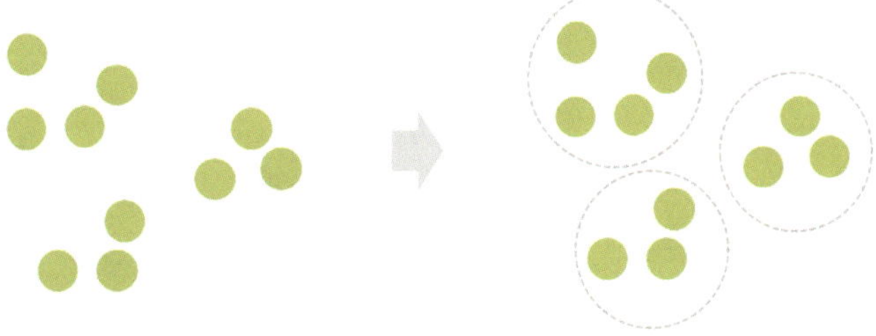

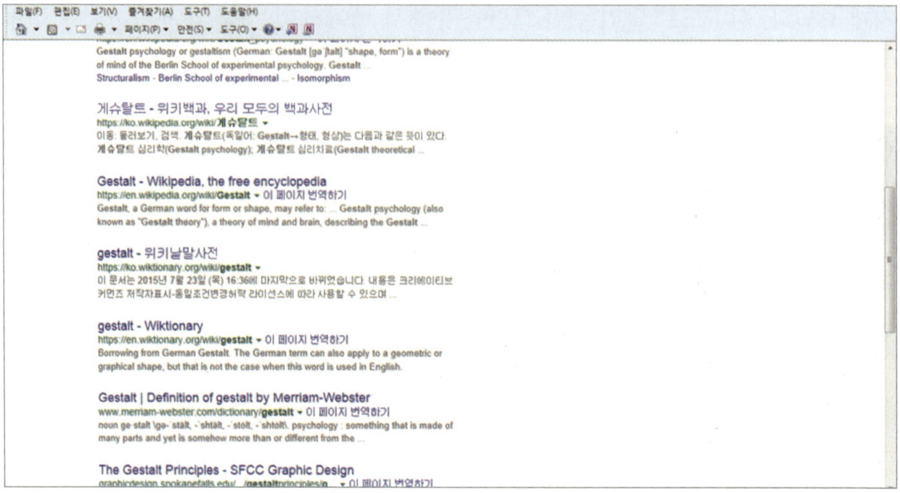

인터넷 검색을 통해 나온 결과물은 위 이미지처럼 나열되어 디스플레이 된다. 검색된 하나의 결과마다 제목과 사이트주소, 요약 또는 서두가 보여지는데, 하나의 결과 뒤에 나오는 다음 결과는 한 줄을 띄어서 나타난다. 이로써 사용자는 한 결과를 구성하는 요소들이 근접해 있고 다른 결과들과는 떨어져 있기 때문에 하나의 결과씩을 묶어서 구분하기 쉬워진다.

유사성의 법칙(Law of Similarity) 비슷한 모양이나 형태를 묶어서 보는 것을 유사성의 법칙이라 한다. 큰 원과 작은 원이 있을 때 큰 원들을 하나의 그룹으로 묶어서 보고 작은 원들을 하나의 그룹으로 지각하게 된다.

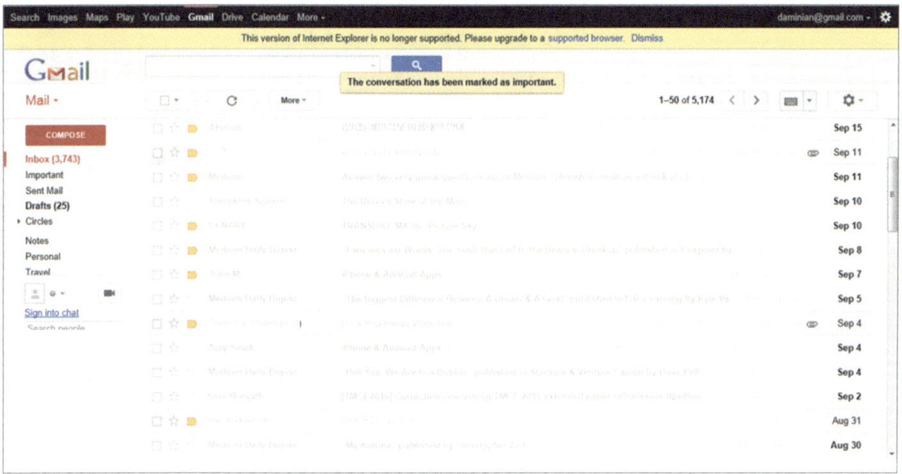

이메일 리스트에서 아직 확인을 하지 않은 이메일에는 앞에 노란색 편지봉투 모양이 달려 있다. 이것은 사용자로 하여금 유사성의 법칙에 의해 같은 형태끼리 그룹핑해서 쉽게 지각할 수 있게 된다.

폐쇄성의 법칙(Law of Closure) 대상의 불완전한 형이나 그룹들을 완전한 형태로 닫아서 완료하려는 경향을 말한다. 실제로는 4개의 원이 있지만 그 원이 마치 꼭지점처럼 연결하여 하나의 사각형 형태로 보려고 한다.

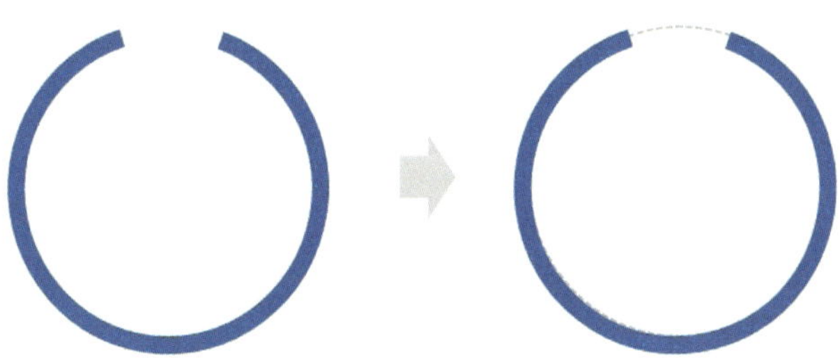

폐쇄성의 법칙은 일반적인 로고 디자인에서도 그 활용도를 많이 찾아볼 수 있다. 예를 들어 IBM 로고는 글자가 여러 개의 수평선으로 구성이 되어 있지만 우리는 그 각각의 선을 따로 보는 것이 아니라 하나의 알파벳으로 묶어서 보려고 한다. 특히 선과 선 사이가 비어 있지만 하나의 알파벳으로 완결해서 보려는 폐쇄성의 법칙에 따라 글자 'I', 'B', 'M'으로 읽을 수가 있게 된다. 3D를 표현하거나 광고 디자인에 번뜩이는 아이디어로도 사용되기도 한다.

대칭성의 법칙(Law of Symmetry) 중심점을 기준으로 양쪽으로 대칭을 이루어 보려는 경향이 있다. 괄호는 여는 것과 닫는 것은 대칭 형태를 이루기 때문에 2개의 괄호를 하나의 형태처럼 지각하려고 한다. 즉, 서로 대칭을 이루고 있는 2가지의 요소를 하나의 쌍으로 인식하여 결국 하나의 요소처럼 그룹핑된 것으로 생각하게 된다는 것이다.

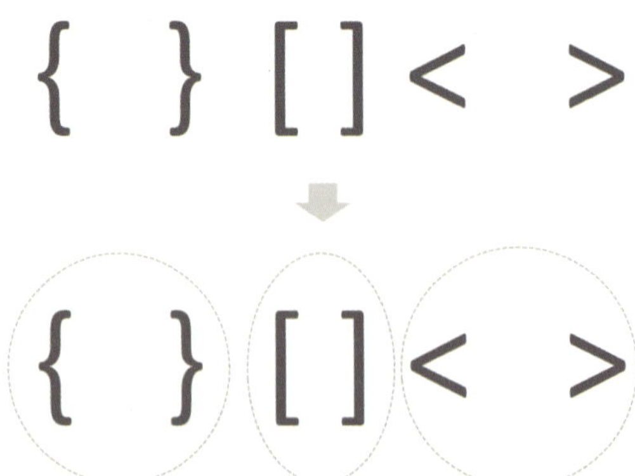

연속성의 법칙(Law of Continuity) 어떤 부분이나 요소가 연속된 상태로 있으면 그것들을 묶어서 보고 방향성까지도 감지하게 된다. 비록 중간에 선이 끊어져 있어도 연속된 형태로 하나의 선으로 연결해서 보기도 하고 유사한 형태가 연속되어 있는 것을 하나의 그룹으로 묶어서 보기도 한다.

(3) 행태주의적 특징

행동과학(Behavior Science)이라고도 불리는 행태주의는 경험에 의한 체계적인 관찰과 객관적 입증에 의해 인간의 행동을 연구한다. 행태주의는 본래 정치학적 측면에서 사회과학적으로 접근하여 다루어졌으나, 최근 UX 디자인 분야에서 객관적으로 사용자를 분석하기 위하여 인간의 행동을 관찰하고 패턴을 찾아내고 적용하는 방향으로 연구되고 있다.

인간의 동작과 관련된 용어로는 '키네틱(Kinetic)', '동작(Motion)', '행동(Action)', '행위(Activity)', '행태(Behavior)'를 명시한다. 각 단어의 정의에서 움직임에 관련된 대표 개념으로 서술하였고, 사전적 의미를 비교하면 아래와 같다.[23]

'키네틱(Kinetic)'은 물체의 운동과 힘, 즉 에너지에 의한 움직임을 뜻하는 것으로 바람의 동력으로 움직이는 바람개비, 전기의 힘으로 작동되는 기계 등의 움직임을 뜻하며 인간의 경우에 신체를 생물학적 에너지에 의한 운동으로 해석한다. 모빌과 같은 '키네틱 아트(Kinetic Art)' 또는 컴퓨터 그래픽에 의해 제작되는 '키네틱 타이포그래피(Kinetic Typography)' 등에 자주 등장하는 용어이다. '동작(Motion)'은 위치의 이동이나 활동하는 것을 말한다. 가장 기본적인 움직임의 단위로 신체의 일부 또는 전체의 움직임에 대한 일반적인 호칭이다. '행동(Action)'은 무엇인가를 하는 것으로 신체적 · 정신적 활동에 대한 총체적 호칭이다.[24] 정신적인 활동에 의식과 동기가 포함된다. '행위(Activity)'는 활동적인 행동(Action)이므로 적극적인 의식을 가지고 무엇인가를 하는 개념으로 본다. '행태(Behavior)'는, 첫째 스스로 움직이는 방식이고, 둘째 신체 조직이 행동과 관련되거나 자극에 반응하는 것이며, 셋째 개인 또는 집단이 그 환경에 대해 반응하는 것으로 정의되어 있다. 다시 말해, 주변의 자극에 반응하고 이에 대응하는 행위의 양식이나 패턴이라 말할 수 있다. 또는 목적을 수반한 행위의 연속적 집합적 양상을 행태라 한다.

단어	품사	정의
Kinetic	adjective	of or relating to the motion of material bodies and the forces and energy associated therewith(물체의 운동과 힘, 그것과 함께 에너지와 관련된)
Motion	noun	a: an act, process, or instance of changing place(하는 것, 과정 즉 위치가 바뀌는 순간) b: and active or functioning state of condition(활동적인, 즉 기능적인 상태)
	verb	a: to signal by a movement or gesture(움직임, 즉 몸짓으로 신호를 보내다) b: to direct by a motion(움직임으로 ~을 인도하다)
Action	noun	a thing done(하는 것)
Activity	noun	vigorous or energetic action(활동적인, 즉 활기찬 행동)
Behavior	noun	a: the manner of conducting oneself(스스로 움직이는 방식) b: anything that an organism does involving action and response to stimulation (조직이 행동과 관련되거나 자극에 반응하는 것) c: the response of an individual, group, or species to its environment (개인, 집단 또는 종(種)이 그 환경에 대한 반응)

23) http://www.merriam-webster.com/(Merriam-Webster Online Dictionary)
24) 임승빈, 환경심리와 인간행태(보문당, 2012).

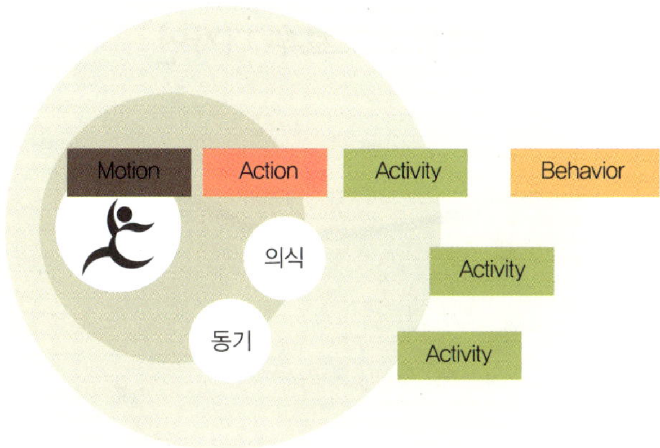

따라서 UX 디자인과 관련하여 행위를 하는 사용자의 의식과 동기를 발견하고 다수의 사용자가 행위하는 행태 유형을 연구해야 한다. 행태가 곧 사용자 행동 또는 행위의 패턴이 되고 이 패턴에 따라 적절한 디자인 방법을 찾고 트렌드까지도 예측하고 만들어 나갈 수 있다.

예를 들어 다음 이미지는 아마존의 대시 버튼으로 사용자의 행태를 잘 적용한 UX 디자인이라고 할 수 있다. 대시 버튼은 사람들이 일상생활에서 필요한 소모품을 스마트폰 없이 물리적 버튼을 한번 누르는 것으로 주문할 수 있도록 만든 시스템이다. 항상 쓰던 세탁비누가 떨어졌을 때, 그 자리에서 옆에 붙여 놓은 버튼을 누르면 미리 셋팅해 놓은 앱으로 연결이 되어 자동으로 그 세탁비누가 주문이 되는 것이다. 매번 번거롭게 로그인하고 제품을 찾아서 주문하는 일련의 과정을 단순화시키고, 소비자의 행동 및 구매 패턴을 UX 디자인으로 활용한 좋은 예시이다.

Interesting I

사용자의 감성과 경험을 이해한 스트로우 디자인

이솝우화 중에 '여우와 학'이라는 이야기가 있다. 여우집에 초대받아서 간 학이 여우가 내준 납작한 접시 때문에 준 음식을 먹기가 어려웠다. 그러자 학이 여우를 다시 초대해서 학의 부리로만 먹을 수 있는 긴 호리병에 음식을 대접해서 여우가 음식을 먹기 어려웠다는 이야기이다. 이 이야기 속에서 UX 디자인적 측면에서 본 스트로우 디자인을 한번 빗대어 생각해보자.

사실 이 이야기의 교훈은 상대방에 대한 배려를 생각해야 한다는 것이다. UX 디자인의 중심 생각 역시 사용자에 대한 배려이다. 그러한 측면에서 보았을 때 우리가 평소 사용하는 스트로우, 일명 빨대 디자인은 이러한 배려에서 탄생한 디자인이라 할 수 있다.

스트로우는 주로 사람들이 음료수를 마실 때 고개를 뒤로 젖히거나 손을 많이 움직일 필요 없이 자연스러운 자세에서 쉽게 음료수를 마실 수 있는 도구라 할 수 있다. 스트로우를 음료수 병이나 컵에 꽂고 입만 대고 빨면 음료수를 먹을 수 있는 구조로 만들어졌다. 초기에는 일자 형태로 플라스틱 재질을 사용하여 제작되었으나 점차 인간공학적 측면과 감성적인 측면을 고려한 디자인으로 발전되었다.

일자로 만들어진 스트로우의 끝 부분이 구부러지게 주름을 만들어 인간공학적인 측면에서 사용자가 좀 더 편한 자세로 음료수를 마시게 되었다. 또한 투명하거나 하얀색의 플라스틱에서 벗어나 색이 있거나 패턴이 들어간 형태의 디자인이 생겨났다. 더 나아가 스트로우를 대할 때 더 좋은 감성을 불러일으키는 특정 디자인, 예를 들어 하트 모양이나 재미있는 모양으로 구부린 형태의 디자인도 나타났다. 최근에는 모자나 안경형태와 결합된 거대하고도 흥미로운 형태의 특별한 스트로우도 발명되었다. 이것은 인간공학적 측면에서 편리하다는 것 이상의 재미와 감성을 강조하여 새로운 경험을 제공해주는 UX 디자인이라 할 수 있다. 여우와 학이 서로의 신체적 조건을 배려해야 하는 기본적인 이해가 필요했던 것처럼 음료수를 마시는데 필요한 작은 도구일지라도 사용자의 물리적 신체 구조와 동작을 이해하고 내적인 감성까지 고려한 스트로우 디자인은 좋은 UX 디자인의 본보기가 될 수 있을 것 같다.

b.box

Section

03

사용자 분석

(1) 디자인 리서치

사용자를 분석하기 위한 디자인 조사 방법론은 데이터를 수집하기 위한 것으로 크게 기존에 마케팅 조사에서 주로 사용하던 전통적인 방법과 직접 관찰하는 방법, 최근 급증하는 실시간 트래킹 방법 등이 있다.

조사 방법론	전통적인 방법	직접 관찰 방법	실시간 트래킹 방법
	설문조사 및 인터뷰	관찰 및 에스노그라피	디지털 및 라이프로깅
장점	• 다수에게 신속하게 조사 • 통계에 의한 정량 분석 가능	• 컨텍스트 고려 • 조사 대상자의 행동양식 전반을 모두 조사 가능	• 컨텍스트를 고려한 실시간 데이터 수집 가능 • 조사 대상자의 객관적 데이터 측정 가능
단점	• 컨텍스트 배제 • 조사 대상자의 주관적 판단이나 태도 개입 가능	• 장기간 조사 • 조사자의 개입으로 자연스러운 생활 행태 왜곡 가능	• 조사자와의 커뮤니케이션 배제 • 웨어러블 기기나 모바일과 같은 하드웨어 장착이 자연스러운 행동 방해 가능

설문

설문은 정량적 분석을 위해 많은 사람들의 의견을 수렴하는 방법이다. 설문조사를 위해서는 설문지 작성에서부터 설문 실시, 통계 분석까지의 단계를 거쳐서 이루어진다.

[설문지 작성 프로세스]

1단계: 설문 목적 및 대상 결정

2단계: 설문지 작성

– 인사말 및 조사자 명시

- 응답 내용에 대한 통계법상의 보호
- 설문 목적 및 이해 가능한 설명 요약
- 기본 정보 체크
- 문항 작성
- 체크리스트를 통한 점검

3단계: 설문지 타당성 검증

1단계: 설문 목적 및 대상 결정

설문 목적은 명확하고 뚜렷하게 제시되어야 한다. 설문을 실시하고 분석한 결과를 가지고 원인과 해결책 또는 요구사항 등을 도출해내야 한다. 따라서 설문 목적을 달성하기 위한 최적의 목적을 구체적으로 정립하고 실질적인 상황을 파악해야 하며 설문 대상자의 감성과 요구사항을 밝힐 수 있는 설문으로 구성한다.

설문 대상은 그 규모와 범위를 설정해야 한다. 설문 조사 대상 전체를 모집단(Population)이라 한다. 예를 들어 실버세대 스마트폰 사용에 대한 설문을 조사하고자 한다면 한국인 기준 65세 이상 전체가 모집단이 된다. 그러나 65세 이상 한국인 전원에게 설문을 하는 것은 불가능하므로 표본(Sample)을 추출하게 된다. 표본을 추출하는 데 가장 중요한 것은 무작위

(Random)로 선택하는 것이다. 표본 추출이 어느 한쪽으로 치우치거나 조건이 편중되면 모집단의 특성을 정확하게 분석하기 어렵다. 따라서 65세 이상 한국인을 추출하기 위해서는 지역별로 범위를 쪼개어 추출하는 방식 등으로 최대한 많은 샘플 수를 확보하는 것이 설문조사의 신뢰도를 높일 수 있다.

2단계: 설문지 작성

인사말 및 조사자 명시 설문을 하는 조사자에 대한 명시를 하고 친근하게 접근할 수 있도록 인사말을 구성한다. 그리고 앞이나 뒷부분에 설문조사에 응해준 것에 대한 감사 표시를 잊지 말아야 한다.

설문 목적 및 이해 가능한 설명 요약 가장 중요한 것은 응답자가 왜 설문지를 받게 되었는지 설문에 대한 목적을 분명히 밝힌다. 목적과 함께 응답자가 반드시 이해해야 할 용어나 특정 분야는 설명을 더한다. 그리고 응답자의 성의 있는 납변을 유도하기 위해 설문에 대한 중요성과 필요성을 강조하는 것도 효과적인 방법이다.

기본 정보 체크 분석에 필요하다고 생각되는 설문 대상자의 기본 정보를 체크하는 항목을 작성한다. 예를 들어 나이, 성별 구분, 지역 등 이름을 제외하고 필요한 정보를 획득하는 부분을 만든다.

문항 작성 문항 작성 시 소여 시간과 집중력을 고려하여 문제 개수와 구성을 설계한다. 응답자가 흥미를 가질 수 있는 내용을 앞에 배열하고 관련된 항목들은 그룹핑을 하여 응답자가 잘 구분하고 이해가 쉽도록 한다. 일반적인 것에서 특수한 질문 순으로, 포괄적인 질문에서 자세하고 깊이 있는 질문 순으로 배열한다. 응답자에게 질문이나 답변 방법에 대한 이해가 어려울 것으로 예상되면 예시를 같이 작성하는 것이 좋다.

<table>
<tr><th>설문방식</th><th>내용</th></tr>
<tr><td rowspan="2">열린 설문
(Open-ended questions)</td><td>주관식처럼 어떤 대답이든 할 수 있도록 응답자에게 여지를 두고 자유롭게 기술하도록 한다.</td></tr>
<tr><td>"스마트폰의 SNS 사용이 증가하는 이유를 열 가지만 적어 주십시오."</td></tr>
<tr><td rowspan="2">서열식 설문
(Ordinal questions)</td><td>제시한 보기를 순서대로 나열하도록 한다. 항목이 지나치게 많으면 혼동이 오므로 10개 항목을 넘지 않는 것이 바람직하다.</td></tr>
<tr><td>"당신이 사용하는 스마트폰의 기능 중 가장 많은 시간 사용하는 것을 순서대로 1에서 10까지 순위 번호를 매겨 주십시오."
전화 ( ) 문자 ( ) SNS ( ) 사진촬영 ( ) 라이프로깅 ( ) 계산기 ( ) 날씨 ( ) 이메일 ( ) 알람 ( ) 게임 ( )</td></tr>
<tr><td rowspan="2">선다식 설문
(Multi Choice)</td><td>필요에 따라 복수로 선택을 가능하게 한다. 때로는 기타 사항을 자유롭게 작성할 수 있는 칸을 마련할 수도 있다.</td></tr>
<tr><td>"당신은 스마트폰 사용에 있어서 개선해야 할 사항이 있다면 어떤 것이 있는지 선택하십시오. (복수 선택 가능)
1. 통화 품질 ( )
2. 하드웨어 견고함 ( )
3. 데이터 백업 ( )
4. 음성 인식 ( )
5. 해상도 ( )</td></tr>
<tr><td rowspan="2">평정식 설문</td><td>정도의 차이를 표시하는 방법으로 좋다-나쁘다, 찬성이다-반대이다 등 2가지 상반된 정보렬로 나누어 구성할 수 있다. 또는 3점 척도, 5점 척도, 7점 척도를 이용하여 그 정도를 세분화하여 조사한다.</td></tr>
<tr><td>스마트폰을 구입하는 데 있어서 브랜드를 결정하는 이유와 얼마나 관계가 있는지 그 정도를 표시하십시오. 각 항목에 있는 이유가 스마트폰 구입에 영향을 전혀 주지 않으면 1부터 매우 많이 미치는 5까지 그 정도를 작성하여 주십시오.
<table>
<tr><th></th><th>매우
그렇지 않다</th><th>그렇지
않다</th><th>보통</th><th>그렇다</th><th>매우
그렇다</th></tr>
<tr><td></td><td>1</td><td>2</td><td>3</td><td>4</td><td>5</td></tr>
<tr><td>가격</td><td></td><td></td><td></td><td></td><td></td></tr>
<tr><td>기능</td><td></td><td></td><td></td><td></td><td></td></tr>
</table>
</td></tr>
</table>

3단계: 설문지 점검 및 타당성 검증

작성된 설문지에 대해 모든 항목이 적절하게 잘 작성되었는지 체크리스트 등을 통해 검토한다. 문항이 중복되거나 순서상에 문제가 없는지, 오타나 표준어 등에 관한 사항을 다시 한

번 점검한다. 또한 표현 방법에 있어서 어투나 문장의 매끄러움과 일관성 등을 살펴본다. 애매모호한 내용 해석이 되지 않도록 하며, 전문 용어 등의 이해하기 어려운 설문은 피하도록 한다. 마지막으로 자신이 응답자라 생각하고 직접 설문지를 작성해본다. 자신 이외에 특정인에게 테스트를 해보는 것도 좋은 방법이다.

본래 설문은 종이에 작성되며 설문 대상자를 직접 만나서 이루어졌다. 그러나 최근에는 전화를 통한 설문이나 이메일 또는 온라인상에서도 가능해졌다. 많은 샘플 수를 확보하기 위해서는 이러한 전화나 디지털 방법이 유리하기는 하지만, 불특정 다수에게 전달되거나 정확한 대상인지 100% 확인이 어려울 수 있다. 또한 대면하지 않은 상태에서는 성의 있는 태도를 끝까지 지속하기 어려운 단점이 있다.

설문 방법에 의한 연구가 증가하면서 누구든지 설문지를 쉽게 작성하고 그 결과를 손쉽게 볼 수 있는 방법이 생겨나고 있다. 구글이나 네이버와 같은 포털 회사에서 설문지 작성을 위한 탬플릿을 제공하고 있다. 이러한 탬플릿은 인터넷 링크가 가능하기 때문에 SNS나 이메일과 같은 디지털 커뮤니케이션을 통해 많은 사람들에게 동시에 전달하고 회수할 수 있다. 그렇기 때문에 시간도 절약되고 간단한 통계 결과도 같이 제공해주기 때문에 초보사도 쉽게 사용할 수 있는 장점을 갖는다.

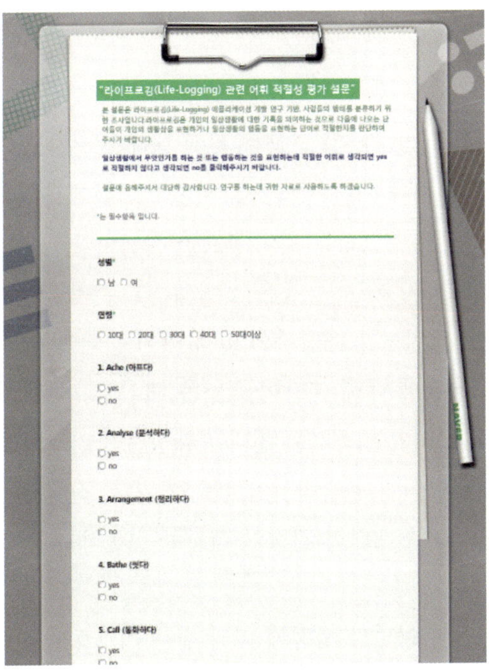

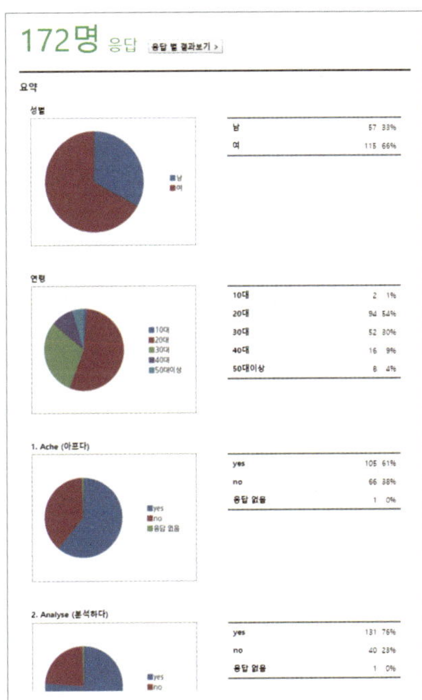

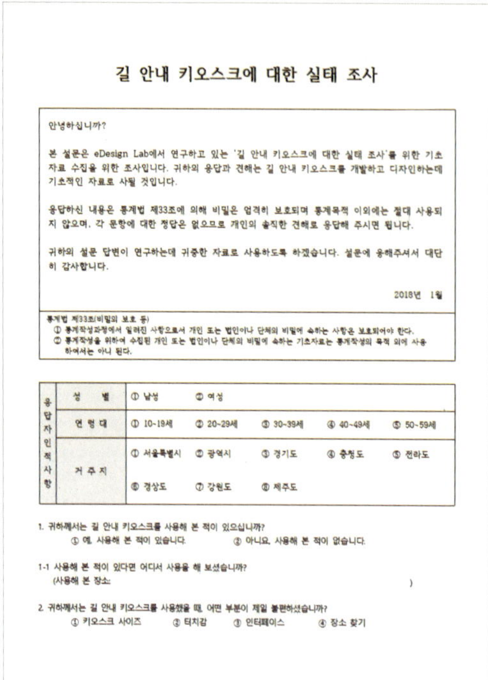

길 안내 키오스크에 대한 실태 조사

안녕하십니까?

본 설문은 eDesign Lab에서 연구하고 있는 '길 안내 키오스크에 대한 실태 조사'를 위한 기초자료 수집을 위한 조사입니다. 귀하의 응답과 견해는 길 안내 키오스크를 개발하고 디자인하는데 기초적인 자료로 사될 것입니다.

응답하신 내용은 통계법 제33조에 의해 비밀은 엄격히 보호되며 통계목적 이외에는 절대 사용되지 않으며, 각 문항에 대한 정답은 없으므로 개인의 솔직한 견해로 응답해 주시면 됩니다.

귀하의 설문 답변이 연구하는데 귀중한 자료로 사용하도록 하겠습니다. 설문에 응해주셔서 대단히 감사합니다.

2018년 1월

통계법 제33조(비밀의 보호 등)
① 통계작성과정에서 알려진 사항으로서 개인 또는 법인이나 단체의 비밀에 속하는 사항은 보호되어야 한다.
② 통계작성을 위하여 수집된 개인 또는 법인이나 단체의 비밀에 속하는 기초자료는 통계작성의 목적 외에 사용하여서는 아니 된다.

응답자 인적 사항	성 별	① 남성	② 여성			
	연 령 대	① 10~19세	② 20~29세	③ 30~39세	④ 40~49세	⑤ 50~59세
	거 주 지	① 서울특별시	② 광역시	③ 경기도	④ 충청도	⑤ 전라도
		⑥ 경상도	⑦ 강원도	⑧ 제주도		

1. 귀하께서는 길 안내 키오스크를 사용해 본 적이 있으십니까?
① 예, 사용해 본 적이 있습니다. ② 아니요, 사용해 본 적이 없습니다.

1-1 사용해 본 적이 있다면 어디서 사용을 해 보셨습니까?
(사용해 본 장소:)

2. 귀하께서는 길 안내 키오스크를 사용했을 때, 어떤 부분이 제일 불편하셨습니까?
① 키오스크 사이즈 ② 터치감 ③ 인터페이스 ④ 장소 찾기

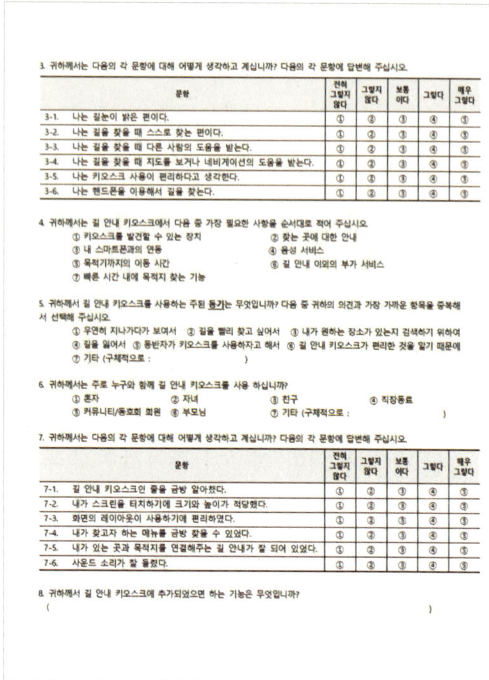

3. 귀하께서는 다음의 각 문항에 대해 어떻게 생각하고 계십니까? 다음의 각 문항에 답변해 주십시오.

문항	전혀 그렇지 않다	그렇지 않다	보통이다	그렇다	매우 그렇다
3-1. 나는 길눈이 밝은 편이다.	①	②	③	④	⑤
3-2. 나는 길을 찾을 때 스스로 찾는 편이다.	①	②	③	④	⑤
3-3. 나는 길을 찾을 때 다른 사람의 도움을 받는다.	①	②	③	④	⑤
3-4. 나는 길을 찾을 때 지도를 보거나 네비게이션의 도움을 받는다.	①	②	③	④	⑤
3-5. 나는 키오스크 사용이 편리하다고 생각한다.	①	②	③	④	⑤
3-6. 나는 핸드폰을 이용해서 길을 찾는다.	①	②	③	④	⑤

4. 귀하께서는 길 안내 키오스크에서 다음 중 가장 필요한 사항을 순서대로 적어 주십시오.
① 키오스크를 발견할 수 있는 장치 ② 찾는 곳에 대한 안내
③ 내 스마트폰과의 연동 ④ 음성 서비스
⑤ 목적기까지의 이동 시간 ⑥ 길 안내 이외의 부가 서비스
⑦ 빠른 시간 내에 목적지 찾는 기능

5. 귀하께서 길 안내 키오스크를 사용하는 주된 동기는 무엇입니까? 다음 중 귀하의 의견과 가장 가까운 항목을 중복해서 선택해 주십시오.
① 우연히 지나가다가 보여서 ② 길을 빨리 찾고 싶어서 ③ 내가 원하는 장소가 있는지 검색하기 위하여
④ 길을 잃어서 ⑤ 동반자가 키오스크를 사용하자고 해서 ⑥ 길 안내 키오스크가 편리한 것을 알기 때문에
⑦ 기타 (구체적으로 :)

6. 귀하께서는 주로 누구와 함께 길 안내 키오스크를 사용 하십니까?
① 혼자 ② 자녀 ③ 친구 ④ 직장동료
⑤ 커뮤니티/동호회 회원 ⑥ 부모님 ⑦ 기타 (구체적으로 :)

7. 귀하께서는 다음의 각 문항에 대해 어떻게 생각하고 계십니까? 다음의 각 문항에 답변해 주십시오.

문항	전혀 그렇지 않다	그렇지 않다	보통이다	그렇다	매우 그렇다
7-1. 길 안내 키오스크인 줄을 금방 알아챘다.	①	②	③	④	⑤
7-2. 내가 스크린을 터치하기에 크기와 높이가 적당했다.	①	②	③	④	⑤
7-3. 화면의 레이아웃이 사용하기에 편리하였다.	①	②	③	④	⑤
7-4. 내가 찾고자 하는 메뉴를 금방 찾을 수 있었다.	①	②	③	④	⑤
7-5. 내가 있는 곳과 목적지를 연결해주는 길 안내가 잘 되어 있었다.	①	②	③	④	⑤
7-6. 사운드 소리가 잘 들렸다.	①	②	③	④	⑤

8. 귀하께서 길 안내 키오스크에 추가되었으면 하는 기능은 무엇입니까?
( )

인터뷰

인터뷰는 기본적으로 사람 대 사람으로 대화를 나누듯이 궁금한 것에 대해 질문하고 답하거나 토론하는 것을 말한다. UX 디자인에서 사용자에 대한 리서치를 위한 인터뷰에서는 사전 준비가 철저하게 이루어지고 정확한 인터뷰 대상을 선정하는 것이 중요한 관건이다.

인터뷰을 실시할 때는 우선 조사 목적과 진행 방법과 시간 등을 설명해주고 준비한 순서대로 진행한다. 질문을 하는 데 있어서 진행자보다 인터뷰 대상자의 말을 많이 들어야 하고 진실되고 자연스러운 대답을 유도하기 위해 한 질문에 대해 대답이 끝났을 때 "왜 그렇게 생각하는지" 등의 "왜"에 대한 물음이 많아야 한다. 그러기 위해서는 인터뷰 대상자가 가장 편안한 장소에서 인터뷰가 이루어져야 하고, 질문하는 방식이 공격적이어서는 안 된다. 진행자는 자신의 개인적인 감정이나 의견을 노출시키지 않고 최대한 객관적인 태도로 질문하는 것이 좋다.

인터뷰를 위한 질문은 즉흥적으로 만드는 것이 아니라 사전에 미리 질문 리스트를 작성하고 유동적으로 인터뷰의 상황이나 응답 내용에 따라 조절해가며 물어본다.

질문 리스트 예시

2017. 06 eDesignLAB					
목적	유아를 위한 학습 콘텐츠에 대한 사용자의 니즈 및 사용성 분석				
일정	2017. 05				
대상	유아(만 3~6세)자녀가 있는 부모 또는 가족				
인터뷰 진행자					
인터뷰내용	인터뷰 질문 문항				
대상자 배경 정보	1. 귀댁의 자녀는 몇 명입니까?				
	2. 자녀의 성별과 연령이 어떻게 됩니까?				
	3. 귀하의 연령대가 어떻게 되십니까?				
	4. 귀하와 아동과의 관계가 어떻게 됩니까?				
	ex)	1. 부	2. 모	3. 기타(　　)		
	5. 귀댁의 총소득에서 자녀의 교육을 위한 비용 지출은 얼마나 되십니까?				
	ex)	1. 약 10%	2. 약 20%	3. 약 30%		
	6. 귀하의 직업은 어떻게 되십니까?				
	7. 귀하가 자녀와 보내는 시간이 평균 얼마나 됩니까?				
	8. 귀댁에서 자녀의 교육은 주로 누가 담당한다고 생각하십니까?				
		1. 부	2. 모	3. 기타(　　)		
	9. 본인은 최첨단 기술에 어느 정도 능숙한 사람이라고 생각합니까?				
자녀 학습	1. 유치원 또는 유아원의 정규교육 이외에(이용했던 또는 이용하는) 자녀의 교육 방법은 무엇입니까? 모두 말씀해 주세요.				
	ex)	1. 학습지	2. 학원	3. TV	4. 인터넷	5. 스마트폰 앱
	2. 집에서 자녀가 가장 많이 이용하는 학습 매체는 무엇입니까?				
		1. 인터넷(컴퓨터)	2. 멀티미디어(CD)	3. 스마트폰		
	3. 자녀가 가장 흥미를 느끼고 집중해서 하는 학습은 어떤 것이라고 생각이 듭니까?				
	4. 부모 입장에서 자녀가 가장 많이 사용했으면 하는 학습 방법은 무엇입니까?				
	5. 집에서 자녀가 학습하는데 가장 좋은 점은 무엇입니까?				
	6. 집에서 자녀가 학습하는데 가장 어려운 점은 무엇입니까?				
특정 학습 콘텐츠	1. 위 학습 콘텐츠를 구매하는 방법은 무엇입니까?				
		1. 인터넷 쇼핑	2. 직접 상점 방문	3. 전화		
	2. 위 학습 콘텐츠를 이용하는 데 소요되는 시간은 평균 어느 정도 입니까?				
	3. 위 학습이 이루어지는 시간대는 언제입니까?				
	4. 위 학습이 주로 어떤 장소에서 이루어집니까?				
	5. 위 학습이 이루어질 때 주로 자녀 혼자 스스로 학습합니까?				
	6. 아니라면, 위 학습을 지도하는 사람이 누구입니까?				
	ex)	1. 부모	2. 선생님	3. 기타		
	7. 위 학습 콘텐츠의 장점 및 선택하게 된 이유는 무엇입니까?				
	8. 위 학습 콘텐츠에서 불편한 점이나 바뀌었으면 하는 부분은 무엇입니까?				
	9. 위 학습 콘텐츠를 알게된 경로는 무엇입니까?				
	10. 위 학습 콘텐츠를 이용함으로써 아동이 발전하거나 변화했다고 느끼십니까?				
	11. 변화했다면, 어떠한 부분에서 바뀌었다고 느끼십니까?				
새로운 학습 콘텐츠	1. 학습 콘텐츠가 인공지능 기반으로 만들어졌다면 관심을 가지시겠습니까?(혹시, 거부감이 드십니까?)				
	2. 좋은 학습 콘텐츠라면 어느 정도까지 비용을 지불할 생각이 있으십니까?				
	3. 좋은 학습 콘텐츠를 선택하는 기준은 무엇입니까? 가장 중요한 기준부터 차례대로 말씀해주십시오.				
	ex)	1. 브랜드 인지도	2. 학습 콘텐츠 내용	3. 콘텐츠 사용방법	4. 비용	5. 자녀 의견
		6. 주변인 추천				

질문 내용은 인터뷰 대상자의 배경에 대한 기본 사항부터 인터뷰 목적에 맞게 대주제를 나누어 작성해두면 편리하다. 각 주제에 따라서도 구체적인 내용도 작성을 해두고 실제 인터뷰 때는 자연스럽게 질문을 대화를 나누듯이 이어가는 것이 좋다. 주관식과 같이 인터뷰 대상자가 자유롭고 편하게 대답할 수 있도록 질문을 준비하되, 너무 추상적이거나 대답의 범위가 넓을 수 있는 것은 객관식과 같이 구체적인 예시나 보기를 제시해주고 선택하게 하는 것도 방법이다. 인터뷰 대상자의 집중도와 원활한 진행을 고려하여 전체적인 인터뷰는 대략 1시간에서 2시간을 넘지 않도록 하는 것이 보통이다.

심층 인터뷰(In-depth Interview) 조사하고자 하는 것과 관련 있는 소수의 사람을 1:1로 만나서 인터뷰를 하는 방식이다. 사전에 계획된 순서와 내용을 기본으로 유동성 있게 인터뷰 대상과 질의 응답, 과업 테스트, 설문지 응답, 씽크 얼라우드(Think aloud) 방법 등을 사용하여 최대한 심도 깊게 조사한다. 인터뷰 내용은 해석과 분석을 위해 사진과 비디오, 녹음 등을 통해 기록하고 인터뷰가 끝난 다음에도 반복해서 보면서 정리한다.

심층 인터뷰는 아주 자세한 부분까지도 물어볼 수 있으며, 타인을 신경 쓰지 않고 원하는 질문과 자유로운 대답이 가능하다. 반면에 특정 소수의 사람들의 의견이 대중을 대변할 수 있는 위험이 있기 때문에 적절한 인터뷰 대상자를 선정하는데 무게를 두어야 한다.

포커스 그룹 인터뷰(FGI: Focus Group Interview) 심층 인터뷰와 달리 포커스 그룹 인터뷰는 해당 조사와 관련하여 여러 명을 대상으로 같이 모여 인터뷰를 진행하고 토의를 한

다. 제품에 대한 사용성 평가나 경험 등을 소비자나 관련 전문가들을 대상으로 필요한 정보를 도출해낸다. 여러 명이 같이 토론을 해야 하기 때문에 사전에 진행 계획을 철저히 준비하고 숙련자가 진행을 하는 것이 좋다.

관찰

다음 그림을 한번 보자. 특정 회사의 상품 광고 시리즈이다. 당신의 눈에는 무엇이 보이는가? 마치 벽지 같이 보이기도 하고, 꽃무늬 포장지 같이 보이기도 할 것이다. 그럼 이번에는 그냥 보는 것이 아니라 관찰을 해보자. 자세히 들여다보았을 때 당신의 눈에 쪼리가 보이는가? 수십 개의 쪼리를 모아서 꽃 모양으로 구성한 디자인을 확인할 수 있을 것이다.

이와 같이 관찰은 대상이 정확이 어떤 것인지를 알아채기 위해 주의 깊게 보거나 듣는 것을 말한다. 따라서 사용자를 조사하기 위한 데이터수집 리서치 방법에 있어서 가장 기본적인 것으로 사용자를 관찰하는 것이다.

관찰의 정의는 다음 표와 같다.

단어	품사	정의
관찰 (Observe)		a: to watch and sometimes also listen to (someone or something) carefully (어떤 대상을 주의 깊게 보는 것 또는 듣는 것) b: to see and notice (someone or something) (어떤 대상을 보고 알아채는 것) c: to make a comment about something you notice (상대방이 알게끔 어떤 것에 대해 언급하도록 만드는 것)

관찰의 의미를 과학적으로 보면 다음과 같다.

- Asking a question about a natural phenomenon
  자연적 현상에 대해 질문을 하는 것
- Making observations of the phenomenon
  현상에 대한 관찰을 만드는 것
- Hypothesizing an explanation for the phenomenon
  현상에 대한 설명을 가설화하는 것
- Predicting a logical consequence of the hypothesis
  가설에 대한 논리적 결론을 예측하는 것
- Testing the hypothesis by an experiment, observational study, field study or simulation
  실험, 관찰 연구, 필드 스터디와 시뮬레이션에 의한 가설 테스트
- Creating a conclusion with data gathered in the experiment, or forming a revised/new hypothesis and repeating the process
  실험에서 데이터를 수집하거나 수정된 또는 새로운 가설을 세우고, 프로세스를 반복함으로써 결론을 도출
- Publishing your results.
  결과를 발표
- Peer review of the results of others
  결과에 대한 동료들의 평가

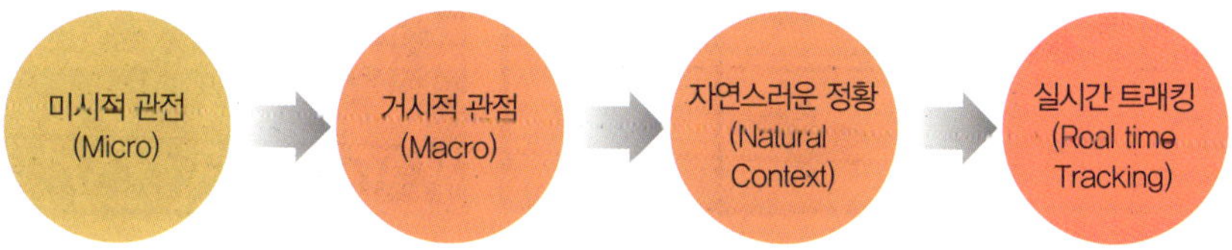

관찰 방법

미시적 관점

미시적인 관점에 의한 관찰 방법은 사용자를 아주 디테일한 부분까지 들여다보는 것으로 주로 시간 기반 동작 연구(Time Motion Study) 방법을 사용해 왔다.

인간의 움직임에 대한 관심을 인간의 몸, 즉 신체에서부터 출발한다. 유기체적 구조로 결합이 되어 있는 인간의 신체는 공간에 존재하되 움직임이 발생한다. 공간이라는 정의가 시간 또는 공간의 간격인 것처럼 어떤 지점에서 다른 지점 간의 사이에 시간의 흐름에 따라 존재하는 것이 움직임이자 공간을 형성하는 개념이 될 수 있다. 움직임은 연속성과 동시성, 그리고 동작의 역동성에 의해 표현되며 시간과 힘에 의해 변화된다. 이러한 인간의 움직임에 대한 동작 연구의 발생과 흐름을 통하여 동작 연구(Motion Study)의 방법들이 나타났다.

에드워드 머이브리지(Eadweard Muybridge) 19세기 이후 사진 기술의 발전으로 인해 정지된 사진에서 사진의 연속된 움직임을 만들어내고 분석하는 데 관심을 갖기 시작하였다. 영국 출신의 사진사 에드워드 머이브리지(Eadweard Muybridge)는 1884년부터 동물들의 이미지를 연속된 장면으로 촬영하기 시작하였다. 아래 그림은 머이브리지가 약 30센티미터(1피트) 간격으로 12대의 카메라를 설치해서 달리는 말의 움직임을 촬영한 것이다. 말의 움직이는 속도가 빠르기 때문에 사람의 눈으로는 정확하게 인지할 수 없으므로 연속적인 사진 촬영법으로 그 움직임을 연구하고자 하였다. 이후 동물뿐만이 아니라 남자, 여자, 어린이 등 인간의 움직임에 대해 연속적 운동 사진(Locomotion Photography)을 촬영하였다.[25] 달리기, 점프, 떨어뜨리고 나르는 등의 동작을 다양하게 촬영하였다. 사진의 배경에 그리드(Grid)를 사용하여 몸의 동작을 정확하게 판단할 수 있도록 하였고, 수천 장의 사진을 남겨 실질적인 동작 연구의 시초를 알렸다.

마레(Etienne-Jules Marey) 마레는 생리학자로 활동하면서 동물과 인간의 움직임에 관심을 가지고 있었다. 그는 과학자로서 인간의 심장 박동, 근육 등과 더불어 신체의 움직임을 분석하는 데 새로운 장을 열었다. 머이브리지처럼 말의 움직임에도 연구를 했지만 마레는 특히 새의 나는 동작 등에 몰두하였다. 그림에서와 같이 2차원적인 움직임을 넘어서 3차원적인 구조로 해석한 것이 주목할 만하다. 이후 인간의 동작을 과학적으로 연구하였다.[26] 모션을 촬영하기 위한 기구를 발명하고 사진 표기법 등을 고안해 내서 걷는 사람, 나는 새, 떨어지는 고양이 등 많은 종류의 크로노포토그래피(Chronophotography)를 결과물로 남겼다. 그리고 사진 촬영 모델의 다리에 부착된 금속성 물질로 빛의 궤적을 추적하여 다이어그램으로 형상화 하여 이후 영화 발전에까지 영향을 미쳤다.[27] 그는 이러한 사진을 활용하여 인체구조, 골격과 근육 등을 비교 연구하고자 하였고, 더불어 감성적 미 자체에도 관심을 갖았다.

25) Brian Cleqq, *The Man Who Stopped Time: The Illuminating Story of Eadweard Muybridge Pioneer Photographer, Father of the Motion Picture, Murderer*(Joseph Henry Press, 2007)

26) Kurt Schwenk, Gunter P. Wagner, "Visualizing Vertebrates: New Methods in Functional Morphology", Jornal of Exeriemntal Zoology(2010).

27) 김종진・김자영, "몸 움직임의 형태화 과정에 나타난 방법적 유형 특성", 한국실내디자인학회논문집 제15권 5호 통권제58호(2006. 10).

프랭크 길브레스(Frank B. Gilbreth)와 릴리안 길브레스(Lilian Gilbreth) 길브레스 부부는 작업의 효율성에 대한 관심과 미세동작 연구로 20세기 초반의 정교한 동작 연구의 핵심적 역할을 하였다. 길브레스의 동작 연구(Motion Study) 목적은 본래 작업을 수행하고 있는 사람의 신체 각 부위의 동작을 면밀히 분석하여 비능률적인 동작을 줄이고 효과적으로 능률을 높일 수 있도록 빠르고 용이하게 수행되도록 하기 위함에 있었다.[28] 작업 환경, 배치 동선, 작업장 이외의 요소들을 객관적으로 분석하고 그 안에서 이루어지는 동작들을 과학적인 방법으로 체계화하여 동작 경제 원칙의 기본적인 골격을 마련하였다. 그리하여 서블릭(Therblig)이라는 기본 동작 차트를 만들었다. 또한 메모 모션(Memomotion) 연구, 마이크로미터(Micrometer), 사이클 그래프(Cyclegraph), 스트로보(Strobo) 분석 등을 통한 미세동작 연구를 실행하였다. 아래 그림은 작업자의 손에 불빛을 달아서 움직임을 포착한 후 그 불빛을 따라 그린 궤적을 단위 시간에 좌표화된 공간 안에서 철사로 표현한 것이다.[29]

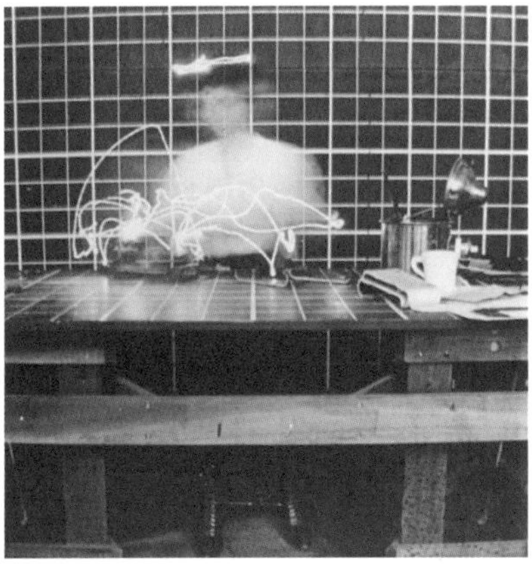

28) Andris Freivalds, Benjamin Niebel, *Niebel's Methods, Standards & Work Design*(McGraw-Hill, 2008)
29) 이진경, 근대적 시·공간의 탄생(그린비, 2012).

'서블릭(Therbrig)'은 길브레스가 자신의 성인 'Gilbreth'를 거꾸로 써서 명명한 것으로 인간이 행하는 수동작(Manual Operation)을 18가지의 기본동작으로 기호를 구성하였다.[30] Search(찾기), Find(찾아냄), Select(선택하기), Grasp(쥐기), Hold(잡고 있기), Transport Loaded(운반), Transport Empty(빈손 이동), Position(바로 놓기), Assemble(조립), Use(사용), Disassemble(분해), Inspect(검사), Preposition(미리 놓기), Release Load(내려 놓기), Unavoidable Delay(불가피한 지연), Avoidable Delay(피할 수 있는 지연), Plan(계획), Rest(휴식) 동작으로 규정하였다. 본래 이와 같이 18개의 항목으로 제안되었으나 이 중에서 Find(찾아냄)는 Search(찾기)가 끝나면서 일어난 순간적 반응으로 간주되어 동작에서 제하고 17가지를 일반적으로 사용한다.[31]

서블릭은 심볼, 색상, 기호로 그래픽화한 것에도 큰 의의가 있다. 심볼은 각 단어의 알파벳을 따서 표시하고 기호는 각 동작의 의미를 시각화하였다. 동작의 이미지를 연상시킬 수 있는 형태로 간단하지만 상징적으로 만들어졌다. 색상은 각 동작을 의미 있게 그룹핑하는 것으로 사용되었다. 예를 들어 끝맺음 동작에는 빨간색 또는 파란색으로 표시하고 초록색은 움직임이 큰 동작이며 회색이나 검정색은 주저하는 동작을 말한다. 노란색이나 오렌지색은 지체하는 동작을 의미하고 갈색은 생각을 동반하는 동작으로 사용하였다. 각 색상 역시 디자인적으로 색의 연상과 관련된 것으로 연계되어 있다. 이 17가지 서블릭 동작은 효율적인 서블릭과 비효율적인 서블릭으로 구분할 수 있다. 효율적인 서블릭은 작업의 진행을 직접적으로 촉진시켜주는 동작으로 Grasp(쥐기), Transport Loaded(운반), Transport Empty(빈손 이동), Assemble(조립), Use(사용), Disassemble(분해), Preposition(미리 놓기), Release Load(내려 놓기)가 있다. 비효율적인 서블릭은 작업을 진행시키지 않고 되도록 제거해야 하는 동작들로 Search(찾기), Select(선택하기), Hold(잡고 있기), Position(바로 놓기), Inspect(검사), Unavoidable Delay(불가피한 지연), Avoidable Delay(피할 수 있는 지연), Plan(계획), Rest(휴식)이 있다.[32] 이 서블릭은 미세동작 연구 결과와 함께 서블릭 시간 차트(Therblig Time Chart)에 도표에 표시하여 작업의 효율을 높일 수 있는 방안으로 적용되었다.

---

30) 황학, 작업관리론(영지문화사, 2003).

31) 황학, 작업관리론(영지문화사, 2003).

32) Andris Freivalds, Benjamin Niebel, *Niebel's Methods, Standards & Work Design*(McGraw-Hill, 2008).

거시적 관점

거시적 관점에서의 관찰 방법은 사용자를 멀찌감치 떨어져서 주변 환경과 이해관계까지 포함하여 넓은 시야에서 바라보는 것을 말한다. 서비스 사파리(Service Safaris), 쉐도잉(Shadowing) 등의 방법으로 대상을 관찰할 수 있다.

서비스 사파리는 실제 필드에서 어떻게 서비스가 이루어지고 있는가에 서비스 디자인 관점에서 주로 많이 사용되고 있다. 고객이나 사용자가 특정한 서비스에 대한 경험을 겪는 모든 과정을 보면서 기록한다. 마치 동물원의 사파리 투어와 같이 조금 떨어진 관점에서 객관적으로 보이는 그대로를 관찰하는 방법이다.

쉐도잉은 관찰자가 그림자처럼 되도록 다른 사람들 눈에 띄지 않게 조사하는 것으로 메모나 비디오와 사진 촬영 등을 활용한다. 관찰자를 의식하게 되면 자연스러운 행동과 다른 반응을 보이기 때문에 관찰자 효과를 최소화해야 한다. 서비스 상황 속에서 사람들이 경험하고 행동하는 모습뿐만이 아니라 어떤 감성 상태인지, 외부 환경과의 관계는 어떠한지를 디테일하게 관찰하고 기록한다.

에스노그라피(Ethnography) 미시적 관점의 관찰에서 거시적 관점의 관찰 형태가 증가하면서 최근에는 인류학적 관점에서 시작된 에스노그라피가 디자인 리서치에 많이 활용되고 있다. 에스노그라피(Ethnography)는 'Ethno(People)'의 사람들이라는 의미와 'Graphy(to Write)'의 쓰다 기록하다라는 뜻이 합쳐진 단어이다. 따라서 에스노그라피는 사람들을 기록하는 것으로 사전적 의미로는 어떤 민족(사람들의 집단)의 사회 조직이나 생활 양식 전반에 관한 내용을 체계적으로 기술하는 조사 방법론이다. 이 방법은 관찰자가 적극적으로 조사하고자 하는 민족 사회 속에 들어가 자연스럽게 그들과 생활하고 체험하면서 정보를 얻게 된다. 조사하는 집단의 일원으로 그 사람들의 관습을 따르고, 자연스럽게 대화를 나누면서 다양한 측면으로 조사가 가능하다. 처음에는 인류학 분야에서 사용한 기법이지만, 현재는 사용자의 실질적 데이터가 중요한 UX 디자인에 있어서 사람들의 실질적 정보를 정확하게 수집하는 데 다양한 방식으로 활용되고 있다. 조사하고자 하는 사용자가 실제 생활 속에서 시스템을 언제, 어디서 어떻게 누구와 왜 사용하는지를 에스노그라피 방법을 통해 자연스러운 맥락을 찾게 된다.

비디오 에스노그라피(Video Ethnography) UX 디자인에서 에스노그라피는 인류학적인 측면에서 발생된 전통적인 방법보다는 디지털 기록이 가능하고, 자세한 분석이 가능한 비디오 에스노그라피가 많이 사용되고 있다. 특정 사람들, 또는 어떤 집단의 사람들을 비디오로 촬영하여 자연스러운 그들의 모습을 관찰하게 된다. 비디오 에스노그라피의 가장 큰 장점은 관찰자가 보지 못하는 부분까지도 녹화하여 필요할 때 반복하여 관찰할 수 있기 때문에 장기 보관과 상세한 조사가 가능하다. 반면에 카메라의 위치나 각도 등에 따라 제한된 사람들의 모습이 관찰될 수 있으며, 대화와 같은 인터랙션은 불가능하기 때문에 비디오 촬영 전후로 인터뷰 방법을 같이 사용하는 것이 좋다.

네트노그라피(Nethnography) 인터넷(Internet)과 에스노그라피(Ethnography)를 결합한 것으로 로버트 코지넷(Robert Kozinets)에 의해 명명되었다. 온라인상에서 사용자나 소비자가 실제 행동하는 것을 관찰하는 방법으로 주로 사이버 세계에서의 고객의 습성이나 문화 등을 분석하여 마케팅에 활용하기 위해 생겨났다. 디지털 에스노그라피(Digital Ethnography), 사이버 에스노그라피(Cyber Ethnography) 등과 같은 의미로 사용된다.

실시간 트래킹

라이프로깅 최근에는 스마트폰과 웨어러블 컴퓨팅과 같은 기술의 발달로 사용자에 대한 관찰 방법도 달라지고 있다. 2007년도부터 자신의 생활을 실시간으로 추적하고 트래킹 데이터를 축적해서 분석하고 정보를 제공받는 자아 정량화(Quantified Self) 개념이 확산되고 라이프로깅 형태로 발전되고 있다. 라이프로깅(Life-Logging)의 본래 개념은 개인의 행동을 매일 기록해 나가는 것으로 이미 오래전부터 달력, 책, 다이어리, 편지, 그림 등을 통해 기록되고 표현되어 왔었나.[33] 그러나 21세기의 리이프로깅온 스마트 환경과 하드웨어 및 디지털의 발달로 오프라인뿐만 아니라 온라인과 소셜 네트워크 등을 통해 개인의 아이디어와 정보를 텍스트, 사진, 동영상 등의 매체로 표현하고 타인과 공유하는 것으로 개념이 확장되고 있다.[34] 최근에는 스마트폰의 대중화와 웨어러블 기기의 발달로 손쉽게 자신의 정보를 생성하고 기록할 수 있게 되어 자기 정량화와 빅데이터 분석으로 라이프로깅에 대한 관심과 기술이 급속도로 확대되고 있다. 따라서 라이프로깅 방법은 새로운 관점에서의 관찰 방법이라 하겠다. 실시간으로 특정 사용자의 객관적 정보를 정확하게 수집할 수 있는 효과적인 방법으로 활용할 수 있다.

현재 개발되고 있는 라이프로깅은 과거에 전통적인 매체에서의 라이프로깅과 비교하여 디지털 기술 기반의 특징을 갖고 있다. 전통적인 매체에서의 라이프로깅은 달력, 책, 다이어리, 편지 등의 주로 종이 매체를 통해 텍스트나 그림으로 정보를 전달하였다. 이렇게 저장된 라이프로깅 정보는 주로 개인의 기록이 개인적으로 보관되고 단기적으로 저장이 가능하며 타인과의 공유도 제한적이다. 이에 반해 디지털 매체를 통한 라이프로깅은 텍스트, 이미지나 그림뿐만이 아니라 동영상이나 인터랙티브 콘텐츠 사용이 가능해지며 다음과 같은 특징을 갖는다. 첫째, 자기 정량화(Quantified Self)로 개인의 외현적 · 내현적 정보가 실시간으로 정량화되어

---

33) "APPLICATIONS FOR COSIAL SITUATION MODELS", Georg Groh, Alexander Lehmann, Tianyu Wang, Stefan Huber, Felix Hammerl.

34) Nikolaos E. Petroulakis, Ioannis G. Askoxylakis, Theo Tryfonas, "Life-logging in Smart Emvironments: Challenges and Security Threats".

기록된다. 둘째, 실시간 기록화(Recorded in Real Time)로 측정되는 정보는 실시간으로 사용자의 상태와 상황을 기록하고 전달한다. 셋째, 객관적 분석화(Objectively Analyzed)로 축적된 데이터가 객관적으로 분석되어 그 결과를 통계적 수치 또는 인포그래픽 등의 시각화로 알려준다. 넷째, 기억의 온톨로지화(Ontologized Memory)는 사용자의 기억을 확장해줄 뿐만 아니라 일상생활을 온톨로지화하여 의미와 가치 있는 연계를 만들어준다. 다섯째, 타인과의 공유화(Shared with Others)라는 특징을 갖고 있어 개인이 소유하고 있는 것에서 확대되어 타인과 공유하거나 커뮤니케이션할 수 있는 수단이 된다.

이러한 라이프로깅의 특징은 개인적으로는 자신의 기록 및 기억 확장의 의의를 가지며, 사회적으로는 이러한 개인 정보에 대한 공유뿐만이 아니라 패턴과 트렌드를 파악하고 예측할 수 있는 가치를 가지고 있다.

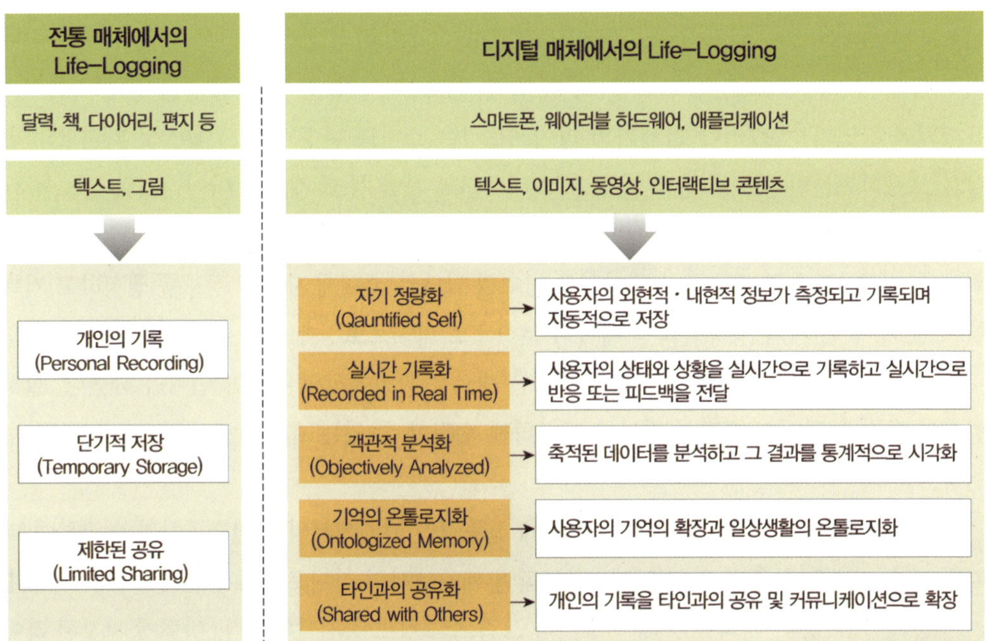

UX 디자인 사용자 관찰 Tips!

- 철저한 사전 계획
- 현장 답사 필요
- 팀 단위 관찰 또는 역할 분담
- 자연스러움 유지
- 이미지와 동영상 활용
- 윤리적 방법 유지

(2) 표정과 제스처 분석

사용자의 감성을 모델링하는 여러 가지 방법 중에 UX 디자인에 효과적이고 과학적인 측면에서 접근할 수 있는 감성 형용사를 추출하는 방법, 표정이나 제스처 등을 보고 내적 정서를 파악하는 방법을 설명하고, 앞으로 점차 증가하게 될 신체의 생리적 변화를 측정하여 감성을 알아내는 방법을 소개하겠다.

표정

얼굴의 표정은 언어 이외에 내적 상태를 전달하는 수단 중에서 가장 강력하면서도 복잡한 신호로 간주할 수 있는 방법이다. 얼굴 표정을 인식하는 것은 단순히 얼굴에 나타나는 물리적 변화를 탐지하는 것이 아니라 그 변화들에 내재되어 있는 사람의 마음이나 내적 상태 등을 파악할 수 있다.

뒤센(Duchenne)

뒤센(Duchenne)은 얼굴 표정이 사람의 영혼과 직접적으로 연결되어 있음을 주장하였다. 또한 얼굴에는 내면 상태가 보편적으로 분류화(universal taxonomies)되어 코딩화되어 있다고 하였다. 동일한 근육을 사용함으로써 항상 동일한 표현이 되며 보편적이고 변하지 않는다는 것이다. 그는 이를 증명하기 위해 전기자극으로 표정을 유발하는 실험을 진행하여 총 13가지 주요 감성을 정의하였다.

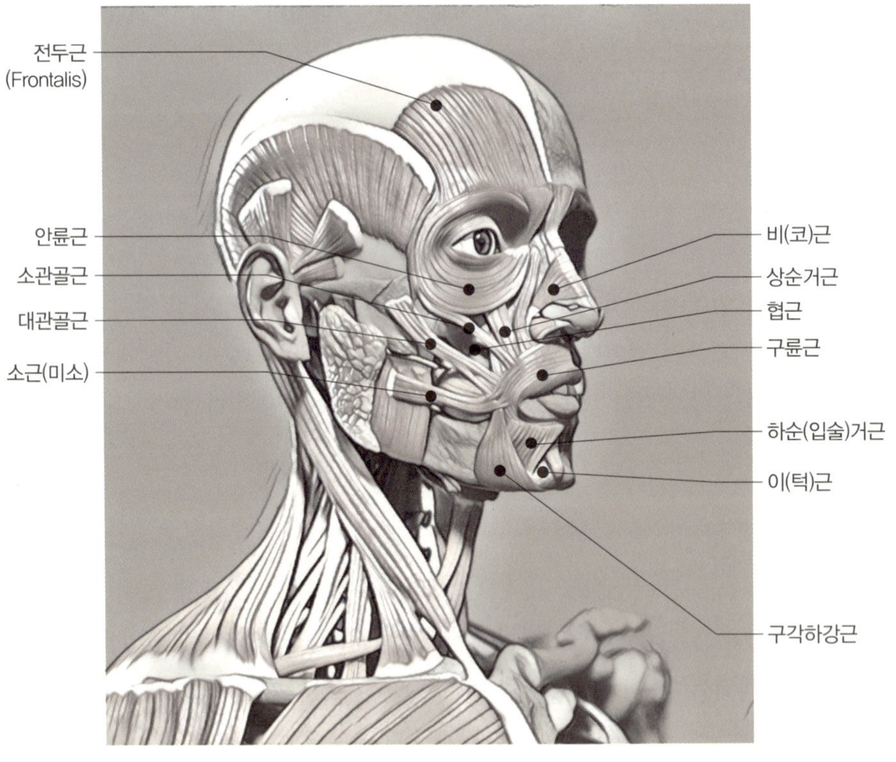
전두근
(Frontalis)
안륜근
소관골근
대관골근
소근(미소)
비(코)근
상순거근
협근
구륜근
하순(입술)거근
이(턱)근
구각하강근

에크만의 6가지 기본 표정

폴 에크만(Paul Ekman)은 사람의 감정과 얼굴 근육 간의 신경회로의 연결이 존재하며, 학습되지 않고 타고나는 6개의 기본 감정이 존재한다고 주장하였다. 그가 정의한 기본 감성은 행복(Happiness), 슬픔(Sadness), 공포(Fear), 분노(Anger), 놀람(Surprise), 혐오(Disgust)로 사람들이 타고난 감성이다. 다양한 실험을 진행한 결과, 기본 감성 표정이 범문화적이라는 것을 증명하였다. 즉 문화와 지역, 나이와 상관없이 선천적으로 갖게 되는 기본 감성이 6가지가 있고, 이것이 표정으로 나타난다는 것을 말한다.

놀람 행복 슬픔

분노 공포 혐오

몸의 자세와 동작

몸의 자세나 동작 또한 감성과 관련이 깊다. 사람이 실망하여 고개를 숙이고 있는지, 환호의 박수를 치고 있는지, 신나서 점프를 하고 있는지를 분석하고 해석할 수 있다.

무용, 스포츠 등의 인간의 움직임에 대해 연구한 라반(Laban)은 인간의 8가지 동작과 동작 사례를 각 감성에 따른 감성 표현과 이해로 설명하였다. 동작이란 공간 속에서 움직임으로써 만들어지는 구체적인 모양과 시간의 길이에 의해 만들어지는 리듬의 두 요소가 신체나 신체부분에 의해 표현되는 것이라 하였다. 루다는 동작의 4가지 구성요소인 시간(Time), 힘(Force)이나 무게(Weight), 공간(Space), 흐름(Flow) 등이 함께 작용하여 점차로 고도화되고 복잡한 동작 형태가 이루어진다고 하였다. 이를 기반으로 감성 커뮤니케이션을 위한 몸 동작 모델 개발하였다.

라반(Laban)의 8가지 기본 동작과 동작 사례

동작	사례
비틀기(wringing)	꼬집을 때, 춤을 출 때, 수줍을 때
누르기(pressing)	손바닥에 압력을 가할 때, 물건을 자를 때
미끄러지기(gliding)	스케이트를 탈 때, 넘어질 때
뜨기/날기(floating, flying)	농구공을 넣으려 뛰어오를 때, 위에서 뛰어내릴 때, 돌다리를 건널 때
튀기기(flicking)	먼지를 털 때, 탭댄스할 때
밀어내기(thrusting, punching)	밀어제칠 때, 쑤셔 넣을 때, 꾹꾹 찌를 때, 관통할 때
내리쳐 베기(slashing)	칼로 내리쳐 벨 때, 던질 때, 채찍질 할 때
토닥거리기(dabbing)	어린애를 안고 토닥일 때, 타이프 칠 때, 손이나 몸을 가볍게 두드릴 때

최근에는 터치를 이용한 스마트폰이나 제스처 센서에 의한 인터랙션이 발달하면서 사용자의 동작에 대한 정의가 활발하게 이루어지고 있다. 어떠한 동작을 센싱하고 입력 데이터로 정의하느냐에 따라 인터랙션을 구현하고 인터페이스를 디자인할 수 있기 때문이다. 한 번 터치하면 클릭, 모은 두 손가락을 벌리면 줌 인과 같이 터치 방식에 따른 기능과 인터랙션에 대한 정의는 대체적으로 보편화되고 있으나, 제스처에 대한 일반적인 규칙과 인터랙션 정의는 만들어지고 대중화되고 있는 중이다. 따라서 이에 대해 사용자가 편리하고 자연스럽게 동작하고 정확하게 센서가 인식할 수 있는 연구가 필요하다.

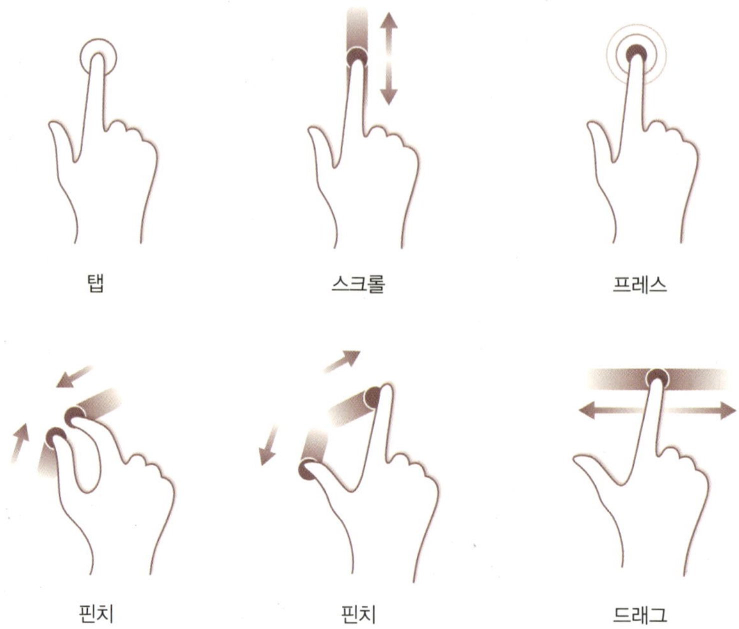

(3) 신체의 생리적 지표 분석

생리적인 변화를 측정하여 인간의 내적 상태를 추론하는 것으로 정서 상태나 감성에 상응하는 생리적인 변화에 차이가 있다는 가정하에 분석하게 된다.

유기적인 생물체는 역동적이고 적응적이며, 상호작용하고 상호의존하는 생리 계통의 집합체로, 우리 신체를 움직이는 자율신경계와 중추신경계는 쌍방향 연결성을 갖는다. 예를 들면, 감각자극 발생 시 심장은 즉각적인 반응을 보이는데, 심장정향반응, 즉 외부 환경 변화에 즉각적으로 발생하는 반응, 새로운 환경변화 인지와 관련한 심박수 감속은 2, 3초 이내에 일어나고 미주신경에 의해 빠르게 다시 회복된다.

이러한 관계성을 근거로 사람의 감성을 분류하기 위해 자율신경계 반응인 맥파(PPG: Photo-PlethysmoGraphy), 피부 전도도(GSR: Galvanic Skin Response), 피부 온도(SKT: Skin Temperature), 영상 촬영을 통한 동공 변화 등을 측정하여 감성 상태를 판단할 수 있다.

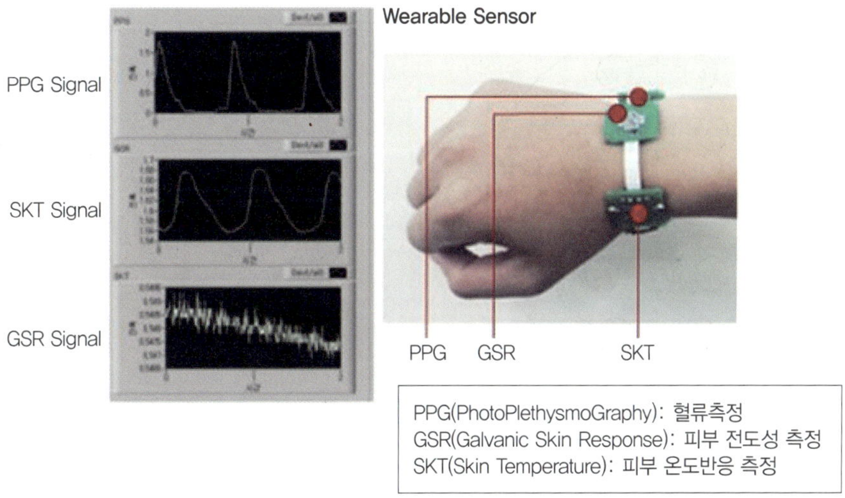

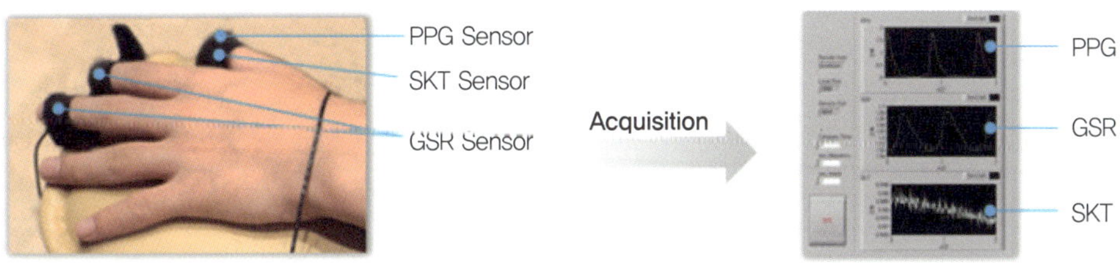

생리신호의 대표적인 맥파는 센서를 부착하여 피부 혈류를 실시간으로 측정하는 것으로, 손가락 끝, 귓볼 그리고 발가락과 같은 신체 말단의 모세혈관에 적외선을 투사하여 혈류에 반사되는 적외선의 양을 수집하는 방식이다. 피부전도도는 피부에 땀이 났을 때 증가하는 피부의 전도성을 측정한다. 센싱된 자율신경계 반응은 신호 증폭 기술을 통해 증폭하거나, 노이즈 필터링 기능을 통해 미약한 생리신호를 외부의 잡음으로부터 보호함으로써 유효한 변수를 추출한다.

최근에는 인간의 뇌파를 측정하여 내적인 상태를 분석하는 연구가 활발하게 이루어지고 있다. 오감에 대한 인식과 반응 그리고 감정 상태까지도 파악하여 컴퓨터와 연결하여 BCI(Brain Computer Interface)를 구현하여 UX 디자인에도 적용되고 있다. 예를 들어 전신마비 환자가 신체의 움직임 없이 자신의 생각만으로 컴퓨터에게 명령을 하여 원하는 정보를 습득하고, 말하지 않아도 나의 감정 상태를 인지하여 원하는 환경을 자동적으로 조성해주는 등의 미래 기술이 실현되고 있다.

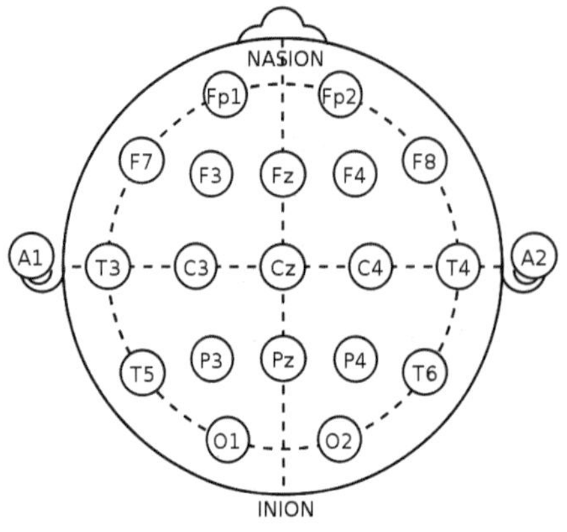
NASION
Fp1
Fp2
F7
F3
Fz
F4
F8
A1
T3
C3
Cz
C4
T4
A2
T5
P3
Pz
P4
T6
O1
O2
INION

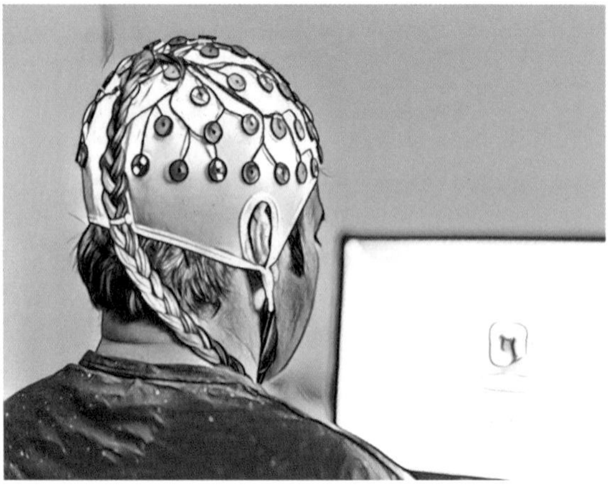

Section
04
사용자 모델링

(1) 퍼소나

퍼소나(Persona) 또는 페르소나라는 원래 그리스 어원의 '가면', '외적 인격' 또는 '가면을 쓴 인격'을 뜻한다고 한다. 이 단어는 인터랙션 디자인과 소프트웨어 개발공학 분야의 전문가인 앨런 쿠퍼(Alan Copper)가 그의 책 〈정신병원에서 뛰쳐나온 디자인(Inmates Are Running the Asylum)〉에서 소개하면서 UX 디자인 분야에서 널리 사용되고 있다. 즉, 퍼소나는 제품이나 서비스에 대해 해당 사용자들의 유형을 대표하는 가상의 인물을 말한다. 따라서, 퍼소나는 디자인을 개발하기 위한 타깃 사용자의 각 유형을 상징하고 그 특징에 맞게 설계된다. 설정된 사용자의 가상 이름 또는 별칭, 프로필, 사진 또는 이미지, 라이프 스타일, 행태, 니즈 등을 설정한다. 이러한 퍼소나는 개발하고자 하는 제품이나 서비스의 메인 타깃에 대한 분석이 되고, 사용자 중심 디자인의 중요한 역할을 하게 된다. 또한 마케팅적으로 판매 전략이나 홍보 방법 등에 유용한 기획 자료로 활용될 수 있다.

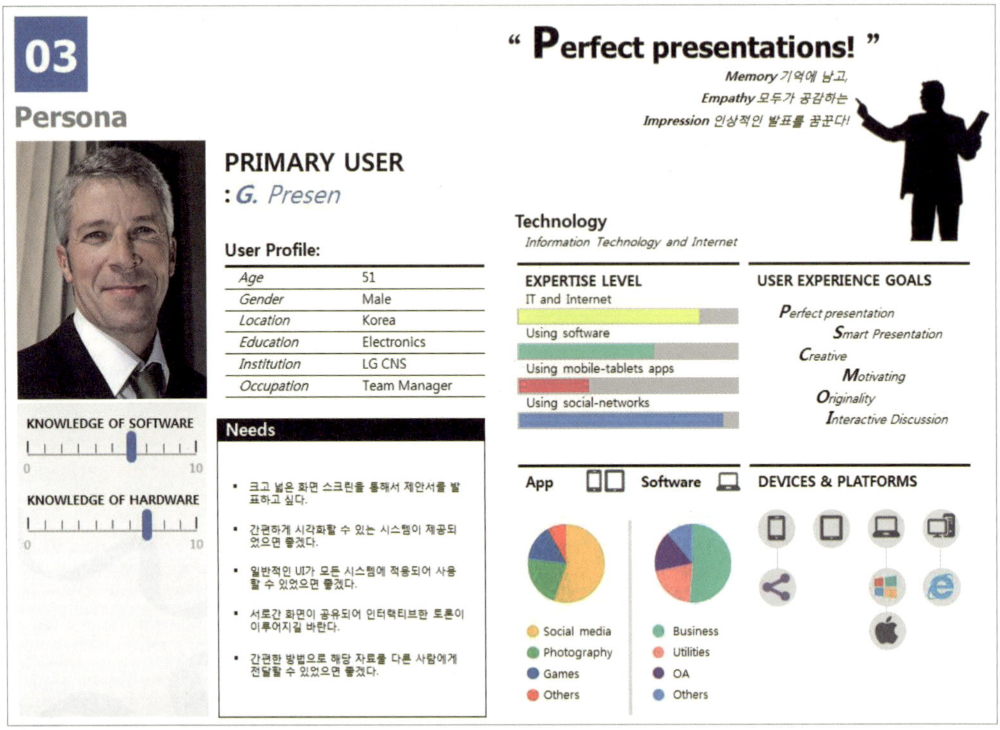
03
Persona
“ Perfect presentations! ”
Memory 기억에 남고,
Empathy 모두가 공감하는
Impression 인상적인 발표를 꿈꾼다!
PRIMARY USER
: G. Presen
User Profile:
Age 51
Gender Male
Location Korea
Education Electronics
Institution LG CNS
Occupation Team Manager
KNOWLEDGE OF SOFTWARE
0 10
KNOWLEDGE OF HARDWARE
0 10
Needs
크고 넓은 화면 스크린을 통해서 제안서를 발표하고 싶다.
간편하게 시각화할 수 있는 시스템이 제공되었으면 좋겠다.
일반적인 UI가 모든 시스템에 적용되어 사용할 수 있었으면 좋겠다.
서로간 화면이 공유되어 인터랙티브한 토론이 이루어지길 바란다.
간편한 방법으로 해당 자료를 다른 사람에게 전달할 수 있었으면 좋겠다.
Technology
Information Technology and Internet
EXPERTISE LEVEL
IT and Internet
Using software
Using mobile-tablets apps
Using social-networks
USER EXPERIENCE GOALS
Perfect presentation
Smart Presentation
Creative
Motivating
Originality
Interactive Discussion
App
Software
Social media
Photography
Games
Others
Business
Utilities
OA
Others
DEVICES & PLATFORMS

성명 : 나명석
나이 : 27
전공 : 실내건축
거주지 : 서울, 한국
직업 : 학생
배경 : 인간관계는 소극적이지만 학교 수업에 적극적으로 참여하고자 첨단기기를 사용하여 완성도 높은 과제물을 제작하고자 옴
Life Style
패션에 관심이 많고, 여행을 즐김.
피규어를 모으고 프라모델을 조립하는 것이 취미이고, 모은 것들이 모두 방안에 장식되어 있음.
최첨단의 기술을 이용한 제품에 대한 관심이 많음
새로운 것에 대하여 거부감이 없지만 사람들과의 만남에서 낯을 많이 가림.
SNS를 활발하게 하고, 프라모델 관련 블로거를 운영하고 있음.
아르바이트를 하면서 모은 돈으로 여행을 가거나 피규어를 구입함.
Behavior
모든 정보는 SNS와 온라인 커뮤니티를 통해 얻고, 자신의 블로거에 최신 정보를 업데이트 함.
자신의 블로거 운영을 위해 프라모델 관련하여 최근 이슈가 되는 메이커 운동에 관심을 갖고 관련 내용도 포스팅함.
내가 직접 로봇을 디자인하고 설계하여 프라모델을 만들고 싶어 관련 소프트웨어를 독학으로 익힘.
내가 만든 프라모델의 퀄리티를 높이고 싶어 최신 장비나 고급 장비가 갖추어져 있는 메이커 스페이스를 찾음.
장비를 다루는 것이 처음에는 어려울 것 같았으나, 평소 프라모델을 만들어서 그런지 생각보다 사용이 쉬웠고, 오히려 옆에 사람에게 가르쳐 줌.
직접 설계하여 나온 3D 프린팅 결과물을 조립하여 완성을 한 것에 성취감을 느껴서 사진을 찍고 설명을 써서 블로그에 올림.
회원들의 뜨거운 반응에 다른 새로운 작품을 만들어서 올리고 싶다는 마음이 생기고, 주변에서 자신에게 판매를 하라는 말도 들림.
자신감이 생겨서 또 다른 로봇을 디자인하여 스케치해보고, 모델링을 함.
Needs
최신 장비나 전문 장비가 있는 곳을 쉽게 알 수 있는 앱
메이커 스페이스를 처음 방문했을 때 어색함을 없애고, 쉽게 문턱을 넘을 수 있는 방법
3D 프린팅을 걸고 기다리는 동안 옆에 있지 않아도 프린트가 다 되었다고 알려주는 시스템. 또는 내가 디자인한 파일을 메이커 스페이스에 보내 프린팅을 걸어주고, 다 되었을 때쯤 가는 시스템
내가 운영하는 블로그가 메이커 스페이스와 연계되어 내 작품이나 만드는 과정이 같이 쉽게 공유되고 알릴 수 있는 방법
내가 만든 프라모델을 알리고 판매 또는 전시
Awareness of Wikipedia
Access to Internet
Low Digital Confidence
High Digital Confidence
Low Economic Status
High Economic Status

30대, 컨설턴트
Life Style
- 일이 굉장히 바쁨
- 외근이 많음
- 영화나 책을 좋아함
- 술 보단 커피를 좋아함
- 대화하는 것을 좋아함
Needs
- 여유를 갖고 싶다
- 동호회 활동을 하고 싶다
Voice
- 친구 보다는 일이 중요하지만, 외로워...
40대, 벤처기업 대표
Life Style
- 친구들과 모임이 많고, 주도함.
- 참여를 많이 하는 스타일
- 피규어 만들기
- 얼리어답터
- 아줌마, 오지라퍼
Needs
- 돈을 많이 벌고 싶다
- 성취감을 느끼고 싶다
- 인간관계를 넓히고 싶다
Voice
- 사람을 더 많이 알게 되면
더 많은 일이 일어날 것이다.
20대 초반, 프리랜서
Life Style
- 개인주의
- 나홀로여행 하기
- 활동적 (출사가기, 사진 동호회 운영)
- 자연 친화적
- 계획적, 체계적, 완벽주의
Needs
- 일을 즐기면서 하고 싶다
- 나와 맞는 사람들을 만나고 싶다
- 지속적인 소통
Voice
- "굳이 모든 사람들과 소통해야 하나?"

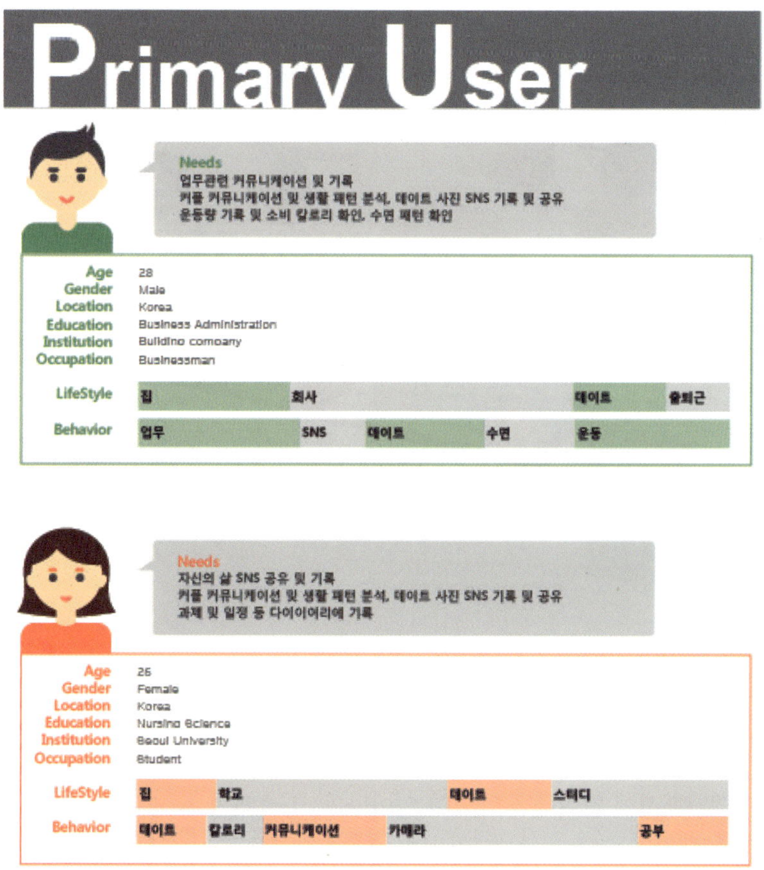
Primary User
Needs
업무관련 커뮤니케이션 및 기록
커플 커뮤니케이션 및 생활 패턴 분석, 데이트 사진 SNS 기록 및 공유
운동량 기록 및 소비 칼로리 확인, 수면 패턴 확인
Age 28
Gender Male
Location Korea
Education Business Administration
Institution Building company
Occupation Businessman
LifeStyle 집 회사 데이트 출퇴근
Behavior 업무 SNS 데이트 수면 운동
Needs
자신의 삶 SNS 공유 및 기록
커플 커뮤니케이션 및 생활 패턴 분석, 데이트 사진 SNS 기록 및 공유
과제 및 일정 등 다이어리에 기록
Age 26
Gender Female
Location Korea
Education Nursing Science
Institution Seoul University
Occupation Student
LifeStyle 집 학교 데이트 스터디
Behavior 데이트 칼로리 커뮤니케이션 카메라 공부

퍼소나 제작 시 고려해야 할 사항

- 현재 기획하고 있는 제품이나 서비스에 초점을 맞추어야 한다.
- 유형별로 전형적인 사용자의 특징이 직관적으로 표현되어야 한다.
- 기획자의 주관적 의견보다는 신뢰도 있는 정량, 정성 조사를 통해 얻은 데이터를 기반으로 작성되어야 한다.
- 사용자에 대한 니즈뿐만이 아니라 통찰력과 견해가 포함되어야 한다.
- 가상인물이지만 현재 살아 있는 실존 인물과 같이 느껴지도록 내용이 자세하면서 시각적으로는 이해하기 쉽고 재미있게 표현되어야 한다.

제작과정은 크게 사용자 데이터 수집, 패턴 발견, 퍼소나 유형 분류, 퍼소나 설정, 시나리오 제작의 5단계로 나누어 볼 수 있다. 인터랙티브 옥외 광고에 참여하는 사용자에 대한 퍼소나를 작성하는 것을 사례로 설명하겠다.

사용자 데이터 수집

인터랙티브 옥외 광고에 대한 범위와 서비스를 정의한다. 인터랙티브 옥외 광고는 사용자인 고객이 직접 인터랙션에 참여해서 체험이 일어나야 그 효과가 높다고 할 수 있다. 따라서 이 서비스는 사용자가 인터랙티브 옥외 광고에 참여해서 그 광고물에 대한 인상을 깊게 갖고 사고 싶다는 감성이 들도록 하는 것이 최종 목표이다.

이 서비스를 접하게 되는 사용자들에 대한 데이터를 수집한다. 우선 직접 인터랙티브 옥외 광고가 있는 곳에 가서 그 광고를 만나게 되는 사용자들을 관찰한다. 또한 그 광고가 있는 곳에 갈 수 있는 가능성이 있는 사용자들을 조사한다. 또한 그 광고를 접할 수 있는 사용자들을 인터뷰하거나 설문하여 그들의 행동과 선호도 등을 같이 조사할 수 있다.

패턴 발견

사용자들에 대한 되도록 많은 데이터를 수집하면 그 안에서 어떤 패턴을 찾을 수 있다. 사용자별로 명확히 구분되는 행동 변수를 찾고 그 변수별로 사용자의 타입을 도식화한다. 변수는 사용자의 행동이 될 수도 있고 나이, 직업, 선호도 등 어떠한 것도 될 수 있다. 따라서 많은 데이터 속에서 제작하고자 하는 UX 서비스나 제품과 관련하여 그 특징을 잘 부각시킬 수 있는 변수로 패턴을 도출하여야 한다.

본 사례에서는 인터랙티브 옥외 광고 앞에서 보이는 사용자들의 행동에서 몇 가지 패턴을 발견하였다. 인터랙티브 옥외 광고는 '참여'라는 변수에 의해 그 효과가 크게 차이가 니기 때문에 '참여'하는 정도에 따른 다른 행동 패턴을 보이고 있었다.

퍼소나 유형 분류

변수에 의해 발견한 패턴을 퍼소나 유형으로 분류한다. 패턴과 주요 특징을 중심으로 타입을 나누고 정의한다. 유형은 그 특징을 잘 나타낼 수 있도록 네이밍을 하고 구조화한다.

인터랙티브 옥외 광고에서는 사용자의 '참여' 정도에 따라 소극적 사용자에서부터 적극적 사용자까지 4가지 유형으로 분류하였다. 인터랙티브 옥외 광고를 접했을 때 가장 소극적으로

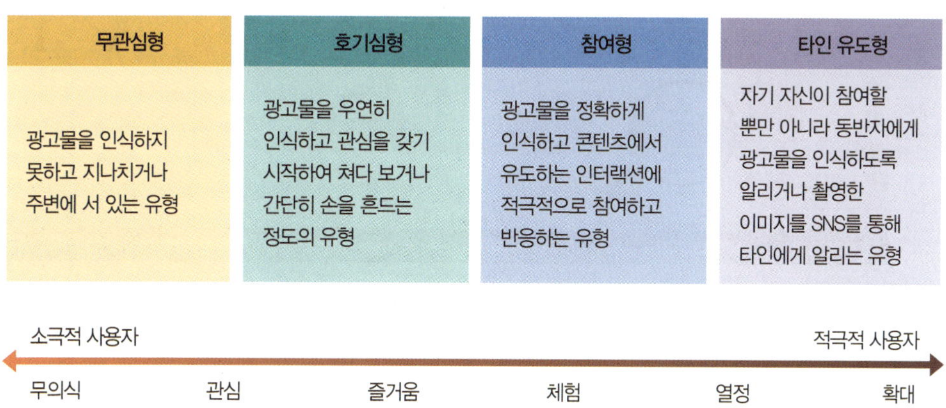

행동하는 '무관심형', 어느 정도 관심을 표명하는 '호기심형', 적극적으로 광고에 참여하는 '참여형', 다른 사람에게까지 참여에 영향을 주는 '타인 유도형'으로 퍼소나 유형을 결정하였다.

퍼소나 설정

각 유형별 퍼소나를 작성한다. 설정한 인물의 이름부터 학력과 경력, 직업 등의 기본 프로필, 사진이나 이미지, 라이프 스타일과 성격, 특징과 행태, 니즈, 그리고 상징할 수 있는 그들의 목소리나 카피라이트 등을 한 장에 시각적으로 표현한다. 텍스트와 다이어그램, 도표 등을 활용하여 직관적이면서 체계적으로 인식할 수 있으며, 각 인물의 특징이 잘 나타나도록 디자인하는 것이 중요하다.

시나리오 제작

유형별 퍼소나가 제작한 것만으로도 활용가치가 높지만 여기에 사용자 시나리오가 더해지면 개발하는 시스템과의 관계가 더 명확히 드러난다. 서비스 디자인에서 말하는 여정 맵(Jouerny Map)과 같이 사용자가 개발하고자 하는 제품이나 서비스를 접하고 이용하는 과정을 시간 순서대로 나열한다. 여기에서 중요한 것은 각 유형의 특징별로 그 제품이나 서비스를 알게 되고 사용하는 방법, 기능, 니즈 등이 달라진다는 것이다. 가상의 시나리오를 따라가 보면 개발 결과물에서 나타날 오류나 고려해야 할 사항들을 미리 예측해볼 수 있는 장점을 가지고 있다.

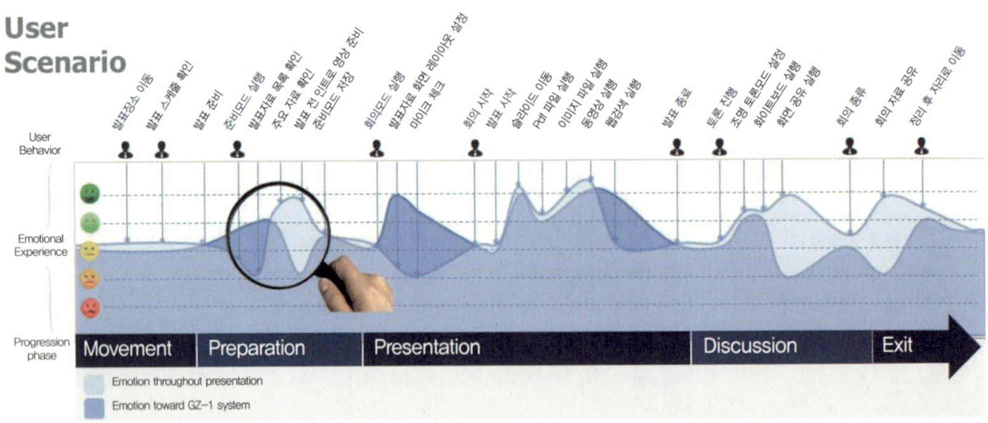

Storyboard

1

뉴욕을 향해 차를 타고 달린다.
드라이브 음악 소리

2

뉴욕 공원에 도착해서 둘러보며 햇빛을 만끽한다.

3

공원 한쪽을 둘러보니 체스를 두는 사람들이 있다.

4

공원 옆에 있는 레스토랑에서 햄버거를 먹는다.
레스토랑 안에 사람들의 웅성거리는 소리

5

커피와 디저트를 먹는다.

6

레스토랑 밖을 나와서 거리공연을 구경한다.
공연하는 음악소리와 사람들 소리, 자동차 소리

Storyboard

1

스마트 폰 Social 앱을 설치한다..

2

Social 앱에서 나와 같은 감성 Group에 속한 사람들과 1촌을 맺는다.

3

1촌을 맺은 사람들과의 같은 취향을 갖은 맛집을 찾는다.

4

서촌에 맛집을 발견한다.

5

서촌 맛집의 감성 리뷰가 나의 1촌들과의 공감대가 맞는 것을 확인한다.

6

맛집에 1촌들과 함께 찾아서 즐거운 시간을 갖는다.

(2) 감성 어휘 모델

사용자의 감성을 분석하고 모델링하는 목적은 특정 UX 서비스나 제품 또는 시스템에 있어서 사용자의 감성을 분류하고 타깃 감성을 찾아내어 사용자의 만족도를 높이고자 하는 데 있다. 같은 기능을 갖고 있는 제품에 있어서 사용자의 감성을 자극하는 또는 공감을 이끌어내는 것이 Good Design으로서 고객의 만족도를 높이고 이것은 곧 비즈니스적으로 판매와 직결된다.

인간의 감성은 어휘적인 측면에서 주로 형용사로 표현된다.
"오늘 기분이 좋다."
"어제 굉장히 우울했다."

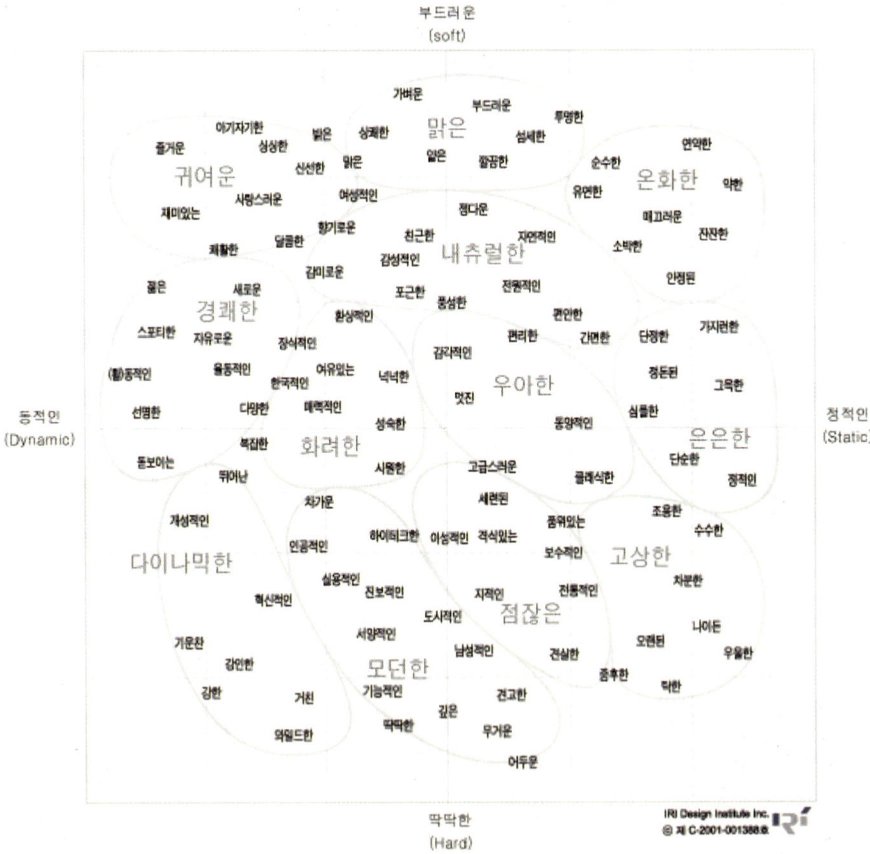

한국인의 색채 감성 척도

출처: IRI 색채연구소 '형용사 이미지 스케일

"가족은 나를 행복하게 해준다."
"그의 행동은 나를 깜짝 놀라게 했다."
"내일 있을 면접 때문에 긴장되고 두렵다."

이러한 인간의 내적인 감성 상태는 무의식적이든 의식적이든 간에 외현적으로 표현된다. 그 표현되는 방식 중에 가장 많이 사용되는 것이 인간의 커뮤니케이션에 있어서 기본적인 방식인 언어라 할 수 있다. 특히 감성에 대한 언어 표현은 주로 형용사로 나타나는데, 이 형용사 어휘를 분석하고 모델화하여 사용자의 니즈를 객관적으로 분석하고 범주화할 수 있다.

감성 어휘를 분석하고 모델화하기 위해서는 다음과 같이 어휘 수집, 적합 어휘 추출, 감성 어휘 분류 및 대표 어휘 추출, 차원 추출 및 감성 어휘 모델 구축의 4단계로 분석을 진행한다.

어휘 수집

- 관련 영역 선행 연구, 문헌조사 및 설문 등을 통해 김싱 어휘를 수집

↓

적합 어휘 추출

- FGI(Focus Group Interview)를 통해 수집한 단어에서 빈도수 고려 및 중복어휘 제거
- 설문 및 통계 분석을 통한 적합성 검정(카이제곱검정)
- ㅇㅇ개 적합 어휘 추출

↓

감성 어휘 분류 및 대표 어휘 추출

- 어휘에 대한 유사성 관계 설문 및 통계 분석을 통한 어휘 분류
- 주성분 요인분석을 통한 형용사 그룹핑
- 분류된 형용사의 대표 형용사 추출

↓

차원 추출 및 감성 어휘 모델 구축

- 대표 형용사를 중심으로 유사성 설문과 통계분석을 통해 2차원 모델링 구축
- 다차원척도법에 의해 2차원을 추출하고 어휘 관계를 분포

'SNS(Social Network Service)'에서의 감성 어휘 분석을 사례로 4단계 분석 과정을 설명하도록 하겠다.

어휘 수집

UX 디자인의 목적에 맞는 영역에서의 감성 어휘, 즉 형용사를 수집한다. 선행 논문이나 단행본과 같은 문헌자료를 기본으로 기존 서비스에서 사용되고 있는 어휘와 최신 동향이 나타나 있는 인터넷과 잡지 등을 활용하여 관련 어휘를 모두 수집한다. SNS 서비스를 위한 사용자의 감성 어휘를 분석하고자 한다면 실제 SNS 사용자를 대상으로 많이 사용하는 어휘를 조사할 수도 있고, 문헌 자료와 통계청 자료 등의 데이터를 통해 모을 수 있을 것이다. 분야에 따라 개수의 차이가 있기는 하나 대략 50~100개 정도의 어휘를 수집하게 된다.

수집 어휘 70개
Ache(아프다), Analyse(분석하다), Arrange(정리하다), Bathe(씻다), Call(통화하다), Care for(보살피다), Change(변화하다), Chat(수다를 떨다), Check(확인하다), Clean up(청소하다), Consult(상담하다), Cook(요리를 하다), Diet(다이어트를 하다), Play game(게임을 하다), Do internet(인터넷을 하다), Do SNS(SNS를 하다), Do house work(집안일을 하다), Donate(기부하다), Dress(옷을 입다), Drink(마시다), Drive(운전을 하다), Eat(먹다), Enjoy(즐기다), Exercise(경험하다), Feel(느끼다), Fine(발견하다), Get on a bus(버스를 타다), Get on a subway(전철을 타다), Go(가다), Go Shopping(쇼핑하다), Hang out(~와 시간을 보내다), Have(식사하다), Learn(배우다), Lie(눕다), Life a civilized life(문화생활을 하다), Listen(듣다), Listen to music(음악을 듣다), Look(바라보다), Make up(화장하다), Meet(만나다), Miss(놓치다), Move(이동하다), Participate(참가하다), Play(놀다), Pray(기도하다), Prepare(준비하다), Read(독서하다), Record(기록하다), Repair(수선하다), Rest(쉬다), Ride a bicycle(자전거를 타다), Ride in a train(기차를 타다), Run(달리다), Search(검색하다), See exhibition(전시를 관람하다), Shoot(촬영하다), Sleep(잠자다), Study(공부하다), Take a class(수업을 받다), Take look(둘러보다), Take a picture(사진을 찍다), Take a shower(샤워하다), Talk(대화하다), Tell(말하다), Think(생각하다), Travel(여행하다), Warm up(준비 운동을 하다), Wake(잠이 깨다), Walk(걷다), Wash up(설거지를 하다), Watch(보다), Watch movie(영화를 보다), Watch TV(TV를 보다), Work(일하다), Write(쓰다)

적합 어휘 추출

수집한 어휘는 적합한 어휘인지를 필터링하게 된다. 우선 전문가 집단이나 신뢰도 있는 연구자가 중복되는 어휘들을 제거하고, 주제에 전혀 맞지 않는 단어들은 배제하는 과정을 거친다. 예를 들어, '예쁘다'와 '이쁘다'라는 표현이 있다면 두 단어는 완전히 동일한 의미를 갖고 있기 때문에 둘 중 하나만을 취하면 된다. 이렇게 1차 단어가 정리되면 설문과 통계를 통해 객관적 검증에 의한 적합 어휘를 추출한다. 사용자들을 대상으로 각 단어가 SNS상에서 사용하는 어휘로 적합한지를 설문조사를 실시한다. 예, 아니오 대답이나 5점 또는 7점 척도 방법으로 각 단어에 대한 적합성 여부를 묻는다. 설문 조사 결과는 일반적으로 카이제곱 검정과 같은 적절성 평가 통계 방법으로 통계 결과를 얻는다. 그 결과 적절하지 않다고 분석된 단어들은 배제한 나머지 단어가 적합 어휘로 추출된다. 경우에 따라 다르게 나타나겠지만, SNS상에서 사용되는 감성 관련 적합 어휘는 39개로 정리되었다.

No.	적합 어휘	No.	적합 어휘
1	Call(통화하다)	21	Meet(만나다)
2	Care for(보살피다)	22	Participate(참가하다)
3	Chat(수다를 떨다)	23	Play(놀다)
4	Clean up(청소하다)	24	Prepare(준비하다)
5	Cook(요리를 하다)	25	Read(독서하다, 읽다)
6	Diet(다이어트를 하다)	26	Rest(쉬다, 휴식하다)
7	Do House work(집안일을 하다)	27	Ride a bicycle(자전거를 타다)
8	Doing internet(인터넷을 하다)	28	Run(달리다)
9	Doing SNS(SNS를 하다)	29	Search(검색하다)
10	Drive(운전을 하다)	30	Shop(쇼핑하다)
11	Eat(먹다)	31	Sleep(잠자다)
12	Exercise(운동을 하다)	32	Study(공부하다)
13	Experience(경험하다)	33	Take a class(수업을 받다)
14	Feel(감정을 느끼다)	34	Take a picture(사진을 찍다)
15	Get on a bus(버스를 타다)	35	Talk(대화하다)
16	Get on a subway(전철을 타다)	36	Travel(여행하다)
17	Go(가다)	37	Walk(걷다, 산책하다)
18	Hang out (~와 시간을 보내다)	38	Watch(보다)
19	Learn(배우다)	39	Work(일하다)
20	Listen(듣다)		

감성 어휘 분류 및 대표 어휘 추출

적합하다고 검증된 감성 어휘는 유사한 의미끼리 그룹핑하여 어휘를 분류할 수 있다. 이 과정 또한 설문과 통계 분석을 통해 이루어진다. 이 사례에서 추출된 어휘 39개를 얼마나 유사한지 단어 간의 관계를 5점 척도 또는 7점 척도로 설문 조사를 한다. 이 사례에서는 SNS상에서 감성을 표현할만한 상황을 제시하고 여기서 느껴지는 감성이 어느 정도인지 체크하게 한다. 제시된 상황에 느껴지는 감성을 표현한다고 할 때 주어진 어휘가 매우 유사하다면 7점, 전혀 그렇지 않으면 1점으로 그 정도를 1~7점 범위에서 체크하도록 한다. 이 데이터를 주성분 분석과 같은 요인 분석을 통해 유사한 어휘끼리 그룹핑이 되어 몇 가지 요인으로 분류된다. 통계 분석이 잘 이루어지면 보통 7~15개 정도의 요인으로 그룹핑이 되어 감성 어휘를 분류할 수 있다.

그룹핑된 하나의 요인에 어휘가 한두 개가 있을 수도 있고, 다섯, 여섯 개가 있을 수도 있다. 한 요인 안에 묶인 어휘들은 유사성이 깊은 것으로 이것을 대표할 만한 하나의 단어를 추출한다. 요인 안에 있는 단어들 중에 가장 대표적인 한 단어를 추출해도 되고, 그 단어들을 상징할 수 있는 다른 한 단어를 명시해도 된다.

No	대표 어휘 추출	사용자 행동 어휘
1	Eat(먹다)	Eat(먹다)
		Cook(요리를 하다)
2	Keep house (집안일을 하다)	Clean up(청소를 하다)
		Do housework(집안일을 하다)
3	Diet (다이어트를 하다)	Diet(다이어트를 하다)
		Prepare(준비를 하다)
4	Travel(여행하다)	Experience(경험하다)
		Travel(여행하다)
5	Work out (운동하다)	Exercise(운동을 하다)
		Ride a bicycle(자전거를 타다)
		Run(달리다)
		Walk(걷다)
6	Transit (대중교통 수단을 이용하다)	Get on a subway(전철을 타다)
		Get on a bus(버스를 타다)
7	Shoot(촬영하다)	Take a picture(사진을 찍다)
8	Meet(만나다)	Hang out(~와 시간을 보내다)
		Rest(쉬다, 휴식하다)
		Play(놀다)
		Go Shopping(쇼핑하다)
		Meet(만나다)
9	Feel (감정을 느끼다)	Feel(감정을 느끼다)
10	Talk(말하다)	Call(통화하다)
		Chat(수다를 떨다)
		Talk(대화하다)
11	Care for(보살피다)	Care for(보살피다)
12	Drive(운전하다)	Drive(운전하다)
13	Listen(듣다)	Listen(듣다)
14	Go online (온라인에 접속하다)	Doing SNS(SNS를 하다)
		Doing internet(인터넷을 하다)
		Search(검색하다)
15	Sleep(잠자다)	Sleep(잠자다)
16	Go(가다)	Go(가다)
		Participate(참여하다)
17	Work(일하다)	Work(일하다)
18	Learn(배우다)	Learn(배우다)
		Take a class(수업을 듣다)
		Read(독서하다, 읽다)
		Study(공부하다)
19	Watch(보다)	Watch(보다)

차원 추출 및 감성 어휘 모델 구축

앞 단계에서 추출된 대표 형용사를 모델링 구축으로 구조화할 수 있다. 일반적으로 차원을 추출하여 2D 차원 또는 3D 차원으로 모델을 만든다. 이것도 객관적인 분석을 위해 설문을 통해 유사성을 조사하고, 다차원분석법 등을 이용하여 통계 분석을 실시한다. 설문은 일반적으로 5점 척도 또는 7점 척도로 해당 어휘를 가로행과 세로열에 매트릭스로 나열하여 2단어 간의 유사성 정도를 조사한다.

다음 제시된 어휘는 **투명과 관련된 어휘**로써 **어휘 간 상관성**을 기준으로
전혀 관련 없다(1점)~매우 관련 있다(7점)으로 평가하여 작성해주시기 바랍니다.

1	2	3	4	5	6	7
전혀 관련 없다	관련 없다	조금 관련 없다	보통이다	조금 상관 있다	상관 있다	매우 상관 있다

	기분좋은	가치있는	미래적인	흥미로운	무난한	독특한	고전적인	숨기고 싶은
기분좋은								
가치있는								
미래적인								
흥미로운								
무난한								
독특한								
고전적인								
숨기고 싶은								

유클리디안 거리 모형

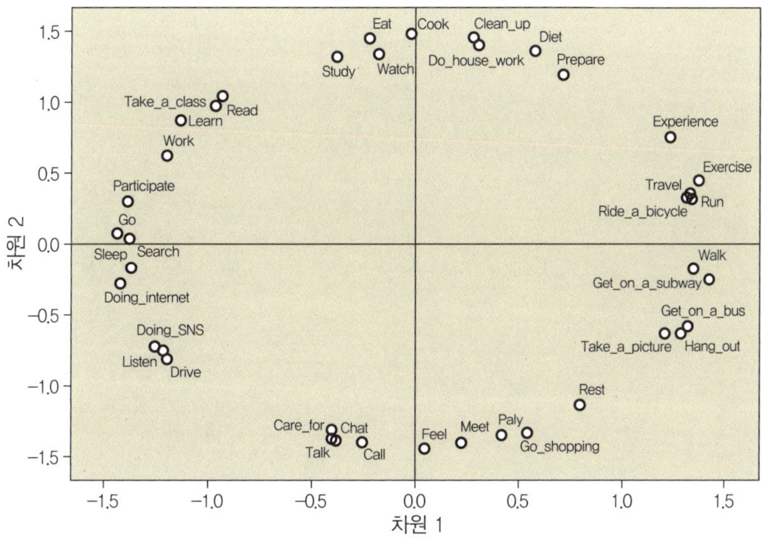

조사 결과를 통계를 통해 유사성 정도를 거리로 나타낸 2차원 척도 모델링을 구하게 된다. 2차원일 경우 X축과 Y축 각 축의 기준으로 서로 거리가 떨어져 있는 두 단어 간의 관계는 반대적 의미를 갖는다. 따라서 분포된 단어들을 분석하여 차원의 의미를 추출하게 된다.

이렇게 도출되는 감성 어휘 모델링은 그 분야에 있어서 UX 디자인을 개발하기 위한 사용자에 대한 프레임워크를 알 수 있고, 타깃 유저에 대한 타깃 감성을 뽑아내고 분석하는 기준이 될 것이다. 이러한 방법은 학술적인 관점에서 뿐만이 아니라 마케팅적인 요소로 효과적으로 활용할 수 있는 감성 분석 방법이다.

Interesting Ⅱ

보는 것과 사용자 경험 관찰 - 보는 것이 보이는 것이 아니다!

우리가 눈으로 보이는 대로 느끼고 생각하는 것과 오감을 가지고 관찰하는 것에는 차이가 있다. 우리의 눈으로 보는 것이 다가 아닐 수도 있고 보는 것이 보이는 것이 아닐 수도 있다.

기존의 예술 형식을 타파하고 존재하는 모든 것을 예술로 수용하는 다다이즘의 대표적인 표현 방법 중에 레디 메이드(Ready-made)가 있다. 레디 메이드는 '기성품'이란 뜻으로 공장에서 만들어져 나온 사용 가능한 물건을 말한다. 대표적으로 마르셀 뒤샹(Marcel Duchamp)이 1913년 이후 판매되어 구입하는 일상적인 물건을 아무런 가공을 거치지 않고 그대로 전시장에 갖다 놓음으로써 예술작품으로 제시한 '샘(Fountain)'이 있다. 예술가의 선택과 관점이 일상적인 흔한 물건에서 중요한 예술품의 지위와 가치를 갖게 함으로써 미의 개념과 해석을 바꾸게 하였다.

초현실주의 작가 르네 마그리트(Rene Magritte)는 담배 파이프를 그림으로 그리고 그 아래 "Ceci n'est pas une pipe(이것은 파이프가 아니다)"라고 쓴 작품을 만들었다. 여기서 이 작품을 보는 관람객은 이것이 파이프를 그린 것인지, 파이프가 아니라는 것인지 생각하게 되고 의문과 당황스러움이 생기게 된다. '파이프'라는 실제 물건과 '파이프'라는 언어의 의미와 현상에 대한 질서를 다시 한 번 생각하게 만드는 작품이다.

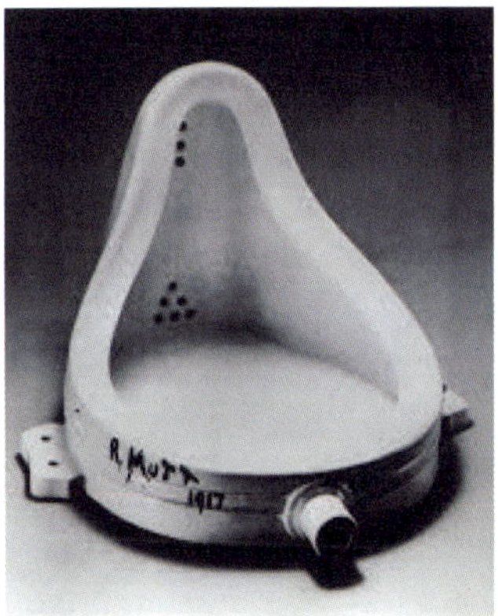

위에 제시한 작품들은 내 눈을 통해 보이는 것을 그대로 받아들일 수도 있지만, 보는 시각 또는 생각하는 관점에 따라 보는 대상을 다르게 해석할 수 있는 가능성을 보여준다. 평소 스쳐지나가거나 관심 없이 보던 대상도 나의 관심도와 집중도에 따라 많은 정보를 얻을 수 있고 새로운 것을 발견할 수 있다. 또한 똑같은 대상도 보는 관점과 시각에 따라 다른 형태, 또는 새로운 가치로 재해석할 수 있다. 따라서 어떤 대상에 대한 UX 디자인의 대상이 되는 사용자를 관찰한다는 것은 나의 평소 생각이나 당연히 생각되는 것을 그대로 사용하는 것이 아니라 다양한 관점을 가지고 몰입하여 자세히 살펴보고 새로운 것을 발견하는 눈을 전제로 행해지는 것이다.

Chapter 3

Strategy:
UX 설계(Planning)

1. UX 디자인 프로세스
2. 설계

Chapter 3은 실제 UX 디자인을 제작하기 위한 프로세스와 함께 기획을 위한 설계 단계이다. UX 디자인 프로세스의 가장 대표적인 폭포수 모델, 나선형 모델, 애자일 프로세스, Design Thinking 방법을 변화된 과정 순으로 설명하고 각 프로세스의 특징을 살펴볼 것이다. 특히, 각 프로세스를 감성적인 그림으로 표현하여 4가지 방법에 대한 특징을 직관적으로 이해하고 프로젝트에 따라 맞는 방법을 선택할 수 있도록 하였다. 정보를 구성하고 인터페이스와 인터랙션을 설계하는 방법과 개념을 살펴볼 것이다. 특히 최근 UX 디자인에서 화두가 되고 있는 재미(Fun)에 대한 이론과 퍼놀로지(Funology), 펀웨어(Funware) 등의 새로운 개념을 소개하고 감성 UX 설계에 적용할 수 있도록 한다. 감성 디자인에 있어서 가장 중요한 긍정적인 감정 상태인 재미(Fun)이론을 UX와 접목할 수 있는 아이디어를 도출해보자.

Section
01

UX 디자인 프로세스

최근 UX 디자인은 디지털 인터랙션 요소를 포함하고 있기 때문에 전체 프로세스가 소프트웨어 공학적 관점에서 그 시작점을 찾아야 한다. 다양한 UX 디자인 프로세스 방법을 살펴보고, 구현하고자 하는 목적과 조건에 맞는 방법을 선택하여 사용할 수 있다. 소프트웨어 관점에서 발달해 온 폭포수 모델에서부터 나선형 모델, 애자일 모델, 그리고 최근 부각되고 있는 디자인 사고 모델까지 그 개념과 특징을 보고자 한다.

(1) 폭포수(Waterfall) 모델

폭포수 모델 개요

초기 폭포수 모델

폭포수 모델이라고 부르는 Waterfall 모델은 고전적인 프로그램 개발 모델로 순차적으로 진행되는 전통적인 방식이다. 마치 폭포수가 위에서 아래로 떨어지듯이 수직의 하향식 개발 모델이다. 1950년대 소프트웨어 개발자인 허버트(Herbert D. Benington)에 의해 처음 제기되었기 때문에 단계적으로 구성되어 있다. 폭포수 모델은 요구사항(Requirements), 디자인(Design), 구현(Implementation), 테스트(Verification), 유지보수(Maintenance)의 5단계를 기본으로 UX 디자인이 진행된다.

- 요구사항(Requirements): 제품이나 콘텐츠를 제작하는 데 필요한 사항이나 필수 요건 등을 정의하고 기획한다. 이 단계에서 목적과 타깃 사용자 등을 고려한 요구 사항을 문서화하고 정립한다.
- 디자인(Design): 구현을 위한 설계 단계로 모델, 도식화 작업 등을 통해 실제로 실행되는 구조를 계획한다. 또한 사업화 룰이나 작동 규칙 등을 구축한다.
- 구현(Implementation): 계획한 것을 실제로 구현되고 서비스될 수 있도록 만든다.
- 테스트(Verification): 구현된 서비스가 잘 실행되는지 테스트한다. 수정이나 오류 사항을 체

Waterfall Model
요구사항
(Requirements)
디자인
(Design)
구현
(Implementation)
테스트
(Verification)
유지보수
(Maintenance)

크하여 피드백 및 보완하여 완성하도록 한다.

- 유지보수(Maintenance): 완성된 디자인과 서비스가 실행 중에 발생한 문제를 해결하고 보완한다.

로이스(Royce)의 폭포수 모델

폭포수 프로세스 모델은 1970년대 윈스턴 로이스(Winston W. Royce)에 의해 7단계로 발전되어 정립되었다. 로이스가 제시한 7단계는 시스템 요구사항(System Requirements), 소프트웨어 요구사항(Software Requirements), 분석(Analysis), 프로그램 디자인(Program Design), 코딩(Coding), 테스트(Testing), 운영(Operations)을 말한다.

- 시스템 요구사항(System Requirements): 시스템 목적과 기능 등에 대한 정의를 정립하고 스케줄과 예산 등에 대한 요구사항을 기획한다.
- 소프트웨어 요구사항(Software Requirements): 소프트웨어에 대한 선택과 요구사항을 정의하고 시스템 요구사항을 만족할 수 있는 소프트웨어 특징과 필수 요건을 정리한다.
- 분석(Analysis): 각 요구사항에 대하여 자세하게 조직적으로 구조화한다.
- 프로그램 디자인(Program Design): 프로그래밍 기술을 이용하여 소프트웨어와 하드웨어를 초기 버전으로 디자인한다.
- 코딩(Coding): 디자인된 초기 버전에 따라 프로그램을 구현한다.
- 테스트(Testing): 소프트웨어를 테스트하고 결과를 기록한다.
- 운영(Operations): 설치하고 완결된 소프트웨어를 설정한다.

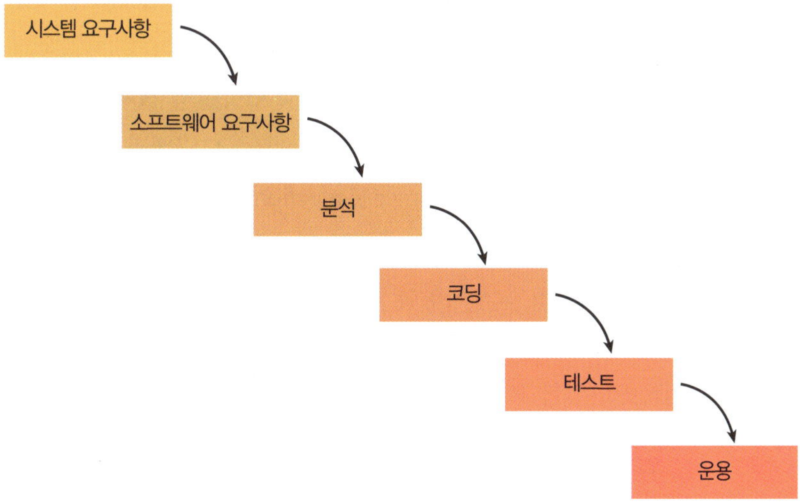

폭포수 모델 특징

이러한 폭포수 모델은 한 단계가 완전히 끝나고서야 그 다음 단계로 넘어간다. 한 단계씩 완전히 문서화되고 정확하게 확인이 되었을 때 그 다음 단계 실행이 가능하고 순차적으로 일이 진행된다. 이러한 단순화되고 구조화된 접근 방법은 프로세스상의 마일스톤을 정립하는 것이 쉽고 관리가 용이하다. 따라서 지금까지 많은 UX 관련 서비스가 이러한 과정을 거쳐서 만들어진 사례가 풍부하고 조직적으로 구성이 되어 있는 일반 개발 회사에서 많이 적용하고 있다.

그러나 폭포수 모델은 유연성이 떨어지고 피드백에 대한 반영이나 수정에 있어서는 어려움을 가지고 있다. 후반부에 문제점이 발견되더라도 순차적 구조를 거스르고 요구사항을 변경하는 데 있어서 시간과 비용이 효율적이지 않다. 최근 UX 디자인은 사용자 중심의 서비스가 강세이기 때문에 프로토타입에 대한 사용성 평가나 만족도 등의 피드백을 적극적으로 수용하여 완성도를 높이는 경우가 많기 때문에 수정과 요구사항 변경에 있어서 대응력이 떨어지는 단점을 가지고 있다.

(2) 나선형(Spiral) 모델

나선형 모델 개요

나선형 모델은 폭포수 모델의 장점인 체계적인 측면을 기반으로 프로토타입 모델의 반복적 특성이 결합된 방법으로 점진적으로 시스템을 완성해가는 프로세스이다.

나선형 모델은 기본적으로 4가지 단계를 반복적으로 수행하면서 점차 시스템을 완성해간다. 목표설정(Determine Objective), 위험분석(Risk Analysis), 구현과 검증(Development and Test), 고객평가와 다음 단계 계획(Customer Evaluation and Plan the next iteration)의 4가지 단계를 주기적으로 반복 수행하면서 프로젝트가 끝날 때까지 계속 진행된다.

- 목표설정(Determine Objective): 요구사항을 수집하여 목표를 정의하고 계획을 수립한다. 시스템의 성능과 기능 등의 목표를 설정하여 단계별 상세 관리 및 수행 과정을 규명한다.
- 위험분석(Risk Analysis): 위험 요소를 분석하고 평가하여 불확실성과 위험도를 감소시킨다. 잘못될 가능성을 미리 예측하여 시스템의 기술적 위험도, 시장 정보의 빈약함 등을 제거할 수 있는 점검의 단계이다.

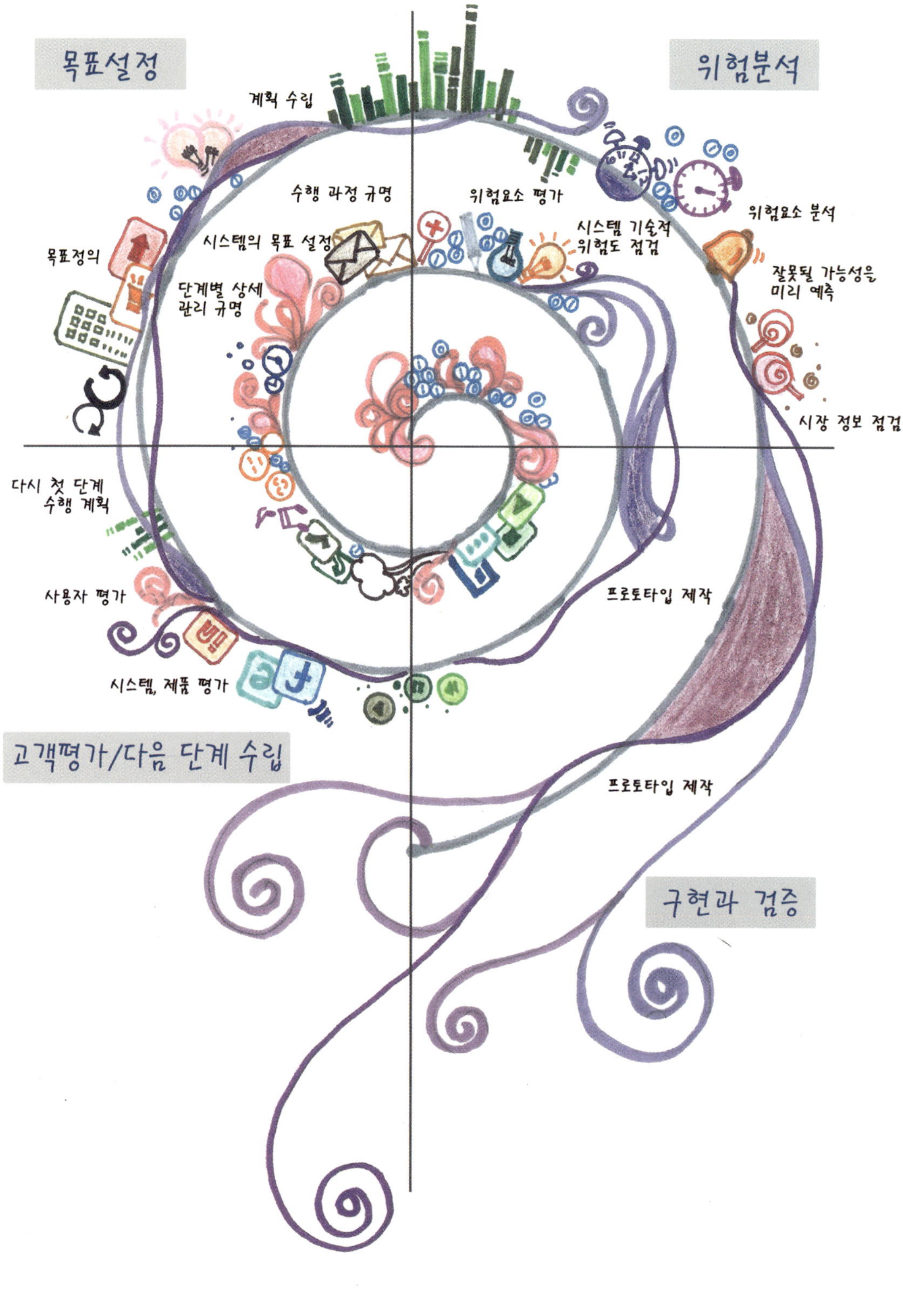
목표설정
위험분석
고객평가/다음 단계 수립
구현과 검증
계획 수립
수행 과정 규명
시스템의 목표 설정
목표정의
단계별 상세
관리 규명
위험요소 평가
시스템 기술적
위험도 점검
위험요소 분석
잘못될 가능성을
미리 예측
시장 정보 점검
다시 첫 단계
수행 계획
사용자 평가
시스템, 제품 평가
프로토타입 제작
프로토타입 제작

- 구현과 검증(Development and Test): 프로토타입을 제작하고 반복 수행하면서 최종 제품을 개발하게 된다.
- 고객평가와 다음 단계 계획(Customer Evaluation and Plan the next iteration): 구현된 시스템 또는 제품을 고객이나 사용자가 평가를 시행한다. 평가 결과를 반영하여 발전된 형태로 다시 첫 단계를 수행할 계획을 수립한다.

나선형 모델 특징

이러한 나선형 모델의 절차를 따르면 계속해서 위험 요소를 발견하고 제거하는 과정을 거치고, 실제 사용자의 피드백을 적용하면서 완성도의 퀄리티를 높일 수 있다. 폭포수 모델에 비해 향상된 소프트웨어 관리 모델로 작은 사업보다는 규모가 큰 대형 프로젝트에 적절하다. 모델이 반복적이고, 일정 시간과 비용이 소비되기 때문에 타 모델에 비해 복잡하고 장기화가 될 가능성이 있다. 따라서 프로세스와 산출물에 대한 체계적인 관리 방안이 필요하고 주기 반복 마다 성과를 평가하여 적정 수준의 시간과 투자를 결정하는 것이 좋다.

(3) 애자일(Agile) 프로세스

애자일 프로세스 개요

'Agile'이 '날렵한', '민첩한'이라는 의미를 갖고 있는 것처럼 애자일 프로세스는 프로그래밍에 집중하여 짧은 주기로 변화에 유연하게 대응하는 방법론을 말한다. 기존에 장기간에 걸쳐 많은 인력과 비용으로 진행되던 방식과는 달리 스타트업 기업이나 빠른 결과물을 기대하는 대상에 효과적이다.

2001년에는 짐 하이스미스(Jim Highsmith)를 포함한 17명의 소프트웨어 개발자들이 모여서 '애자일 연합'을 결정하였다. 그들은 애자일 소프트웨어 프로세스가 무엇인지 정의하고 장려하기 위해 다양한 활동을 개진하였다. 또한 '애자일 선언문'을 만들어서 애자일 개발에 있어서의 원칙과 의미를 정립하였다.

애자일 프로세스 특징

애자일 방법은 기본적으로 발견(Discover), 디자인(Design), 구현(Develop), 테스트(Test)라는 4단계를 반복한다. 즉, 폭포수 모델링과 비교하여 규모가 작고 관리가 가능한 단위로 업무를 나누어 반복적으로 수행한다. 4단계를 한 번 수행하는 주기는 대략 1개월 정도로 짧은 기간으로 그때마다 요구사항이나 수정사항이 빠르게 반영된다. 특히, 애자일은 문서화하는 일보다는 서로 의사소통을 진행하는 협력 체계와 공유에 대한 가치를 강조한다. 애자일 선언문에서도 개인과의 상호작용, 작동하는 소프트웨어, 고객과의 협력, 변화에 대응하는 것에 더 가치를 둔다고 말하고 있다.

이러한 특징 때문에 애자일 프로세스 방법은 주로 시장의 변화가 빠르고 소규모 프로젝트에 효과적이라 할 수 있다. 최근 증가하고 있는 고객 가치 중심의 서비스 개발이나 애플리션 개발과 같은 스타트업의 프로젝트에 바람직하다. 애자일 프로세스는 폭포수 모델과 비교하여 특유의 유연성과 즉각적인 피드백 수용이라는 장점을 갖고 있지만 지나친 분화와 반복은 오히려 비용과 인력이 많이 소비될 수 있다.

(4) 디자인 씽킹(Design thinking)

디자인 씽킹 개요

디자인 씽킹(Design thinking)은 1990년대 초 세계적으로 유명한 디자인 컨설팅 기업인 IDEO의 공동 창립자인 데이비드 켈리(David Kelly)가 비즈니스에 접목하면서 알려지기 시작했다. 이 방법은 스탠퍼드에 있는 융합 중심의 디자인 교육 프로그램인 '디스쿨(d-school)'에서 가르치면서 알려졌고, 현재 UX 디자인 프로세스에서 많이 사용되고 있다. 앞서 설명한 폭포수 모델, 나선형 모델, 애자일 프로세스는 주로 소프트웨어 개발에 기반을 두고 있다면, 디자인 씽킹은 좀 더 디자인적 관점에서 문제 해결 중심의 창의적이고 혁신적인 개발에 초점을 두고 있다. IDEO의 CEO 팀 브라운(Tim Brown)은 "디자인적 사고란 소비자들이 가치 있게 평가하고 시장의 기회를 이용할 수 있으며 기술적으로 가능한 비즈니스 전략에 대한 요구를 충족시키기 위하여 디자이너의 감수성과 작업방식을 이용하는 사고 방식이다"라고 설명한다.

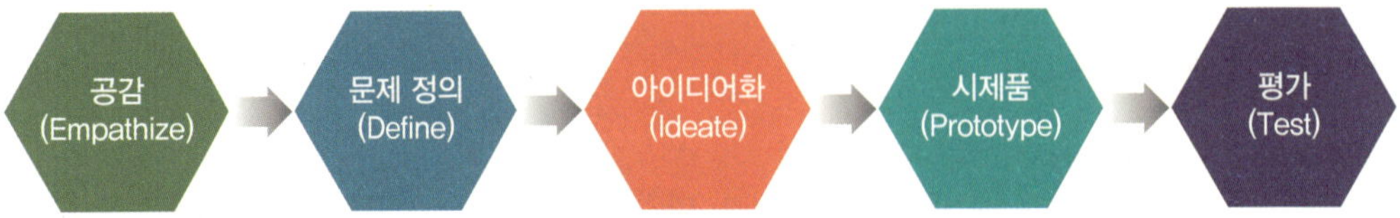

디자인 씽킹 특징

디자인 씽킹 프로세스는 공감(Empathize), 정의(Define), 아이디어 도출(Ideate), 프로토타입(Prototype), 테스트(Test)의 5단계로 구성되어 있다.

공감(Empathize) 사용자인 인간과의 공감에 대한 방향을 수립한다. 심리학적 또는 인지적 관점에서 개발할 제품 또는 시스템에 대한 사용자의 문제점을 발견하고 니즈의 공감 포인트를 수집한다. 이를 위하여 관찰, 문화인류학의 영역에서 시작된 에스노그라피(Ethnography), 인터뷰 등의 방법으로 사용자를 연구한다.

정의(Define) 공감을 위해 수집한 데이터에서 발견한 핵심 문제점을 정의한다. 문제점 정의를 위해서는 사용자 조사에 따른 디자이너의 인사이트가 필요하다. 사용자와의 공감에서 끌어낼 수 있는 행동 패턴, 니즈, 경험과 감성 등을 인식한다.

아이디어 도출(Ideate) 정의된 문제점을 해결하기 위한 아이디어를 도출한다. 이 과정에서는 포괄적이면서 많은 아이디어를 쏟아낸다. 브레인 스토밍을 통해 여러 사람이 같이 많은 아이디어를 공유하고 표현한다. 바디 스토밍(Bodystorming), 마인드맵핑(Mindmapping), 스케치(Sketching) 등의 다양한 방법을 활용한다.

프로토타입(Prototype) 도출된 아이디어들 중에 문제해결을 위한 최적의 것을 선택하여 프로토타입을 구현한다. 프로토타입은 어떤 방식이든 가능하다. 예를 들어, 사용자와 포스트잇을 이용해 벽에 붙이면서 상호작용을 구현해 볼 수도 있고, 역할 게임이나 스토리보드 등을 도입해 볼 수도 있다. 종이나 나무 등의 물리적 재료를 이용하여 직접 만드는 것도 좋은 방법이다.

테스트(Test) 구현된 결과물을 테스트하고 원하는 결과가 도출되지 않으면 이전 단계로 돌아가서 이 과정을 반복한다. 테스트는 사용자와의 서비스 또는 인터랙션이 실제와 최대한 유사한 상태로 실행한다. 테스트를 하는 이유는 프로토타입과 문제해결에 대한 의미가 잘 맞는지 개선점을 찾고, 사용자에 대해 더 잘 이해할 수 있는 기회가 되며, 올바른 해결책이었는가는 알 수 있게 된다.

Section

02

설계

(1) 정보 설계(Information Architecture)

정보

데이터(Data)는 재료 또는 자료, 논거를 뜻하는 datum의 복수형으로 일반적으로 결론을 내리는 데 근거가 되는 사실이나 참고 자료를 말한다. 데이터는 정보가 되기 전 단계로 데이터를 만들어 낸 생산자에게는 유용할 수 있으나 사용자에게 의미를 전달하기에는 아직 부족한 상태이다. 데이터를 목적에 맞게 적절하게 배열하고 조직화하여 정보로서의 형식과 내용을 갖출 때 비로소 의미가 부여되고 사용자들에게 유용한 것이 될 수 있다.

데이터는 정보가 되기 전의 단계, 아직 정보로서 완전한 형태와 의미를 갖추지 못한 상태이다. 이 데이터가 목적에 맞게 선택되고 체계화되면서 정보(Information)로서의 형태를 갖게 된다. 여러 정보가 서로 연결되고 패턴화되면서 완전히 이해하게 되는 지식(Knowledge)단계가 된다. 즉, 사용자가 정보를 습득하여 개인화 과정을 통해 축적해감으로써 정보는 지식으로 전환된다. 최종적으로는 어떠한 것을 판별하거나 철학과 원칙을 갖추어가게 되는 정신적 작

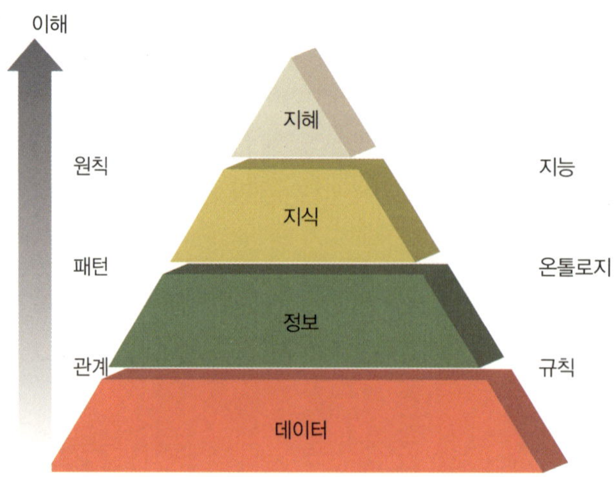

용인 지혜(Wisdom)에 이르게 된다.

정보(Information)는 말이나 생각에 어떤 형상(Form)을 부여한다는 어원에서 비롯되었다. 본래 지시하다, 가르치다라는 뜻에서 시각하여 알리다 또는 전하다의 의미를 갖고 있다. 정보는 데이터에 의미와 가치가 부여되어 조직화하고 변화된 형태와 형식을 갖는다. 궁극적으로 사용자가 이해할 수 있는 형식과 체계로 데이터를 바꾸는 것이다.

정보 설계

데이터에서 정보로

데이터가 정보화되려면 다음과 같은 단계를 거쳐야 한다. 빅데이터 시대에 넘쳐나는 데이터 중에서 나에게 또는 사용자에게 쓸모 있는 정보가 되려면 필요한 것들을 거르고 정리하는 과정이 필요하다.

1단계에서는 정보화하려는 대상 또는 주제에 대해 목적이나 핵심이 무엇인지를 설정한다. 그리고 2단계에서 데이터 중에서 필요한 정보를 선별할 기준과 중요한 순서나 우선순위를 결정한다. 이에 따라 선별된 데이터들을 유사한 것끼리 또는 같은 레벨끼리 그룹핑하는 것이 3단계이다. 이것을 마지막으로 하이라키를 설계하거나 서로의 관계를 설립하는 구조화의 마지막 단계를 거치면 정보가 구축된다.

- 1단계: 목적 설정 및 핵심 추출
- 2단계: 정보 조사
- 3단계: 정보 선별 및 순서 결정
- 4단계: 정보 그룹핑
- 5단계: 정보 구조화

스토리텔링

데이터를 정보화하는 방법 중에는 미디어나 UX 디자인의 표현 방식에 따라 스토리텔링 방법으로 만들어지기도 한다. 예를 들어, 디지털 퍼포먼스나 인터랙티브 체험존을 만들 경우에 각 아이템에 따른 구조화된 정보 설계도 필요하지만 관객의 동선이나 시간의 흐름에 따른 경험의 내용을 스토리텔링으로 풀어내야 할 경우가 있다. 이때는 다음과 같이 기승전결의 구조를 고려해서 정보화해야 한다. 첫 도입부인 오프닝은 사용자의 호기심을 불러일으키거나 문제를 제기하는 부분이다. 본론으로 들어가는 본격적인 이야기가 시작되며 감성의 긴장감이 올라가는 부분이다. 이야기가 진행되고, 가장 피크 타임이 되는 절정은 인상 깊은 경험이 일어날 수 있도록 해야 하며, 마지막에 문제가 해결되고 긴장감이 풀어지는 클로징 단계로 마무리가 된다.

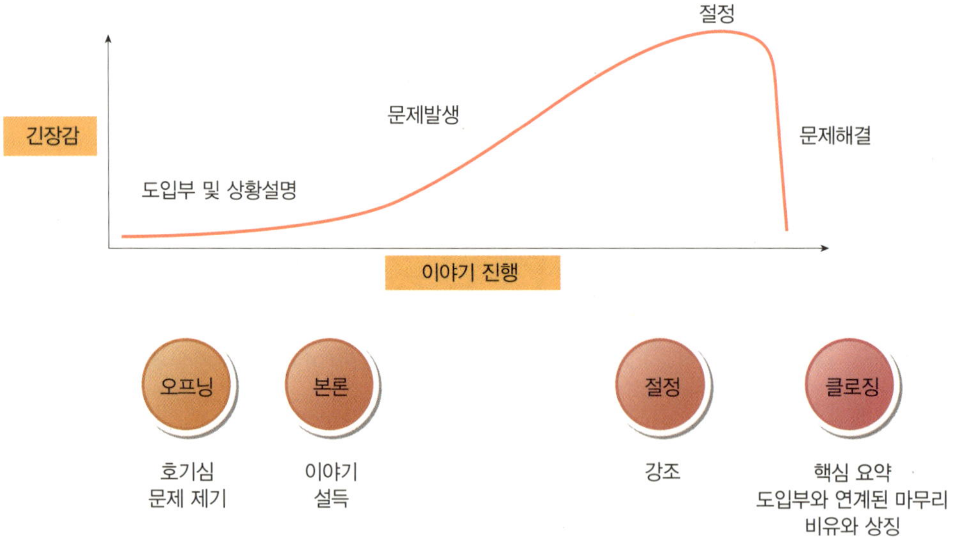

(2) 인터페이스 설계

사용자와 기계 또는 시스템 사이에서 일어나는 인터랙션은 인터페이스의 개념에서 파생되었다. 인터페이스와 관련된 연구는 인지과학, 기호학, 사회학, 커뮤니케이션학, 인간공학, 심리학 분야 등 다양한 학문적 분야에서 활발하게 이루어지고 있다.

인터랙션의 정의에 대해서는 인터페이스(Interface), HCI(Human-Computer Interaction 또는 Interface), 휴먼팩터(Human Factor) 등 관련된 용어와 혼용되어 사용되거나 광범위한 분야에 무분별하게 적용되고 있기도 하다. 따라서 UX 디자인에서 가장 기초적이면서 중요학 핵심 요소인 인터랙션 디자인과 인터페이스 디자인의 개념을 정립하기 위해 정확한 의미와 용어 해석을 하고자 한다.

인터페이스의 정의

'인터페이스(Interface)'의 사전적 정의는 다음 표와 같이 두 가지로 정의되어져 있다. 첫째, 두 가지의 신체(Body) 또는 물체, 공간(Space), 단계(Phase)의 공동적 경계를 형성하는 표면(Surface)이다. 둘째, 독립된 시스템이 만나고 작용하는 장소(Place), 즉 서로 커뮤니케이션이 이루어지는 장소이다. 또는 상호작용하는 수단, 즉 이러한 장소에서 이루어지는 커뮤니케이션 방법을 말한다.[1]

번호	품사	정의
1	noun	a surface forming a common boundary of two bodies, spaces, or phases 〈an oil-water interface〉 (두 가지의 신체, 공간, 단계의 공동적 경계를 형성하는 표면)
2	noun	a: the place at which independent and often unrelated systems meet and act on or communicate with each other 〈the man-machine interface〉 (독립된 시스템이 만나고 작용하는 장소, 즉 서로 커뮤니케이션이 이루어지는 장소) b: the means by which interaction or communication is achieved at an interface (상호작용하는 수단, 즉 이러한 장소에서 이루어지는 커뮤니케이션 방법)

첫 번째 해석된 인터페이스의 정의는 두 독립된 시스템(System)이 공존하는 장소적인 의미로 나건(Nah, Ken)은 이것을 계면(界面)이라 칭했다.[2] 사전적 정의에서 언급되어 있듯이 과

1) http://www.merriam-webster.com(Merriam-Webster Online Dictionary)
2) 나건, 디자인 발전소(비쥬얼스토리공장출판부, 2008).

거에는 사람과 사람 또는 공간과 사람, 물체와 사람, 물체와 물체 간의 접점이 존재하는 장소적 의미가 강했으나, 현재는 컴퓨터의 발달과 터치 스크린 등의 물리적 UI(User Interface)가 증가하면서 촉각적 터치 포인트의 좌표 지점의 의미까지 발전하게 되었다. 실제로 다른 사전에서는 장소(Place)가 아니라 지점(Point)으로 정의를 내리고 있다.[3]

두 번째로 초점을 맞추고 있는 두 독립된 시스템 간의 수단과 방법은 커뮤니케이션이라는 상호작용적 측면의 정의이다. 그 수단과 방법에는 인간의 언어나 신체적 행동 또는 물체와의 물질적 접촉이나 주파수, 전기적 신호 등 다양한 방법이 존재한다. 이 또한 과거의 전통적인 아날로그적 커뮤니케이션 수단에서 컴퓨터의 발달로 인한 디지털을 활용한 커뮤니케이션 수단이 증가하고 있다.

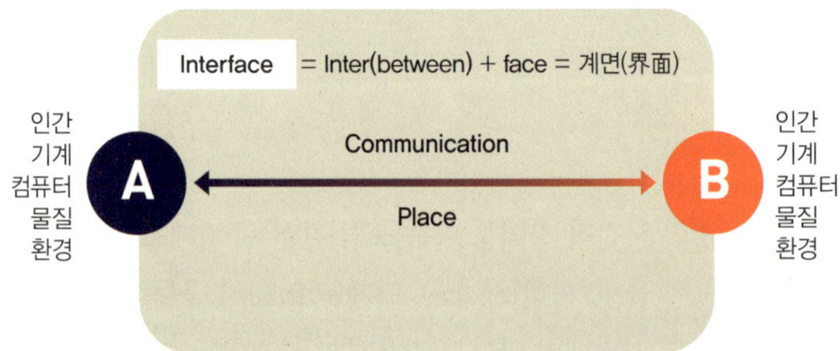

이와 같이 인터페이스는 독립된 두 개 이상의 시스템이 만나는 곳이나 그 안에서 이루어지는 커뮤니케이션 수단과 방법으로 정의할 수 있다. 여기에서 언급되는 독립된 '두 가지의 시스템'과 '커뮤니케이션의 수단과 방법'은 시대의 변화와 흐름에 따라 그 의미와 대상이 변화하거나 특정 방법이 강조되고 있다. 또한 이러한 커뮤니케이션이 곧 '인터랙션'으로 연계된다.

시스템(System)

위의 인터페이스에 대한 정의에서 언급되는 '두 개 이상의 시스템'이 곧 인터랙션의 대상으로 연결되기 때문에 그 의미와 시대에 따른 역사적 변천과정을 고찰해보고자 한다. 시스템은 인적요소(Human Factor) 영역에서 근본적인 핵심 컨셉으로 어떤 목적을 수행하기 위해 존재하는 독립체이다. 몇 가지 요소들이 유기적으로 조합되어 목적을 달성하기 위한 것으로 인간, 기계 또는 어떤 사물도 될 수 있다.[4]

---

3) http://oxforddictionaries.com(Oxford Dictionaries)

4) Mark S. Sanders, Ernest J. McCormick, *Human Factors in Engineering and Design*(McGraw-Hill, 1992).

시스템 요소

시스템이 되기 위해서는 몇 가지 요건을 갖추어야 충족된다. 첫째, 두 가지 이상의 구성 요소 또는 부품이 결합되어 기능을 한다. 예를 들어 '볼펜'이라는 시스템은 잉크, 플라스틱 케이스, 스프링, 버튼 등으로 구성되어 하나로 결합되어 있다. 각 부품은 시스템 안에서 각각의 기능과 역할을 수행하기 위해 서로 유기적 관계를 가지고 존재한다. 둘째, 이 존재하는 요소들은 서로 인터랙션 관계에 놓여 있다. 어떤 부분이나 일부 과정은 구조적으로 상호연결성을 가지고 있다. '볼펜' 시스템의 스프링은 맨 위의 플라스틱 버튼이 눌리면 압축되면서 볼이 나오게 된다. 셋째, 시스템은 목적을 갖는다. 그렇기 때문에 시스템을 구성하는 각 요소들은 공통의 목적을 지닌다. '볼펜'이라는 시스템은 글을 쓰기 위한 목적을 갖고 각 부품 또한 이 목적을 수행하기 위해 존재하는 것이다. 이와 같이 3가지 요소가 충족된 것을 시스템이라 하며 인간, 식물, 기계, 사물 등이 이에 해당한다.

인간-기계 시스템

인터페이스의 정의와 같이 두 가지 이상의 이러한 시스템이 만난다고 했을 때 형성될 수 있는 일반적인 경우는 인간-인간 시스템(Human-Human System), 인간-기계 시스템(Human-Machine System), 기계-기계 시스템(Machine-Machine System)으로 분류할 수 있다. 본 책에서는 인간과 인터랙티브 스페이스의 관계에 초점을 맞추고 있기 때문에 특히 인간-기계 시스템에 주목한다.

인간-기계 시스템은 아래 그림과 같은 과정 속에서 인터페이스가 형성된다. 인간과 기계가 만나서 어떤 목적을 수행하고자 할 때 인간은 목적 달성을 위하여 기계를 조작하거나 제어한다. 수단과 도구로서의 기계는 인간의 통제에 따라 데이터를 입력받고 작동된다. 작동한 기계는 그 결과 값을 출력해서 디스플레이되고 인간은 그 출력 값을 감지하여 피드백을 받게 된다. 이 시점에서 인간은 감지한 정도에 따라 목적이 제대로 달성되었는지를 판단하게 된다. 만약 목적이 성취가 되지 않았다면 인간은 다시 기계를 조작하여 만족할 때까지 이 과정을 반복하게 된다. 여기에서 인간은 목적 성취에 대한 만족을 오감에 의한 감지에 의해 판단하게 되는데 정확한 수치 값을 입력하고 출력하는 기계와는 달리 인간은 개인차 또는 공감각에 의한 판단이 달라진다.

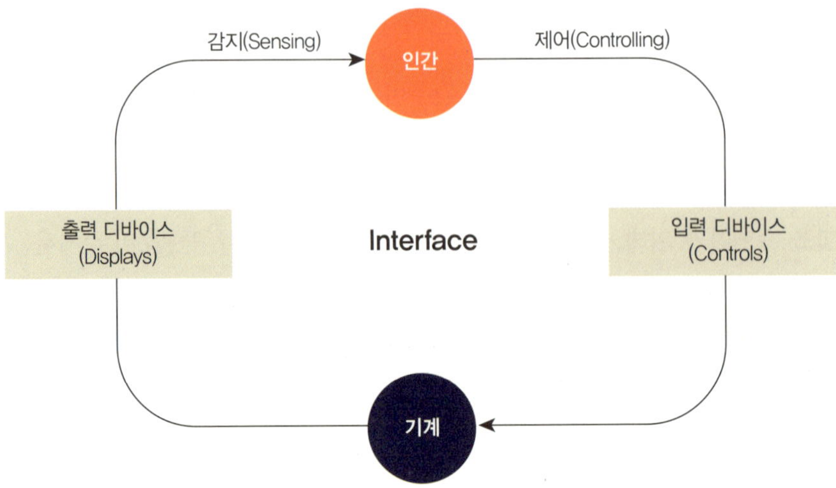

예를 들어 공장의 기계를 작동시키기 위한 목적을 수행하기 위해 전원 버튼을 누르는 인간-기계 시스템이 있을 때 사용자가 버튼을 누르면 기계는 전원이 켜졌다는 것을 알려주기 위해 '삑' 소리와 함께 빨간 불이 들어오면서 디스플레이해준다. 그런데 이 지점에서 똑같은 소리로 출력이 되도 인간은 개인에 따라 청각의 능력이 다를 수 있고, 주변 환경의 소음 정도에 따라 그 크기가 다르게 들릴 수 있다. 또한 불빛이라는 시각적 자극과 소리라는 청각적 자극을 동시에 느끼는 공감각을 가지고 있기 때문에 기계에서 전달하는 피드백에 대한 감지는 목적 달성 판단에 중요한 요소이면서 인터페이스를 디자인하는 데 있어서 주목해야 할 지점이기도 하다.

각 시스템의 구성요소들은 다양한 기능을 가지고 있다. 공통된 기본 기능에는 정보를 받는 감지(Sensing), 정보를 저장하는 공간(Information Storage), 정보를 처리하고 결정하는 기능(Information Processing and Decision), 그리고 물리적 제어와 커뮤니케이션을 하는 행동 기능(Action Functions)이 있다. 행동의 물리적 제어는 기계를 작동하거나 사물을 조

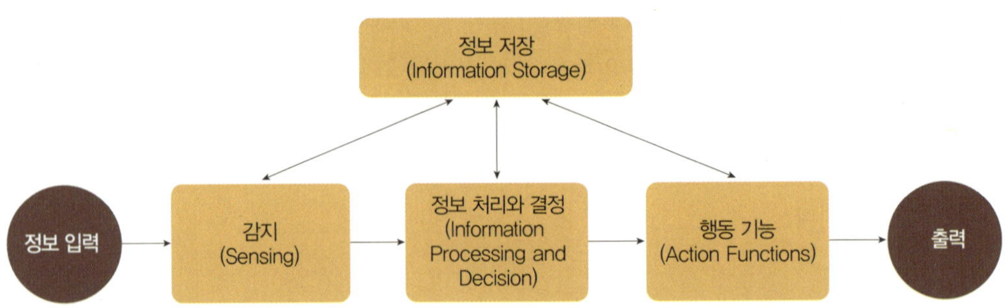

작, 움직임, 통제, 수정 등의 기능이고, 커뮤니케이션 행동 기능은 목소리, 신호, 기록 등의 방법을 말한다.

인터페이스 메타포

인터페이스 메타포는 인터페이스 디자인 시 사용자가 일상생활에서 보고 사용하는 친근한 것들을 이용하여 상징화하거나 은유적으로 표현하는 것을 말한다. 예를 들어 도서관 책장에 책이 꽂혀 있는 것을 그대로 e-Book에 대한 정보를 보여주는 목록에 그대로 적용하여 디자인 한다. 일반적으로 사용하는 전자계산기 형태도 디지털 인터페이스에도 그대로 사용되었다.

이것은 사용자의 개념과 일치하도록 개발자가 인터페이스를 구현하는 것이다. 그러면 디지털에서의 전자계산기 인터페이스를 다시 학습하거나 새로 익힐 필요 없이 원래 사용하던 방식 그대로 자연스럽게 이용하게 된다.

(3) 인터랙션 디자인

인터랙션은 인터페이스상에서 일어나는 두 개의 독립된 시스템 간의 커뮤니케이션과 그 방법을 말한다. UX 디자인은 사용자라는 인간 시스템과 다른 시스템 사이에 일어나는 인터랙션을 중심으로 본다.

UI와 UX

- UX 디자인: 제품과 디자인, 스비스 등을 사용자가 직접적으로 또는 간접적으로 경험하면서 느끼고 생각하는 총제적 경험을 디자인하는 것이다.
- UI 디자인: 정보기기나 시스템, 소프트웨어 화면 등이 사람과 접하는 면을 설계하고 디자인하는 것이다.

인터랙션 유형

지시형(Instructing)

어떤 일을 시스템이나 컴퓨터에게 직접 지시하고 명령하는 방법이다. 명령어를 그대로 타이핑하는 것, 메뉴에서 옵션을 선택하는 것, 스크린에서 터치하는 것, 말로 명령하는 것, 버튼을 누르거나 기능키(function keys)를 사용하는 것 등이 이에 해당한다. 이러한 인터랙션은 정해진 기능에 대한 명령어를 익히게 되면 효율적으로 사용할 수 있고, 빠른 속도로 상호작용이 가능하다. 반면, 명령어 자체를 기억해야 하는 어려움이 있어 자주 사용하고 쉬운 명령어

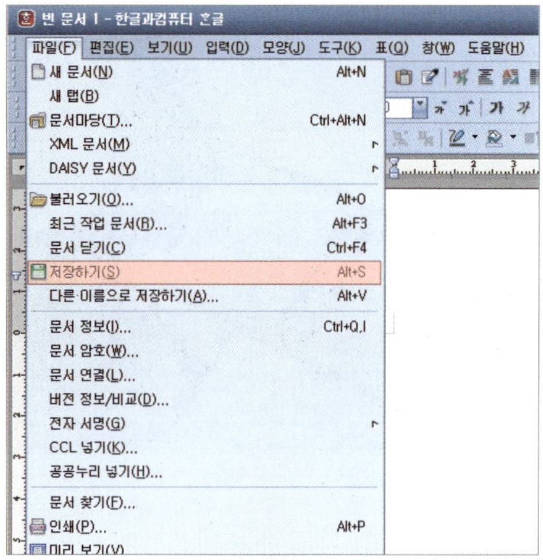

는 유용하나, 복잡한 언어로 되어 있거나 자주 사용하지 않는 지시어는 어렵게 느껴질 수 있는 단점이 있다.

대화형(Conversing)

사용자가 시스템과 서로 대화 형태로 인터랙션하는 방법이다. 묻고 대답하는 일반적인 대화형식을 따라서 인터랙션이 진행된다. 사용자는 직접 목소리로 말을 하거나 텍스트로 대화할 수 있다. 또는 특정한 양식에 단계별로 질문이 있고, 해당 답변을 데이터로 입력하거나 선택 또는 직접 텍스트 입력 등으로 한정적인 대화 형식을 디자인하기도 한다. 이 경우 대화라는 것이 기본적으로 언어를 기반으로 하고 있기 때문에 사용자가 이해할 수 있는 언어로만 가능하다는 한계를 가지고 있다. 그러나 쓰는 것보다 말로 대화하는 형식이 일반적인 사람들에게 쉽고 편리하게 느껴지기 때문에 최근에는 목소리를 인식하여 시스템과 인터랙션하는 기술이 발달하고 있다.

예를 들어 아이폰(iPhone)의 시리(Siri)는 애플의 음성인식 서비스로 사용자가 목소리로 명령하거나 질문을 하면 알람을 맞추어 주거나, 개인 일정을 알려주고, 웹에서의 검색 내용을 바탕으로 날씨나 주가 등의 정보를 알려준다. 처음에는 영어, 독일어, 프랑스어만 지원하고 음성 인식률도 저조했지만, 2016년 현재 일본어, 이탈리어어, 그리고 한국어 등까지 다양한 언어가 지원되고 음성 인식률로 높아져 편리하게 사용되고 있다. 손가락 하나 까닥하지 않고 말로 "시리야" 하고 부르면 대답하는 대표적인 대화형 인터랙션 방법을 제공하고 있다. 본의 아니게 TV 앞에 충전시키고 있는 아이폰이 뉴스에서 시리야 사태를 운운하자 시리가 자신을

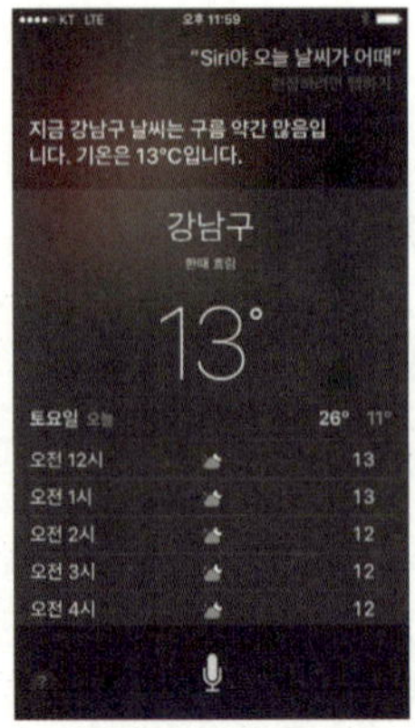

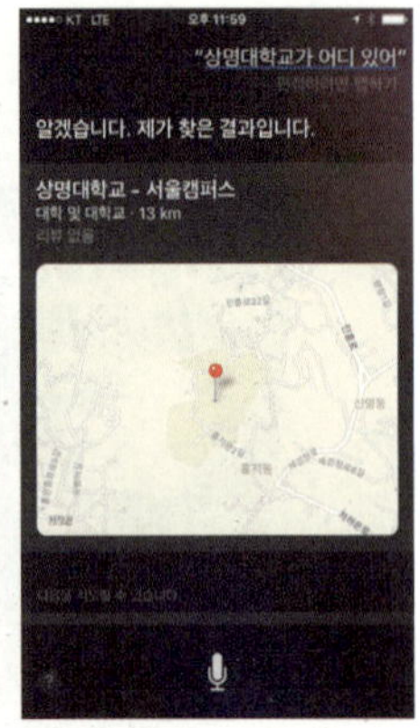

부르는 줄 알고 대답하는 해프닝이 있었다. 이처럼 음성 인식이 완벽하지는 않지만 육체적으로 몸을 움직이는 것보다 말을 하는 것을 더 쉽게 생각하는 사용자들에게 좋은 인터랙션 방법임에는 틀림없다. 또한 시각장애인에게는 반드시 필요한 기능으로 적극 활용되고 있다.

조작형(Manipulating)

조작형은 사용자들이 물리적 공간이나 가상 공간에서 시스템을 조작하면서 인터랙션하는 방법을 말한다. 드래깅, 셀렉팅, 오프닝, 클로징, 줌인, 아웃 등을 포함하는 것으로 물리적 세계에서 사용자들이 실제로 움직이고 조작하는 방식에 대한 지식을 그대로 활용한다. 예를 들어 신체의 물리적 움직임을 센싱하는 Wii나 제스처 센서인 키넥트와 같은 것은 실제로 내가 움직이는 방식이 그대로 디지털 게임 속에서 아바타가 움직이는 모습을 표현한다. 내가 Wii를 들고 뛰는 동작을 연출하면 게임 속 아바타도 뛰는 모습으로 조작된다.

이러한 조작형은 기본적인 기능만 익혀도 초보자도 쉽게 인터랙션할 수 있다. 또한 사용자

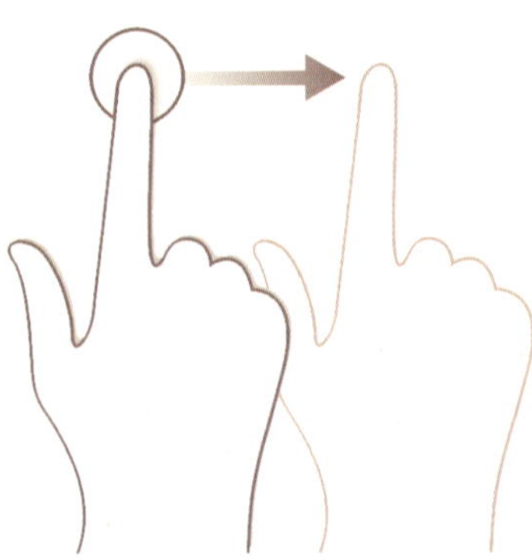

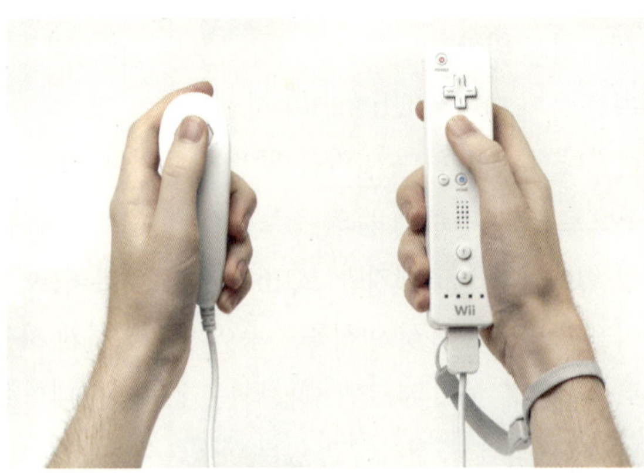

들의 경험에 의해 기억되거나 익혀온 행동이 그대로 반영되기 때문에 쉽게 익히고 빠르게 목적을 수행할 수 있는 장점이 있다. 동작하는 대로 즉시 결과가 나타나고 몸을 움직여서 체험하는 성취감까지 느낄 수 있다. 반면, 내가 마우스를 움직이는 것보다 기능키(Function Keys)를 누르는 것이 더 빠를 때도 있고, 종종 직접 하나씩 조작하는 것보다 지시형으로 복잡한 수행에 대한 명령을 한 번에 해결하는 것이 더 나을 때도 있다.

탐색형(Exploring)

사용자가 가상 공간이나 물리적 공간을 통해 움직이는 인터랙션 방법이다. 주로 실생활에서 우리가 신체적으로 움직이는 친숙한 태도나 행동이 가상 세계에 그대로 적용하는 것이 좋다. 주로 증강 현실, 3D 세계를 포함한 가상 환경과 가상 현실 시스템과의 인터랙션에서 필요하다. 그렇기 때문에 탐색형은 정확 인식이 가능한 센싱 기술이 동반된다. 예를 들어 사용자가 가상 현실을 경험하고자 하면 HMD를 써서 시각적으로 표현된 가상 현실을 인지하고, 몸과 손의 움직임이나 위치 이동 등을 감지할 수 있는 위치 센서, 카메라 센서, 제스처 센서 등이 활용되어 사용자의 인터랙션을 트래킹한다. 최근에는 웨어러블 기기가 발전하면서 피지컬 센싱과 함께 다양한 형태의 인터랙션이 나타나고 있다.

인터랙션 설계를 위한 고려 사항

Human-Computer Interaction

인간과 컴퓨터, 사용자와 시스템 간의 인터랙션을 잘 구현하기 위해서는 Chapter 2에서 설명한 사용자 개념 모델을 잘 설계해야 한다. 사용자 개념 모델에 기반하여 좋은 인터랙션 디자인을 구현하기 위해서는 가시성(Visibility), 피드백(Feedback), 제약(Constraints), 일관성(Consistency), 행동 유도성(Affordance) 등의 원칙을 고려해야 한다.

가시성(Visibility)

가시성은 눈으로 보기만 해도 사용자가 기계나 시스템이 어떤 상태인지, 어떻게 사용 가능한지를 파악할 수 있어야 한다. 쉽게 조작하기 위해서는 중요한 부분과 그 기능이 시각적으로 잘 보여야 한다. 직관적으로 알 수 있는 상징적이거나 강조할 수 있는 색채나 형태를 이용하여 디자인한다.

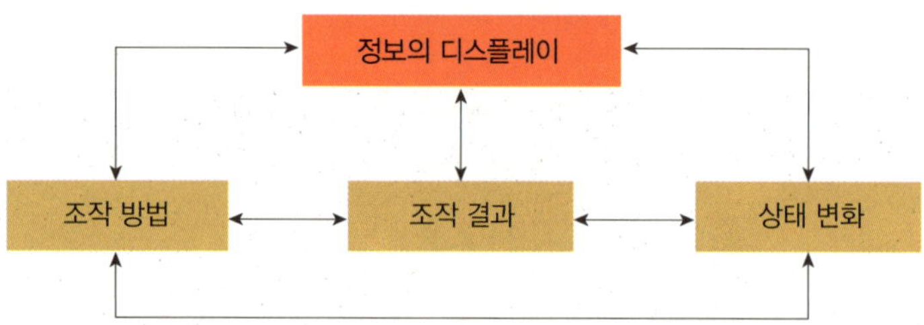

예를 들어 간판의 경우 우리나라는 하나의 건물에 수많은 간판이 서로 잘 보이려고 크고 화려하게 걸려있어 오히려 가시성이 떨어진다. 오히려 간판이 한 개만 있어도 색상 대비나 핵심만 보여주는 심플한 디자인이 가시성을 높여줄 수 있다.

또 다른 예시로 외국에 어떤 할머님이 냉장고에 보관해두었던 안약을 꺼내는 과정에서 용기가 유사한 접착제를 꺼내 사용하는 바람에 시력을 잃을 뻔한 사건이 있었다. 시각적 형태나 상징이 타 제품이나 서비스와 현저하게 구분될 수 있도록 고려하여 디자인해야 할 필요성을

느끼게 해준다.

피드백(Feedback)

사용자가 시스템과 어떤 행위를 했을 때 즉각적이고 명확하게 반응을 주어야 한다. 반응에 따라 내가 행동한 것이 제대로 시스템이 인지를 했는지, 또한 내가 맞게 사용했는지, 잘못 사용하고 있는 건 아닌지를 알게 된다. 잘못된 행동을 하고 있다면 피드백에 따라 다시 수정하거나 맞는 방향으로 다시 수행할 수 있다.

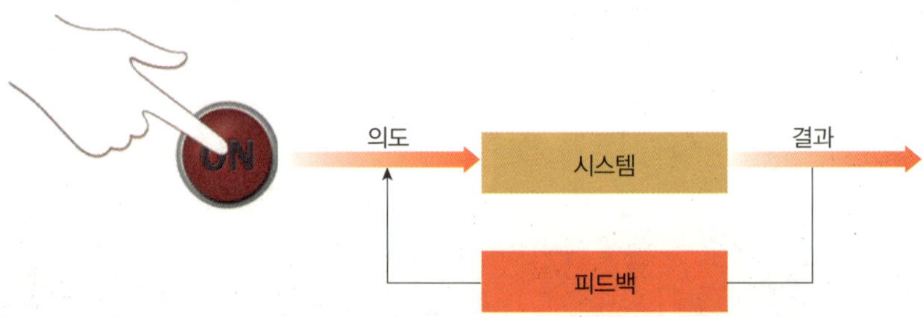

피드백은 다양한 방법으로 제시된다. 가장 일반적으로 시각적 요소와 함께 청각적 요소가 함께 이용되는 경우가 많다. 예를 들어 TV를 켜면 빨간 불이 들어오면서 "삐릭" 하고 소리가 난다. 문이 잠기면 "찰깍" 하고 소리가 나고, 번호 키는 버튼을 누를 때마다 제대로 눌렸으면 "삑, 삑…" 소리가 들린다. 때로는 촉각적 반응으로 나타나기도 한다. 모바일의 벨 상태를 진동 상태로 바꿀 때 버튼을 내려서 조작하면 바로 진동의 반응이 느껴짐으로써 내가 제대로 바꾸었다는 것을 감지할 수 있게 된다. 특히, 안전에 관련하여 내가 수행한 일에 대해 위험한 일이 발생될 경우 즉시 빠르게 피드백을 주고 문제를 해결하도록 설계해야 한다.

반응 속도는 일반적으로 2초 이내에 피드백을 보내주어야 사용자가 확실한 응답으로 생각한다. 그렇기 때문에 하드웨어나 컴퓨터 성능에 따라 빠른 피드백을 보내줄 수 있는 방법을 선택해야 한다. 용량이 크거나 복잡한 단계로 인해 반응이 느려지는 것보다 간단하지만 효과가 있는 빛이나 사운드 이펙트 등이 효율적이다.

제약(Constraints)

제약은 사용자의 행동을 제한함으로써 가능한 실수를 줄이고 제대로 수행을 하도록 하는 방법이다. 물리적 · 논리적 · 문화적 · 의미적 제약은 특정 행위만 하도록 유도하여 오류를 줄이고, 적절히 대응할 수 있도록 해준다.

물리적으로 행동을 제약하는 것으로 해당 기능이 수행 가능하도록 하는 방법을 제한하는 것이다. 예를 들어 USB 포트가 RGB 포트, 전원 포트 등과 각기 모두 다르게 디자인하여 다른 포트에는 꽂아도 물리적으로 들어가지 않도록 디자인한다. 다른 포트에는 맞지 않도록 제약함으로써 매칭되는 곳에 올바르게 포트를 꽂는 행동을 하게끔 만든다.

일관성(Consistency)

일관성은 시스템에서 같은 기능 또는 같은 컨셉에 대해서는 동일하게 디자인하는 것이다. 예를 들어 세면대에 있는 수도꼭지에 온수와 냉수를 트는 방향이 항상 동일해야 한다. 일반적으로 온수가 왼쪽 방향, 냉수가 오른쪽 방향으로 빨강색과 파랑색으로 표시되어 있다. 그러나 색 표시가 아예 되어 있지 않거나 빨강색과 파랑색이 바뀌어져 있으면 사용자는 혼동될 수밖에 없다. 온수의 방향이 일관성을 지키기 않으면 잘못된 방향으로 트는 행동으로 뜨거운 물에 데일 수도 있다.

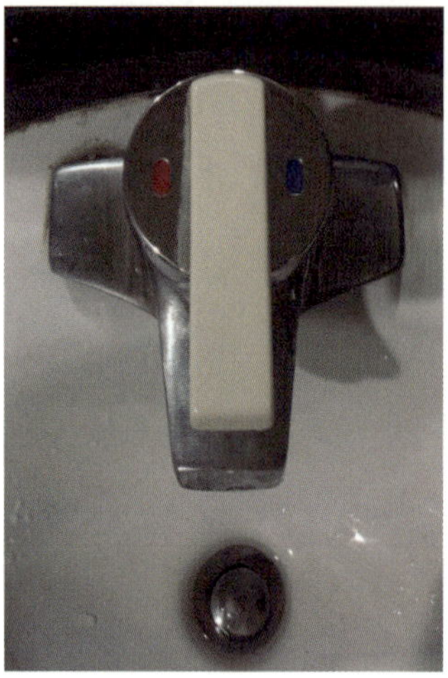

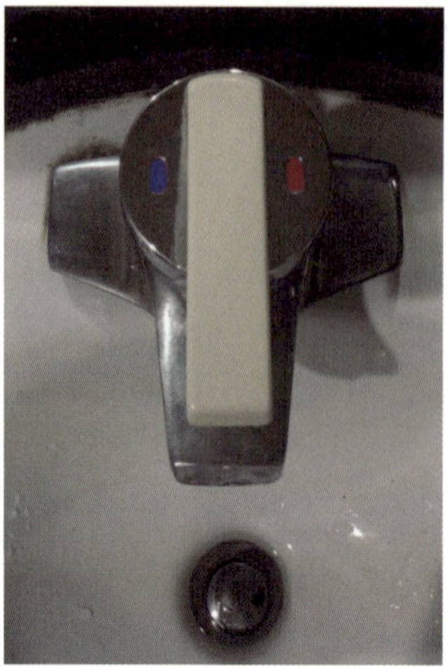

다른 예로 우리가 사용하는 계산기의 형태와 숫자 배열이 모바일이나 컴퓨터에 디지털로 제공하고 있는 계산기에 그대로 적용되어 있다. 따라서 우리가 일상생활에서 사용하는 아날로그적인 계산기와 디지털 계산기는 일관성을 지키고 있기 때문에 불편함을 느끼지 않는다. 그러나 같은 0에서부터 9까지의 숫자를 가지고 있는 전화 다이얼 번호는 계산기와 배열이 다르다. 보통 계산기는 아래에서부터 0이 시작되고 차례로 올라가면서 1, 2, 3 …이 놓여져 있다. 그러나 전화를 걸기위한 다이얼 자판은 아래 가운데에 0이 있고 상단 좌측부터 1, 2, 3 …이 차례대로 내려오는 배열로 되어 있다.

어포던스(Affordance)

어포던스(Affordance)는 인간의 지각 프로세서를 생태학적 접근법으로 해석한 관점이다. 어떤 행동을 유도하도록 하는 것으로 사용자가 환경 또는 사물과의 상호작용성을 발견하거나 자연스럽게 지각할 수 있도록 해주는 사물의 속성과 자질을 말한다. 예를 들어 윗면이 평평하고 긴 형태의 바위를 보게 되면 그곳에 앉을 수 있다는 것을 지각을 갖게 되는 것이고 그 바위는 앉는 것을 허용한다는 의미가 된다. 이러한 어포던스의 개념을 처음 제시한 인지심리학자 깁슨(James J. Gibson)은 인간을 둘러싸고 있는 환경이 제공해주고 자극하는 모든 것이라 정의하였다.[5]

자연과 환경에 초점을 맞추어진 깁슨의 어포던스 이론은 1988년 노먼(D.A. Norman)에 의해 디자인에 적용하게 되었다. 노먼의 어포던스 이론은 대상의 기능적 특성으로 정의하여 사용자 중심적인 디자인에 집중함으로써 디자인 분야에서 중요한 개념으로 자리잡게 되어 '어포던스'라는 용어는 디자인 분야에서 '인지할 수 있는 것'이라는 의미로 사용하기 시작했다.[6] 2003년 허트슨(H. Rex Hartson)은 인간 중심적인 디자인 이론을 기반으로 하여 HCI(Human-Computer Interaction) 행태의 단계에서의 어포던스 이론 적용과 모형을 제시하였다. 이후 2011년 노먼은 그의 저서 〈심플은 정답은 아니다(Living with Complexity)〉에서 과거 〈디자인과 인간 심리(The Design of Everyday Things)〉 저서에서 언급했던 어포던스의 초기 개념에 대해 정정을 가했다. 기표를 디자인 용어로 인지된 '어포던스'라 했던 것을 실수라 칭하고 어포던스는 어떤 형태나 이미지가 행위를 유도하는 힘으로 기표와는 다르다고 하였다. 기표가 반드시 어포던스가 될 수는 없으나 어포던스는 자체가 기표가 될 수도 있다는 것이다. 이와 같이 현재 어포던스에 의한 개념은 지속적으로 논의되고 새로운 디자인 형식에 따라 새로운 이론들이 정립되고 있다. UX 디자인에서 중요한 요소로 자리잡고 있기 때문에 사용자가 적절한 행동을 할 수 있도록 유도하기 위한 장치로 항상 고려해야 할 사항이다.

예를 들어 사람들은 볼록 나온 버튼 모양을 보면 무엇이든지 누르고 싶은 요구가 생긴다. 그렇기 때문에 볼록 나온 버튼 모양은 자연스럽게 손가락으로 누르게 행동을 유도한다. 오른쪽 그림에 있는 호스 손잡이는 엄지손가락을 제외한 4개의 손가락이 손잡이를 잡으면 딱 사이즈와 형태가 맞게끔 디자인이 되어 있다. 설명서를 읽거나 누구에게 물어보지 않아도 내 손 모양과 딱 들어맞는 형태를 보고 자연스럽게 손잡이를 잡게 되는 행동을 유도하게 되는 것이다.

---

5) 이정민, "상호작용 공간의 행태적 참여 어포던스(Affordance) 속성에 관한 연구", 홍익대학교 대학원 박사학위논문, 2007, p.56.

6) Donald A. Norman, *Living with Complexity*, MIT Press, 2010, pp.89-90.

최근 UX 디자인에서는 인터랙션을 동반하는 디자인이 증가하면서 본래 인간과 컴퓨터 사이의 효과적인 인터페이스 구현을 목적으로 하는 HCI(Human-Computer Interface) 분야가 주목받고 있다. 허트슨은 이러한 HCI를 기반으로 하여 어포던스 이론과 인터랙션 사이클(Interaction Cycle) 모형을 제안하였다. 허트슨은 사용자가 도구에 대하여 느끼고(Sense), 지각하고(Perception), 인지(Cognition)하는 과정을 통해 이루어지고 서로 상호작용하는 것이라 했다.[7] 그는 노만의 어포던스 이론을 기반으로 자신만의 4가지 어포던스 유형 – 인지적 어포던스(Cognitive Affordance), 물리적 어포던스(Physical Affordance), 감각적 어포던스(Sensory Affordance), 기능적 어포던스(Functional Affordance)를 제시하였다.

허트슨의 어포던스 종류

어포던스 유형	설명	사례
인지적 어포던스 (Cognitive Affordance)	사용자가 알 수 있게 해주는 디자인	사용자가 버튼을 클릭했을 때 어떤 일이 발생하는지 알아채게 도와주는 버튼 레이블
물리적 어포던스 (Physical Affordance)	사용자가 인터페이스상에서 신체적 행동을 하게 도와주는 디자인	사용자가 정확하게 버튼을 클릭할 수 있을 만큼 충분히 큰 버튼 디자인
감각적 어포던스 (Sensory Affordance)	사용자가 느끼게 해주는 디자인	쉽게 읽을 수 있도록 큰 사이즈의 레이블 글씨
기능적 어포던스 (Functional Affordance)	사용자가 일을 성취할 수 있게 해주는 디자인	일련의 숫자를 정렬하기 위한 내부 시스템 기능 디자인

7) 이태연 · 이승훈, "어포던스 이론의 본질과 디자인적용에 관한 연구", 한국공간디자인학회 논문집 제5권 제4호 통권14호, 2011, p.73.

인지적 어포던스(Cognitive Affordance) 인지적 어포던스는 사용자가 알아채게 해주는 디자인으로 버튼에 레이블을 달아서 사용자가 버튼을 눌렀을 때 어떤 기능이 발생하는지를 인지하게 해준다. 사용자가 길거리를 지나가다가 자신의 모습이 카메라에 비추어 보인다든지, 키오스크 형태의 설치물에 아이콘이 있어 터치하면 무엇인가가 발생할 수 있다는 것을 알 수 있게 해주는 것이다.

예를 들어 버스 정류장에 설치되어 있는 'Bring The Billboard to Life'는 심폐소생술의 중요성을 알리는 캐나다 공익 광고이다. 빌보드에 표현된 이미지는 죽어가는 환자가 누워 있고 가슴 위에 사람의 손 모양 그래픽이 실제 사이즈로 그려져 있다. 손 모양에 행인이 직접 손을 대면 심장박동수를 나타내는 그래프를 통해 살아나는 것을 볼 수 있다. 이 버스 쉘터의 인터랙티브 옥외 광고는 간단한 실시간 인터랙션이 구현되지만, 쉽게 사람들을 직관적으로 참여하도록 유도하고 감성적인 체험을 가능하게 한다. 이 인터랙티브 광고는 환자의 가슴 위치에 실제 사람의 손 크기와 형태를 표시하여 일반 사람들이 바로 자신의 손바닥을 그 사인에 맞추어 댈 수 있도록 디자인되었다. 그리고 이 손 모양에 손을 올리면 마치 자신이 심폐소생술을 하는 행동과 비슷한 것을 인지할 수 있다. 이것은 사용자가 손을 올리면 이미지의 환자에 대해 어떤 반응이 일어날 것에 대한 알게 해주는 인지적 어포던스이다.

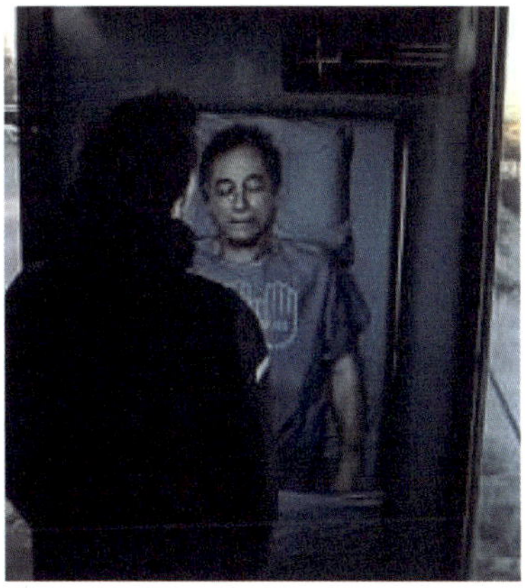

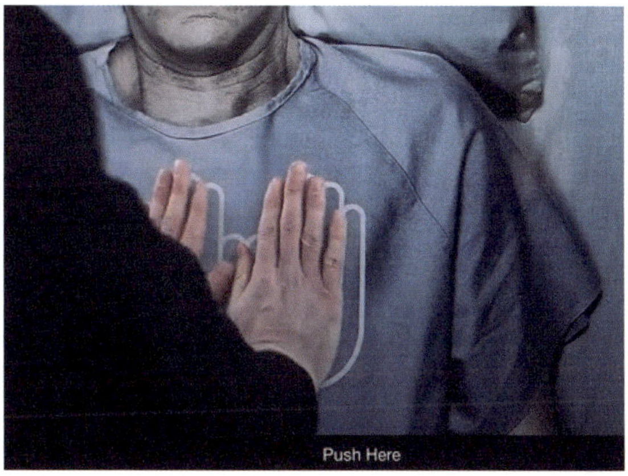

또 다른 예로 쉐보레 소닉은 2012년 신형 'Chevy Sonic'의 프로모션을 위해서 프로젝션 맵핑을 활용한 게임 형식의 인터랙티브 옥외 광고를 제작하였다. 호텔 건물 외벽에 프로젝션 맵핑을 활용한 거대한 동영상에서는 뽑기 게임의 기계의 모습이 연출되고 맞은편에서 이를 볼 수 있는 특정 장소에 대형 조이스틱이 설치되어 있어 소비자들이 직접 게임에 참여할 수 있도록 구현되었다. 참여자는 버튼과 페달로 구성된 조이스틱을 움직여서 프로젝션 맵핑의 3D 영상을 보며 Chevy Sonic을 꺼내는 게임을 즐길 수 있고, 점수에 따라 상품이 증정되었다.

이것은 대중들에게 잘 알려져 있는 뽑기 게임과 같은 형식으로 디자인되어 조이스틱을 움직이면 영상 속 가상의 물건을 꺼낼 수 있다는 것을 인지하고 직접 참여할 수 있다. 게임 기계와 똑같은 비주얼로 표현된 영상이나 대형 조이스틱은 직관적으로 인터랙션에 참여할 수 있도록 유도해주는 인지적 어포던스이다.

물리적 어포던스(Physical Affordance) 물리적 어포던스는 사용자가 인터랙티브 옥외 광고에 참여하는 접점에서 신체적 행동을 자연스럽게 할 수 있게 도와주는 것이다. 모바일에 있는 키보드가 내 손가락으로 누를 수 있을 만큼을 물리적 사이즈로 디자인되어야 한다. 또는 물리적 공간 안에 투영되는 상품의 이미지를 보고 내가 잡거나 터치하는 데 있어서 내 손에 들어와서 잡을 수 있는 사이즈라는 생각이 자연스럽게 들도록 충분한 사이즈로 제작된다.

아디다스에서 만든 축구를 활용한 이미지의 광고는 일반적인 옥외 광고처럼 건물 외관이나 무대가 아닌 공공장소의 바닥에 투영되는 인터랙티브 영상이다. 천장에서 프로젝터를 활용하여 아래로 영상을 투영하고, 센서에 의해 사람들의 위치를 감지하여 공의 움직임이 실시간으로 구현된다. 지나가던 행인들이 바닥에 보여지는 소형 축구장 형태의 이미지 위에 놓여 있는 축구공을 보고 실제 공을 차듯이 영상의 공을 차서 움직일 수 있다. 다른 사람들과도 축구 경기를 하듯이 공을 움직여 골대를 향해 공을 넣을 수도 있다. 이 광고에서 디자인된 축구공은 실제 공의 사이즈만하기 때문에 사람들은 공을 보는 순간 차고 싶은 욕구를 느낀다. 실제 사이즈와 비슷한 충분한 크기의 사이즈이기 때문에 자연스럽게 다가와 축구공을 골대를 향해 쏜다. 다시 말해, 사람들로 하여금 반사적으로 공을 발로 차는 행위를 유도하게끔 디자인되어 있다. 축구공 사이즈뿐만 아니라 벽이 아닌 바닥이라는 공간에 영상을 투영하여 축구경기장 형태를 보여주기 때문에 사람들의 손이 아닌 걸어가던 발로 공을 차게 되는 직관적인 행동을 보여주게 된다. 이것이 바로 물리적 어포던스로 사용자의 참여를 유도하고 있는 사례라 할 수 있다.

CGV 영화관 내 로비에 설치되어 있는 'Stikus Wall'은 대형 멀티 터치 스크린에 의한 인터랙티브 옥외 광고 플랫폼이다. '붙이다(Stikus)'와 '우리(Us)'의 합성어로 만들어진 스티커스(Stikus)라는 타이틀과 같이 일반 사람들의 사진들이 화면 가득 붙어 있다. 초대형 스크린 안에는 영화 관련 광고 영상과 이미지가 보여지고, 중앙 부분 벽면에 설치된 터치 스크린에서는 카메라에 비추어진 자신의 모습이 실시간으로 나타날뿐만 아니라 촬영이 가능하다. 촬영한 사진들은 사용자가 직접 드래그하여 실시간으로 화면에 디스플레이하거나 모바일로 전송할 수 있다. 이 과정 속에서 가장 중요한 사용자의 사진 촬영은 초대형 스크린에 걸려있는 듯한 다른 사람들의 사진들에 대한 호기심과 자신의 모습이 비추어진 터치 스크린의 화면에서부터 시작된다. 지나가던 행인은 이러한 비주얼을 보고 광고 플랫폼에 다가와 참여의 욕구를 가지게 된다. 터치 스크린은 사람들이 편하게 다가갈 수 있는 눈높이에 자신의 손이 쉽게 뻗어 닿을 수 있는 벽면형으로 설치가 되어 있고, 화면에는 사진 촬영 버튼, 모바일 번호 키보드 등의 아이콘과 UI가 누구나 쉽게 이해할 수 있도록 디자인되어 있다. 이러한 물리적 어포던스 요소들은 사용자가 촬영을 하는 행위를 하도록 자연스럽게 유도하고 흥미와 재미를 느낄 수 있도록 해주는 역할을 하고 있다.

감각적 어포던스(Sensory Affordance) 감각적 어포던스는 사용자가 오감을 직접 느낄 수 있게 하는 것으로 인터랙티브 옥외 광고에서는 그 감각 또한 사운드, 영상, 버튼 시스템 등 다양한 방법으로 참여를 유도하고 있다. 또한 한 가지 요소가 아니라 융복합적인 감각 요소를 공감각적으로 제공할 수 있기 때문에 실재감이 증가하고 몰입할 수 있는 정도를 높일 수 있다.

대형 전광판이 즐비한 뉴욕 타임스퀘어에 패션 브랜드인 'Forever21'이 증강현실을 활용한 인터랙티브 실시간 영상 광고로 인기를 끌었다. 이 인터랙티브 광고는 타임스퀘어 한복판에 많은 사람들이 볼 수 있는 건물 외부에 대형 영상 전광판으로 설치가 되어 있고 전광판 아래 특정 지역이 카메라로 비추어 사람들의 모습이 실시간 영상으로 보인다. 실시간으로 보이는 영상과 미리 제작한 유명 연예인의 영상이 합성되어 마치 실시간으로 보이는 대중들이 광고 영상 주인공이 폴라로이드 사진을 촬영하는 것처럼 합성되어 보여진다. 이 전광판 아래 지나가던 사람들은 자신들의 모습이 대형 광고판에 실시간으로 보이는 모습에 관심과 호기심을 가지게 되고, 미리 계획된 광고 주인공이 촬영하는 폴라로이드 사진에 자신의 모습이 찍히는 것을 발견하게 되면 기쁨을 감추지 못한다. 패션 브랜드 광고임에도 불구하고 패션과 관련된 영상이나 이미지를 보여주는 것이 아니라, 매장 건물에 브랜드 네임과 함께 대중의 호기심과 인기를 끌 수 있는 재미있는 요소로 어필하여 사람들의 대단한 호응을 얻었다. 이 광고에서 사람들은 대형 스크린에서 실시간으로 보여지는 자신의 모습을 발견하고 손을 흔들거나 폴라로이드 사진 안에 들어가기 위해 자신의 위치를 바꾸거나 하는 참여 행위를 한다. 여기에서 스크린의 사이즈나 실시간으로 사람들의 모습을 보여주는 디자인은 감각적 어포던스라 할 수 있다. 대형 스크린이 설치되어 있는 위치나 물리적인 사이즈, 그리고 실시간으로 상영되는 영상은 스쳐 지나갈 수 있는 불특정 다수의 사용자의 시선을 끌어 광고 안으로 참여할 수 있도록 끌어들이는 유도 장치가 될 수 있다.

'Big in Japan'은 TV 채널의 리얼리티 쇼를 프로모션하기 위해 만들어진 인터랙티브 빌보드이다. 열광적인 일본 팬들의 모습이 담겨진 빌보드 이미지 앞쪽을 지나가면 모션 센서에 의해 팬들의 함성이 사운드로 나오고 마치 사진을 촬영하듯이 플래시가 터진다. 이 광고에서는 소리 지르는 함성과 반짝이는 플래시로 인해 모르고 지나치던 행인의 관심을 빌보드 광고쪽으로 붙잡을 수 있게 된다. 인터랙티브 옥외 광고에서는 특정 공간 안에 들어온 사람들에게 청각이나 시각적인 반응으로 눈길을 끌 수 있는 어포던스 디자인이 가능하다. 감각적 어포던스는 이와 같이 사용자의 모션을 감지하여 나타나는 소리나 비주얼로 인해 광고에 주목하고 자연스럽게 참여하게 유도할 수 있다. 이러한 유도에 의한 사용자와 고객의 참여는 실재감과 몰입감이 증가하게 되어 마치 자신이 스타가 된 듯한 착각의 경험을 하게 된다.

기능적 어포던스(Functional Affordance) 사용자가 제작자의 의도적인 어떠한 일을 자연스럽게 수행할 수 있도록 유도하는 어포던스이다. 일반적으로 사용자들이 가지고 있는 지각 프로세스나 경험 등을 바탕으로 키오스크의 카메라 아이콘을 보고 사진을 촬영하고 포즈를 취하는 행동까지 메시지 전달을 위한 기능 등을 복잡한 설명 없이 직관적으로 참여할 수 있도록 유도하는 어포던스이다.

맥도날드의 커피 광고를 위한 인터랙티브 게임 퍼즐 형태이다. 전 세계 누구나 해봤을 법한 그림 맞추기 퍼즐 형태를 빌보드로 가져왔다. 지나가던 행인이 터치로 스크린의 광고 모델 얼굴 이미지를 맞추어 볼 수 있도록 한다. 비어 있는 칸의 뒷배경 이미지는 맥도날드 로고가 들

맥도날드의 "Sort Your Head Out"

어가 있고, 남녀노소 누구나 재미있게 즐기면서 광고를 자연스럽게 접하게 된다. 그림 조각들이 섞여 있는 이미지를 보면 누구나 그림 맞추기 퍼즐임을 알 수 있고 빌보드로 다가가 그림 조각을 움직여보고 싶은 충동을 느낀다. 퍼즐 게임의 형태이기 때문에 그림을 끝까지 완수하고 싶게끔 만들고, 흥미와 재미를 느끼면서 끝까지 일을 수행할 수 있도록 한다. 이러한 형태의 디자인은 사용자로 하여금 그림 맞추기라는 퍼즐 과제를 수행할 수 있도록 이끈다. 이러한 어포던스는 기능적인 유형이라 할 수 있다. 인터랙션에 참여하면서 사용자는 계속적으로 특정 브랜드에 노출이 되고 재미를 느끼면서 광고 효과를 극대화하게 된다.

아식스의 광고 'Run with Ryan'은 뉴욕의 콜럼버스 서클 지하철역에 설치된 인터랙티브 광고이다. 긴 벽을 따라 스크린이 설치되어 있고, 행인이 한쪽 사이드에 위치를 잡으면 스크린에서 카운트다운이 시작된다. 시작과 동시에 마라톤 선수인 리안 홀(Ryan Hall)이 뛰는 장면이 영상으로 나온다. 준비하고 있던 행인은 스크린 영상의 리안과 함께 달리기 경주를 하며

아식스의 "Run with Ryan"

긴 스크린 벽을 따라 뛰어갈 수 있다. 이 광고가 설치된 긴 벽의 영상은 달리기 경주를 하는 트랙으로 카운트다운과 마라톤 선수의 등장으로 사람들은 경쟁하며 달리기를 실제로 끝까지 행한다. 이러한 디자인과 기획은 사용자에게 경주를 하는 일을 처음부터 끝까지 완수할 수 있도록 이끌어주는 것으로 기능적 어포던스라 할 수 있다.

참여 유도

인터랙션을 기획하는 데 있어서 가장 중요한 요소는 사용자 '참여'이다. 컴퓨터를 기반으로 한 기계 시스템은 더욱 고도화되고 복잡해지고 있으나 사용자에게는 보다 쉽고 직관적인 인터페이스가 요구되어 효율적으로 사용할 수 있도록 하는데 인터랙션의 근본적인 목표라 할 수 있다. 사용자가 시스템을 사용하지 못하면 결국 아무리 좋은 시스템도 무용지물이 되기 때문에 사용자가 인터페이스에 개입하여 인터랙션 과정을 겪음으로써 시스템의 효용 가치가 높아진다. 따라서 사용자가 경험하는 인터랙션 과정을 '참여(Participation)'적 관점에서 살펴보고자 한다.

참여의 정의

일반적인 참여(Participation)의 정의는 어떤 지역 사회나 조직에 영향력을 행사할 수 있는 결정(Decision)과 연계되어 있는 활동이다. 사전적인 의미에서 참여는 사람, 물건 또는 성질에 대한 속성의 일부를 소유하는 것이다.[8] 한 부분을 차지한다는 의미로, 즉 어떤 것을 공유한다는 것과 같다. 인간-기계 또는 인간-컴퓨터 시스템에서의 사용자 참여는 여기서 형성되는 인터페이스를 공유하고 인터랙션 과정에 속하는 것이라 할 수 있다. 사용자의 참여는 태도, 주의, 제약, 행태 등이 복잡하게 얽혀 나타나는 특정 행동이다. 케빈(Kevin F. McCarthy)과 킴벌리(Kimberly J. Jinnett)는 예술이라는 대상에 대한 참여 과정을 정황(Background), 지각(Perceptual), 실행(Practical), 경험(Experience)의 4가지 단계 참여 모델을 설명하였다.[9]

첫 번째 단계인 배경(Background)은 사용자가 가지고 있는 잠재적인 배경으로 사회 인구학적 또는 사회문화적 요소, 개인적 요소, 과거 경험 등에 의해 내재된 것이다. 두 번째 단계

8) http://www.merriam-webster.com(Merriam-Webster Online Dictionary)

9) Kevin F. McCarthy, Kimberly J. Jinnett, *A New Framework for Building Participation in the Arts* (RAND Corporation, 2001).

는 사용자가 가지고 있는 배경을 바탕으로 조성된 개인적 성향과 사회적 관념에 의한 인식 등으로 대상에 대한 태도가 형성되는 지각(Perceptual)의 단계이다. 세 번째는 지각되고 인지된 태도에 의해 의도를 갖고 참여를 결정하는 실행(Practical) 단계를 거친다. 네 번째 단계는 실제 참여에 의한 경험(Experience)의 단계로 긍정적 또는 부정적 반응을 이끌어낸다. 이 반응은 다시 개인적 지각의 단계로 피드백이 되어 개별적으로 갖게 되는 기대(Expectation)에 영향을 주어 이 경험 단계를 겪기 전에 가지고 있던 지각의 요인을 변화시킬 수 있다.

케빈과 킴벌리가 세운 참여 모델을 인간-기계 시스템의 인터페이스의 관점에서 재정립하고자 한다. 기본적인 4단계의 흐름에 앞장에서 고찰한 인간의 정보 처리 단계와 개념 모델을 기반으로 감각적・물리적 인터페이스를 고려하였다. 인간의 감각 요소를 참여 요소로 부가하여 사용자 참여 모델을 재설정하였다.

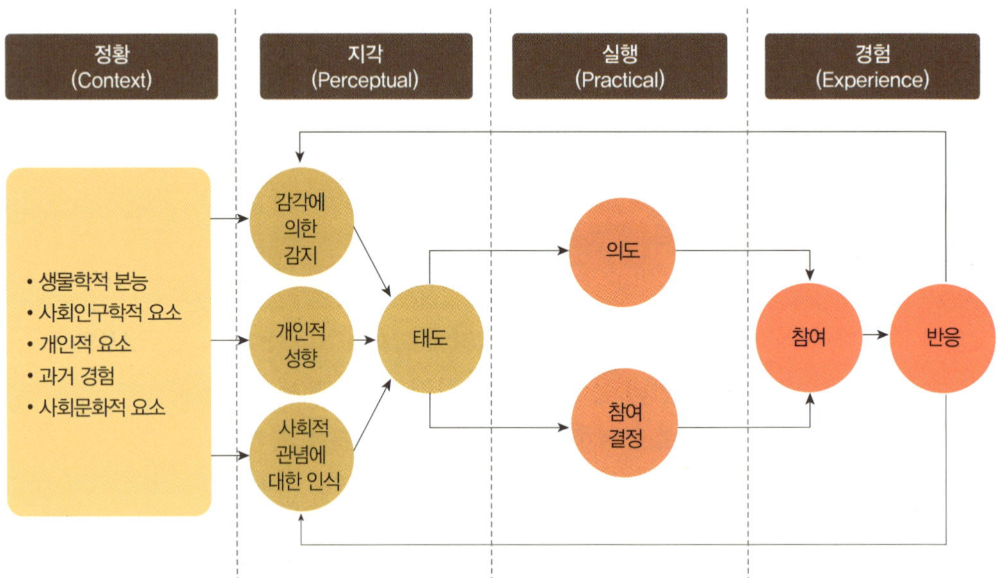

첫 번째 단계인 배경을 정황(Context)의 단계로 개념을 구체화하여 인간이 가지고 있는 생물학적 본능을 추가하였다. 멘탈 개념으로 이미 가지고 있는 사회문화적 요소와 경험적 요소 이외에 생물학적으로 가지고 있는 본능이 있다. 예를 들어 소리를 들으면 항상 열려 있는 귀에 의해 본능적으로 소리가 나는 방향을 쳐다보거나 날아오는 공을 보면 반사적으로 눈을 감고 몸이 움츠려 들게 된다. 또한 개인에 따라 감각의 예민도가 다르게 발달되어 있어 신체적 측면에서도 개인차가 있다. 따라서 두 번째 단계인 지각의 단계에서는 본래 모델에서 언급한 사회적 관념에 의한 의식과 개인적 성향 이외에 인간의 오감에 의한 감지가 정보를 인식하는 요인이 되기도 한다. 감각까지 더해진 태도가 세 번째 단계에서 참여 여부를 결정하게 되고 네 번째 단계에서 참여가 이루어지면 반응하고 다시 지각 단계로 영향을 주게 된다.

이러한 사용자 참여 모델에서 주목해야 할 개념이 있다. 첫째, 사용자 참여 모델에서 가장 중요한 단계는 실제로 이루어지는 실행 단계이며 핵심적인 부분이 의사결정(Decision Making) 요소이다. 참여라는 개념에는 사용자의 의도와 결정이 따르고 이것은 곧 사용자의 만족도와 관계를 갖는다.[10] 의사결정은 몇 가지 대안 중에서 선택(Selection)하는 것으로 목적을 이루기 위해 주최자는 가장 좋은 것을 선택하려고 노력하고 행동한다. 둘째, 마지막 단계에서 주목해야 할 부분은 반응에 대한 지각 단계로의 피드백이다. 사용자의 입장에서 결정된 참여가 긍정적인 반응으로 나타나면 방금 이루어진 인터랙션에 대해 만족감을 갖게 되고 지각의 단계로 피드백되어 다음 인터랙션에 대한 기대감을 높이게 된다. 그러나 그 경험이 부정적인 반응으로 도출되면 사용자는 지각의 단계에서 그 다음 인터랙션에 대한 기대감이 감소하기 때문에 지속적인 인터랙션이 어렵다. 결과적으로 참여가 더 이상 성립되지 않거나, 그 다음 인터랙션으로 연계되지 않는다. 그러므로 참여를 결정하고 지속으로 이끌기 위해서는 참여가 이루어지는 각 단계별 요소들을 파악하여 시스템을 디자인하고 인터페이스를 설계해서 결국 사용자의 만족도를 높이는 것이 중요하다.

사용자 참여에 의한 만족도

이와 같은 욕구를 실현하고 충족하면서 인간은 만족감을 느끼고 시대가 발달할수록 상위개념의 욕구에 대한 실천 의지가 강해진다. 삶의 여유가 생기고 산업의 발전으로 경제적으로 안정이 되면서 타인과의 관계와 자기 자신에 대한 개성과 욕구 충족이 증가하고 있다. 앞서 언급한 참여에서 나타나는 과정 속에서의 의사결정(Decision Making)과 반응을 수반하는 경험은 매슬로우의 욕구 이론에서 자신의 자아실현과 정체성을 충족하여 얻는 만족감, 즉 참여의 가치라 해석할 수 있다.[11] 이것은 다시 말해 참여하는 행동은 사용자에게 최상위의 욕구를 해결하고 만족감을 극대화시켜 시스템의 가치를 높일 수 있는 효과적인 방법이다.

---

10) Florence K. Muindi, "The Relationship between Participation in Decision Making and Job Satisfaction among Academic Staff in the School of Business, University of Nairobi," *Journal of Human Resources Management Research*(2011).

11) 이정민 · 홍의택, "현대 공간디자인에 있어 사용자 참여디자인의 의의와 유형에 관한 연구", 한국실내디자인학회논문집 제15권 제6호 통권59호(2006. 12).

참여 단계 유형

전통적 방식의 참여 단계 유형

'참여(Participation)'는 오래전부터 작업자, 시민 참여, 정부 에이전트, 지역 주민 등의 여러 분야에서 접근해 온 개념이다. 최근에는 온라인과 소셜 미디어의 커뮤니케이션 영역에 이르기까지 연구의 대상이 되고 있다. 다양한 관점에서 바라보고 시대에 따라 계속 새로운 시야로 연구되고 있지만 공유(Sharing)와 의사결정(Decision Making)이라는 문맥은 지속적으로 이어지고 있다.

셰리(Sherry R. Arnstein)의 시민 참여 사다리(Ladder of Citizen Participation) 1960년대에는 주로 정치적 관점에서 시민참여에 초점을 맞춘 참여에 대한 관심이 높았다. 1969년 셰리(Sherry R. Arnstein)는 '시민참여 사다리' 이론을 정립하여 시민의 참여의 정도에 따라 단계별 유형을 8가지로 분류하였다. 하위 단계인 조작(Manipulation)에서부터 치유(Therapy), 정보제공(Informing), 의견조사(Consultation), 회유(Placation), 공동협력(Partnership), 권한위임(Delegated Power), 시민통제(Citizen Control)의 상위 단계까지 사다리와 같은 형태로 아래 그림과 같이 나열하였다. 조작과 치유는 정보제공은 비참여(NonParticipation)에 속하고 회유, 공동협력, 권한위임은 형식적 참여(Tokenism)의 단계로 분류하고, 권한위임과 시민통

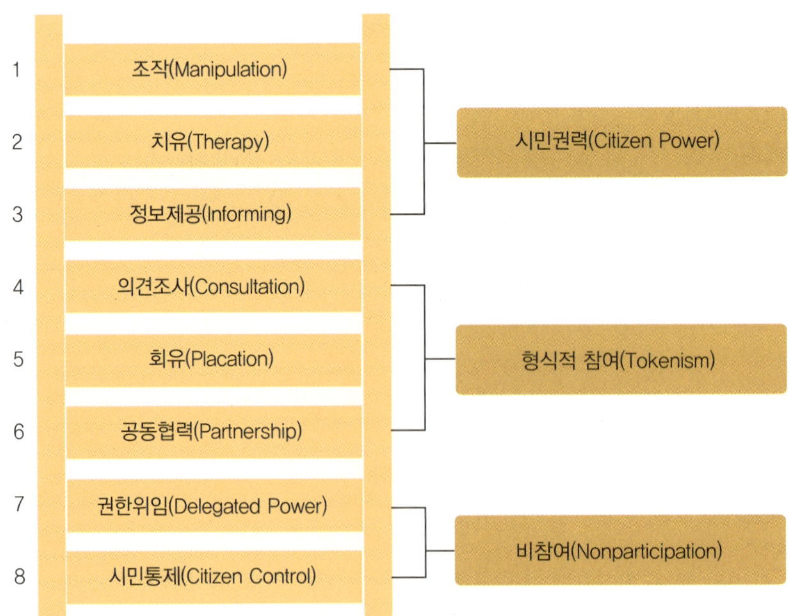

제는 시민권력(Citizen Power)으로 다시 그룹핑하였다.[12] 이후에 나온 여타 다른 분야의 참여 이론에도 단계별 개념으로 사용된 '사다리(Ladder)' 용어를 활용한 새로운 참여 단계 이론들이 재정립되었다.

줄스 프레티(Jules Pretty)의 참여 유형(Typology of Participation) 1995년 줄스 프레티(Jules Pretty)는 셰리보다 더 사용자적 입장에서 7가지 참여 유형을 말했다.[13] 최 하단에는 형식적으로 참여하는 척만 하는 조작된 참여(Manipulative Participation)가 있다. '시민 참여 사다리' 유형에서 하단에 있던 '비참여'라는 부정적인 의미의 참여 형식 표현을 수동적 참여(Passive Participation)로 변경하였다. 상담에 의한 참여(Participation by Consultation), 물질적 제공에 의한 참여(Participation for Material Incentives)가 있고 효과적으로 목적을 달성하기 위한 기능적 참여(Functional Participation)가 있다. 그리고 인터랙티브 참여(Interactive Participation)는 과정을 학습하는 의미를 내포하고 있고 가장 적극적인 참여는 자발적 동원(Self-Mobilization)이 있다.[14]

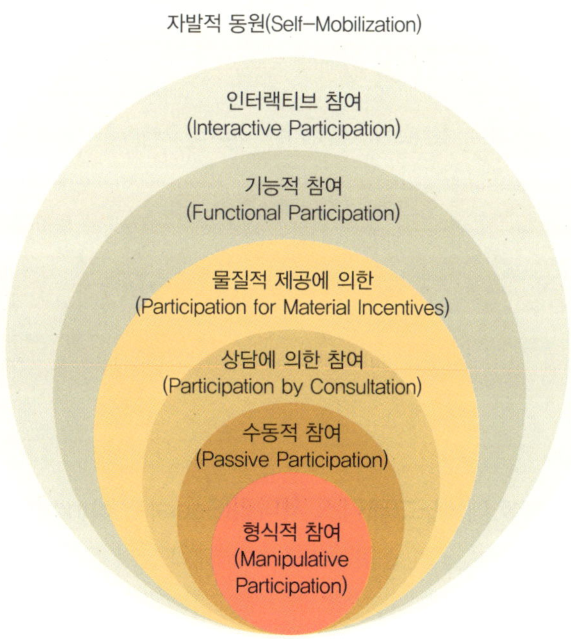

12) Sherry R. Arnstein, "A Ladder of Citizen Participation", *JAIP*, Vol.35, No.4(1969. 7).

13) Andrea cornwall, "Unpacking 'Participation': models, meanings and practices", Oxford University Press and Community development Journal, Advance Access Publication(2008).

14) Robert Chambers, Ideas for Development(Routledge, 2005).

디지털 방식의 참여 단계 유형

스티브(Steve Carver)의 e-참여(e-Participation) 2001년에는 스티브(Steve Carver)가 전통적인 참여 방식으로부터 디지털 시대의 흐름에 맞추어 온라인에서 이루어지는 새로운 사용자 참여 사다리 이론을 정립하였다.[15] 최하위에 있는 단계는 온라인 서비스 전달(Online Service Delivery)로 정보를 일방향으로 접근할 수 있는 참여 단계이다. 커뮤니케이션 장벽(Communication Barrier)은 온라인 커뮤니케이션의 특성상 서로 불특정 다수를 대상으로 하기 때문에 참여에 접근하는데 장벽이 생길 수 있다는 것을 의미한다. 온라인 협의(Online Consultation)는 의견이 결정된다는 보장은 없이 의논되는 단계이다. 온라인 의견 조사(Online Opinion Surveys) 단계는 사용자가 조사에 응해서 의견을 피력하는 참여이다. 마지막으로 온라인 결정 지원 시스템(Online Decision Support Systems)은 사용자의 힘이 가장 큰 단계로 의견을 결정할 수 있는 지원 시스템을 통한 상위 단계이다.[16] 스티브의 참여 이론은 쌍방향의 커뮤니케이션 관점에서 새로운 해석이며 커뮤니케이션 장벽이라는 온라인 특성을 적용한 모델이라 할 수 있다.

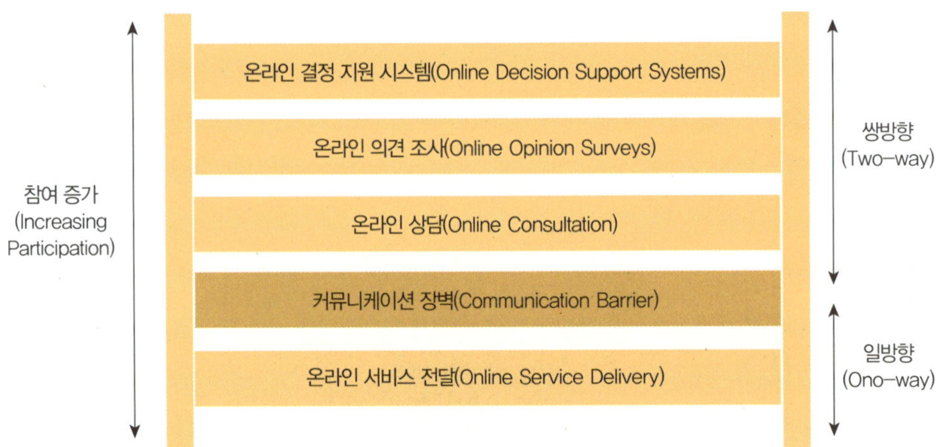

포레스트(Forrest)의 소셜 테크노그래픽스 사다리(Social Technographics Ladder)
2006년 포레스터 리서치(Forrest Research, Inc) 회사에서 미국 온라인 소셜 컴퓨팅에 관련한

15) Steve Carver, "The Future of Participatory Approaches Using Geographic Information: developing a research agenda for the 21st Century", Position paper prepared for ESF-NSF Meeting on Access and Participatory Approaches in Using Geographic Information(2001)

16) Steve Carver, "Participation and Geographical Information: a position paper", Position paper for the ESF-NSF Workshop on Access and to Geographic Information and Participatory Approaches Using Geographic Information(2001).

사용자 행태를 6단계로 분류하였다.[17] 이후 2010년 조쉬(Josh Bernoff)가 최근 급변하는 소셜 네트워크의 변화상을 반영하여 대화자(Conversationalists)를 추가하여 최종 7단계로 분류하였다.[18] 창조자(Creator)는 온라인에서 블로그나 웹페이지 등을 제작하고 운영·관리 등을 하는 가장 적극적인 최상위 참여 단계이다. 대화자(Conversationalist)는 제작은 하지 않아도 소셜 네트워크나 트위터 등에 자신의 상태를 업데이트하거나 포스팅을 하는 행위를 한다. 비평가(Critics)는 온라인상의 글이나 블로그에 평가나 댓글 등을 포스팅하고 수집가(Collectors)는 온라인상의 정보를 수집하고 온라인 투표, 사진 태그 등의 참여를 한다. 가입자(Joiners)는 온라인의 특정 그룹에 가입하여 프로필을 게시하거나 다른 소셜 네트워크를 방문하는 정도의 참여 단계이다. 관찰자(Spectators)는 타인이 게시한 비디오, 음악, 블로그, 트윗 등 온라인 소셜 활동을 보거나 읽기만 하는 소극적인 양상을 보인다. 최하위 단계인 비행동가(Inactives)는 온라인상에서 아무런 활동을 하지 않는 사람이다.

'소셜 테크노그래픽스 사다리' 이론은 참여의 개념을 최근 디지털과 가상 세계의 소셜 네트워크상에서의 새롭게 분류했다는 것에 의의가 있다. 그리고 실제 미국 성인을 대상 4,775명을

17) Charlene Li, "Social Technographics, Mapping Participation In Activities Forms The Foundation Of A Social Strategy", Forrest Research(2007).

18) Josh Bernoff, "Introducing The New Social Technographics", Forrester(2010).

대상으로 조사한 데이터를 기반으로 세운 단계로 다른 국가와 차이점이 있을 수 있으나 실질적인 참여 형태를 보여주고 있다.

해리스(Harris)의 소셜 웹 사다리(Social Web Ladder) 위에 설명한 '소셜 테크노그래픽스 사다리'의 약점을 보완하여 2011년에 해리스(Harris) 회사에서 소셜 웹 사다리(Social Web Ladder)로 재탄생시켰다. 이 참여 단계에서의 소셜 웹은 인터넷에서의 대화와 참여 방법에 있어서의 서로 간의 인터랙션과 연결에 대한 것에 초점을 맞추고 있다.[19] 특히 참여 단계에서의 사용자 행동을 분류하기 위한 기준을 기간이나 비율로 나타내고 있다.

인터넷 비사용자(Internet Non-Users)는 아예 인터넷 자체를 사용하지 않는 사람을 말하고 비행동가(Inactives)는 인터넷은 사용하지만 소셜 웹에 참여하지 않는 사람으로 '소셜 테크노그래픽스 사다리'와 달리 웹 사용자와 소셜 웹 사용자를 구분해주고 있다. 가입자(Joiners)는

19) http://www.harrisinteractive.com/vault/HI_BCC_Sheet_SocialWebLadder.pdf (Harris Interactive, "Harris Interactive Social Web Ladder")

소셜 웹에 계정은 만들었으나 30일 이내에 로그인을 하지 않거나 그 다음 30일 이내에 사용할 계획도 없는 단계를 말한다. 잠복자(Lurkers)는 소셜 웹에 계정을 만들고 30일 이내 로그인과 같은 활동은 하지만 상태나 댓글을 달지 않는다. 또한 어떤 친구나 팔로워의 관계는 맺으나 서로 인터랙션을 하지 않는다. 코멘터(Commenters)는 친구나 팔로워(Follower)와 교류를 하면서 서로 댓글과 포스트 비율에 관심을 갖는다. 대화자(Conversationalists)는 자신의 나이, 성별, 인종, 교육, 수입 등의 평균보다 소셜 웹의 네트워크 범위가 더 확대되고 인터랙션하는 댓글과 상태 등을 최초로 게시하려고 한다. 영향력자(Influencers)는 가장 영향력 있는 참여자로 주기적으로 소셜 웹 활동을 할 뿐만 아니라 만든 게시물의 80% 이상이 30일 안에 최초 2개 이상의 반응이나 댓들이 생긴다. 또는 최소한 대화가 2주 이상의 기간이 지속되는 참여 단계를 보여준다.

인터랙티브 스페이스에서의 사용자 참여 단계 유형

본 저자는 인터랙티브 스페이스에 적용할 수 있는 참여 단계 유형을 재구성하였다. 전통적 방식의 참여관계와 디지털 방식의 참여 형태가 복합적으로 발생하고 있는 인터랙티브 스페이스에서 사용자가 인터랙션에 참여하는 유형을 단계별로 재설정한 것이다. 참여가 전혀 이루어지지 않는 단계부터 적극적인 참여 단계까지 5단계로 분류하고 'NK-I^5(I Five)'로 모델을 명명한다. 5단계 유형은 Imperception, Interest, Involvement, Immersion, Influence이며 아래 그림과 같다.

NK-I^5

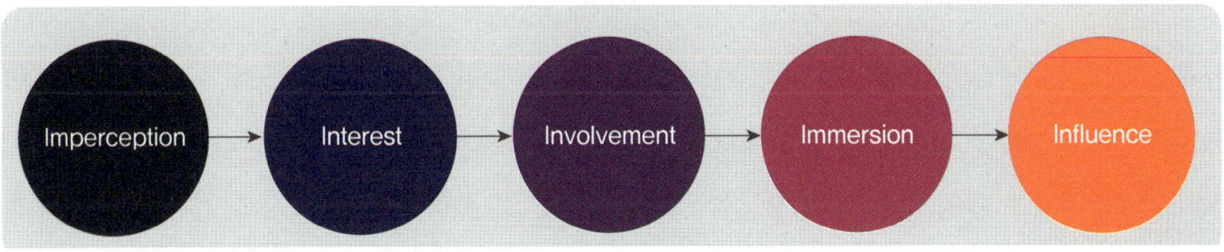

NK–I^5(I Five) 모델

Imperception 가장 첫 번째 단계의 유형으로 참여가 이루어지지 않는 선행 연구의 '비행동가(Inactive)'와 같다. 하지만 의미 해석에 있어서 인터랙티브 스페이스의 특징에 따라 자신의 의도로 참여가 이루어지지 않는 경우도 있지만 의도치 않게 참여하지 않는 경우도 있다. 인터랙티브 스페이스에 도달했더라도 사용자가 인터랙션이 있음을 감지하지 못하면 일반적인 공간으로 생각하고 지나치거나 인터랙션에 참여할지에 대한 판단의 기회를 갖지 못한다. 따라서 인터랙티브 스페이스에서 참여가 이루어지지 않는 단계는 인지를 못하는 Imperception으로 명시한다.

Interest 두 번째 단계인 Interest는 자신이 참여하는 것이 아니라 다른 사용자가 참여하는 것을 관찰하기만 하는 것이다. 관찰을 하고 인터랙션 방법을 학습하여 그 다음 상위 단계로 적극적인 참여를 이루기도 하지만, 이 경우에는 타인의 인터랙션 과정을 지켜보기만 하는 단계이다.

Involvement 세 번째 단계인 Involvement는 인터랙티브 스페이스의 영역에 들어와 인터랙션을 감지하고 참여를 시도하는 단계이다. 인터랙션 과정 안에 참여라는 형식을 띠고는 있으나, 호기심에 소극적인 움직임을 보이는 정도를 말한다. 이 단계에서 인터랙션 과정이나 방법이 어려워 사용자가 제대로 체험이 이루어지지 않으면 흥미를 잃고 더 이상의 참여를 보이지 않을 수 있다.

Immersion 네 번째 단계인 Immersion은 Involvement에 비해 인터랙션을 정확하게 인지하고 적극적으로 참여하여 인터랙티브 스페이스에 몰입하는 유형이다. 성사된 인터랙션을 반복해서 체험하기를 원하고 많은 움직임을 보이고 즉각적으로 반응한다. 최근 휴대폰의 보급률 증가로 자신의 휴대폰으로 사진이나 동영상을 촬영하는 적극적인 행동을 보이기도 한다.

Influence 다섯 번째 Influence는 사용자가 적극적인 참여를 보일뿐만 아니라 자신의 참여에 대한 정보를 타인과 공유하거나 타인의 참여 유도를 부추기기도 한다. 참여의 과정이나 인터랙티브 스페이스에 대한 정보를 같은 공간에 있는 동반자에게 직접 알리거나 가르쳐 준다. 또한 앞서 Immersion 단계에서처럼 사진이나 동영상을 촬영한 것을 타인과 공유하거나 온라인 또는 소셜 커뮤니티에 포스팅하는 경우도 있다. 이것은 본래 인터랙티스 스페이스가 가지고 있었던 목적을 달성했을 뿐만 아니라 광고와 같은 상업적인 목적의 인터랙티브 스페이스는 간접 사용자에게까지 그 영향을 미칠 수 있다. 따라서 그 참여에 의한 인터랙티브 스페이스의 효과가 극대화될 수 있는 단계이다.

(4) 재미(Fun) 요소

퍼놀로지(Funology)

퍼놀로지는 재미(fun)과 기술(technology)이라는 두 단어가 결합된 의미로 사용자가 특정 제품이나 기계와의 관계에서 일어나는 재미와 즐거움, 유희적 경험을 말한다. 전통적인 HCI(Human Computer Interaction)에서 기계에 대한 작동과 수행에 대한 것에 초점을 맞추었으나 현대의 디지털 기술은 사용자의 유희적 감성에 대한 관심이 증가하고 있다. 따라서 놀라운 기술력과 창의적 발상이 결합된 퍼놀로지는 패션, 인테리어, 전자제품 등 상업적인 곳에 집중되어 있었다. 그렇지만 공공 디자인 분야에서도 퍼놀로지 요소들이 나타나고 있으며 그 가능성과 실험성이 시도되고 있다. UX 디자인이라는 특성을 감안하여 퍼놀로지 요소를 감각적 인식에 의한 퍼놀로지 요소, 인터랙션에 의한 퍼놀로지 요소, 유희 자체를 위한 퍼놀로지 요소 측면에서 3가지 유형으로 분류할 수 있다.

감각적 인식에 의한 퍼놀로지

인간은 가장 원초적 감각에 의존하고 수용함으로써 대상으로부터 유희적 감성을 일으킨다. 기본적으로 시각과 청각을 이용할 수 있는 요소를 기반으로 한 디지털 기술에서 적극 활용할 수 있는 재미있는 콘텐츠는 이러한 감성을 위해 효과적이다. 특히 UX 디자인 중에서도 디스플레이나 키오스크와 같은 시스템에 있어서는 촉각을 기반으로 한 터치 스크린으로 사용자의 손을 이용한 감각적 수용이 크다. 첫째, 시각적 요소에는 키오스크 시스템의 물리적인 외형과 사이즈, 모니터에서 보여지는 전체적인 레이아웃과 색채, 타이포그래피, 아이콘과 이미지 등을 포함한다. 정지되어 있는 화면의 인터페이스뿐만 아니라 어떠한 정보전달이나 메시지 전달을 위한 애니메이션을 포함한 모션 역시 시각요소 중에서도 유희적 감성을 자극하는 중요한 요소로 사용되고 있다. 따라서 디지털과 소프트웨어의 발달로 다양한 이미지와 이펙트, 움직임 등의 시각적 효과가 나타나고 있다. 시각적 유희 요소는 대중의 참여를 유도하고 사용자의 감성을 극대화시키는 것으로 감각적 인식에서 가장 많은 부분을 차지한다. 둘째, 청각적 요소는 음악이나 음향, 음성 등으로 풍부한 감성과 재미적 요소를 효과적으로 부각시킬 수 있다. 키오스크 시스템에서는 사용자에 대한 정보 전달을 기본으로 하는 안내방송과 같은 음성과 더불어 사용자의 동작에 대한 반응이나 감성을 극대화하기 위한 효과음이 주로 사용되고 있다. 셋째, 터치 스크린을 주로 사용하는 키오스크 시스템에서는 촉각적 요소가 가장 직접적이면서 적극적 참여를 동반하는 퍼놀로지 요소라 할 수 있다. 마우스나 키보드와 같은 입력 방식이 아닌 사용자가 직접 자신의 피부로 기계와 접촉하여 손쉽고도 즉각적인 반응과 인식에 의해 풍부한 공감각적 감성을 느끼게 해준다.

인터랙션(interaction)에 의한 퍼놀로지

사용자에게 유희적 감성을 얻게 해주는 경험에는 새로움이나 생생함과 같은 요소를 포함한다.[20] 인터랙션은 사용자에게 현재 동작하고 참여하고 있는 행동에 대해 반응을 보여주고 피드백을 제공함으로써 계속적인 새로운 데이터와 정보를 전달하고 생생함을 느끼게 해준다. 또한 인간은 신체적 행위 또는 작용에 대해서도 유희적 감성을 얻는다. 터치 스크린 방식은 인터랙션을 전제로 하고 있으며 기술의 발전에 따른 다양한 인터랙션 동작 방식은 사용자로 하여금 지루하지 않고 즐거운 경험을 갖게 해주며 계속적인 참여를 유도할 수 있다. 터치스크린 기술은 마우스나 키보드와 같은 별도의 입력장치를 필요로 하지 않기 때문에 손으로 화면을 누르면 즉각적으로 반응함으로써 사용자와의 상호작용을 강화하고 즐거움과 호기심을 유발한다.[21]

유희 자체를 위한 퍼놀로지

인간은 엔터테인먼트적인 콘텐츠 자체를 통해 재미를 느끼거나 즐거운 경험을 한다. 콘텐츠에서 보여주는 감각적 요소, 이야기, 놀이 등을 통해 이루어진다. 유희 자체를 위해 제작된 영상, 이미지, 게임, 카메라 촬영, 편지나 메모 쓰기 등의 콘텐츠는 필수적인 정보전달 요소가 아닌 사용자의 문화적·감성적 욕구를 충족시켜 주기 위한 수단이다. UX 시스템이 단순한 기계가 아닌 사용자와 재미를 기반으로 상호작용하는 도구로서의 기능이 강화되어 사용자의 호기심을 유발하고 지속 가능한 공공 디자인으로서의 역할도 확대된다. 그러므로 사용자에게 유희적 감성을 느끼게 해주는 다양한 콘텐츠를 개발하고 적극 활용해야 한다. 키오스크 디자인 분석에서는 재미적 사고인 '황당, 놀리는, 흥미, 코믹한, 엽기, 우스꽝스러운, 가벼운, 특이하고 생소함, 나누는, 놀라운'[22]에 해당하는 감성적 콘텐츠를 퍼놀로지 요소로 간주한다.

---

20) 윤지은·김진우·이인성·최동성, "재미를 위한 HCI-HCI 관점에서의 재미있는 경험에 대한 개념적 연구", 한국HCI학회논문집(2006).

21) 박진희, "공공정보 디자인의 표현요소로 퍼놀로지(funology) 연구-미디어폴을 중심으로", 한국디자인학회.

22) 이경희·정흥인, "영화홍보 웹사이트의 Fun-재미 요인 분석", 한국디자인학회 춘계학술대회논문집(2004).

펀웨어(Funware)

펀웨어(Funware)는 게이브(Gabe Zichermann)에 의해 만들어진 용어로, 게임기계를 게임이 아닌 맥락 내에서 사용하여 사용자의 작업을 격려하고 고객 충성도를 높이는 상황을 말한다. Funware는 게임적 구조를 활용하는데 그 요인으로 '수집', '포인트', '피드백', '교환', '맞춤화'로 구분한다. 게임이 아닌 일반적인 애플리케이션에 게임적 요소를 가미하면 참여율을 끌어올릴 수 있다는 이론으로 이러한 요소들을 통해 유저의 참여를 유도하고 사용성을 증가시킨다. 펀웨어 요인을 활용하면 평소에 재미없게 느끼는 유저들도 호기심을 가지고 긍정적인 결과물을 도출할 수 있다.

Factor	Element
Collecting(수집)	사람(People), 포인트(Point), 배지(Badges), 트로피(Trophies)
Points(포인트)	측정 과정(Measuring progress), 비교 가능(Enabling comparisons)
Feedback(피드백)	빠른 숙달(Faster mastery), 재미 추가(Added fun)
Exchanges(교환)	구조화(Structured), 사회적 교환(Social exchanges)
Customization(맞춤화)	표현(Expression), 공유(Sharing), 소통(Communicating)

이러한 요소들을 활용한 게임적 요소를 UX 디자인에 적용하면 사용자에게 친근함과 동기부여 등을 불러일으킬 수 있다. 설계 단계에서 목적 달성, 협력 및 경쟁 구도, 보상과 성취감, 최첨단 그래픽 디자인 등의 게임 요소의 적극적 활용은 사용자의 능동적 참여와 경험을 제공한다.

Interesting Ⅲ

빅데이터와 자기 정량화 – 라이프로깅 시대

빅데이터 시대에 존재하는 정보는 차고 넘친다. 우리가 원하든 원하지 않든 수많은 정보에 노출되어 있고, 수집하고 접하기도 어렵지 않다. 하지만 양적인 데이터를 가리키는 빅데이터의 진정한 가치는 그 안에서 의미 있는 데이터를 분석하여 사용자에게 필요한 정보를 생성하는 것에 있다.

빅데이터 시대에는 사용자가 존재하는 데이터를 정보화하기도 하지만 본인 스스로 정보를 만들고 창조하는 일도 활발히 이루어지고 있다. 이러한 경향 중에 하나가 라이프로깅 시대로 발현되고 있다. 라이프로깅은 자신의 일상생활의 모든 것을 기록하는 것으로 과거에는 라이프로깅을 달력, 책, 다이어리, 편지 등의 종이 매체로 저장하였다. 텍스트나 그림 형태로 보관되어 개인적이고 단기적으로 저장되며 공유가 제한되는 경향을 보였다. 현재의 라이프로깅은 디지털 매체를 통해 기록되며 자기 정량화, 실시간 기록화, 객관적 분석화, 기억의 온톨로지화, 타인과의 공유화라는 특징을 가진다.

자기 정량화(Quantified Self)의 특징을 살펴보면, 개인의 외현적 • 내현적 정보가 실시간으로 정량화되어 기록된다. 실시간 기록화(Recorded in Real Time)는 측정되는 정보가 실시간으로 사용자의 상태와 상황을 기록하고 전달한다. 객관적 분석화(Objectively Analyzed)는 축적된 데이터가 객관적으로 분석되어 그 결과를 통계적 수치 또는 인포그래픽 등의 시각화로 알려준다. 기억의 온톨로지화(Ontologized Memory)는 사용자의 기억을 확장해줄 뿐만 아니라 일상생활을 온톨로지화하여 의미와 가치 있는 연계를 만들어준다. 타인과의 공유화(Shared with Others)는 개인이 소유하고 있는 것에서 확대되어 타인과 공유하거나 커뮤니케이션할 수 있는 수단이 된다.

라이프로깅 애플리케이션의 경우에도 이러한 현상이 나타나고 있다. 라이프로깅 애플리케이션은 웨어러블 디바이스와 더불어 유저의 외현적 또는 내현적 정보를 자동으로 측정하여 기록하고, 자기 정량화를 거처 지신의 데이터를 수집하어 개인의 라이프를 기록·분석하는 것을 말한다. 주로 헬스 분야에 많이 활용되고 있으나 최근에는 금융이나 자산 관리, 엔터테인먼트 기능, 생활 관리 등 다양한 분야로 확장되고 있다. 이러한 라이프로깅은 인간의 기억을 확장시켜주고 삶을 기록하여 관리하면서 더 나은 삶의 질을 추구하게 된다.

Chapter 4

Create:

UX 디자인(Development)

1. 공간과 환경
2. 콘텐츠 디자인
3. 인터랙션 디자인
4. 디자인 구현

인터랙션을 동반하는 디자인을 중심으로 이루어지는 UX 디자인을 구현하는 단계로 사용자의 경험이 이루어지는 공간과 환경, 오감을 자극하는 콘텐츠, 대상과의 인터랙션 과정과 인터페이스를 어떻게 디자인하고 어떤 결과물로 표현될 수 있는지 기술한다. 콘텐츠 디자인을 위한 시각적 요소, 사운드 요소, 모션 요소를 구체적으로 구현하기 위한 디자인 이론과 고려해야 할 사항 등을 구체적으로 풀어보고자 한다. 또한 디자인 전체 과정을 이해하고 설계할 수 있도록 하드웨어, 소프트웨어 툴과의 관계와 창의적 융합 과정을 통해 앞의 두 번째 챕터에서 이해한 사용자의 특징을 고려한 디자인 방법과 이슈들을 프로젝트의 사례도 함께 볼 수 있다.

Section
01
공간과 환경

UX 디자인은 사용자가 어떤 공간에 존재하면서 생겨난다고 할 수 있다. 앞서 설명한 사용자 정황에서도 중요한 의미를 갖고 있으며, 사용자의 존재와 경험이 발생되는 근간이라 할 수 있다.

공간(Space)이란 본래 장소, 영역을 지칭하는 것으로 시간 또는 공간 사이의 간격을 의미한다.[1] 즉 1차원, 2차원 또는 3차원에서 어떤 한정된 규모이고 용도로 쓰일 수 있거나 사람이나 물건이 놓일 수 있는 곳을 말한다.[2] 공간의 개념은 매우 포괄적이며 추상적이기 때문에 분야별로 접근하는 방식에 따라 다르게 해석될 수 있고 시대상에 따라 그 컨셉과 범위 역시 변화되고 있다. 최근 동시대의 공간은 기존의 정적인 장소나 건축의 규칙과 형상에서 벗어나 움직임을 추구하고 새로운 질서를 구축하고 디지털화가 이루어지며 하이브리드(Hybrid) 공간으

1) 이경아, "공간디자인 감성-경험(FEEM: Function-Emotion-EXPERIENCE-Meaning) 모델과 평가 도구의 개념 모델 개발에 관한 연구", 홍익대학교 국제디자인전문대학원 디자인학 전공 박사학위 논문(2011).

2) http://www.merriam-webster.com/(Merriam-Webster Online Dictionary)

로까지 확대되고 있다.[3] 특히 물리적인 움직임을 수반한 공간뿐만이 아니라 시스템으로서의 공간, 디지털로서의 공간 등 공간의 개념이 확장되고 있다.

(1) 물리적 환경

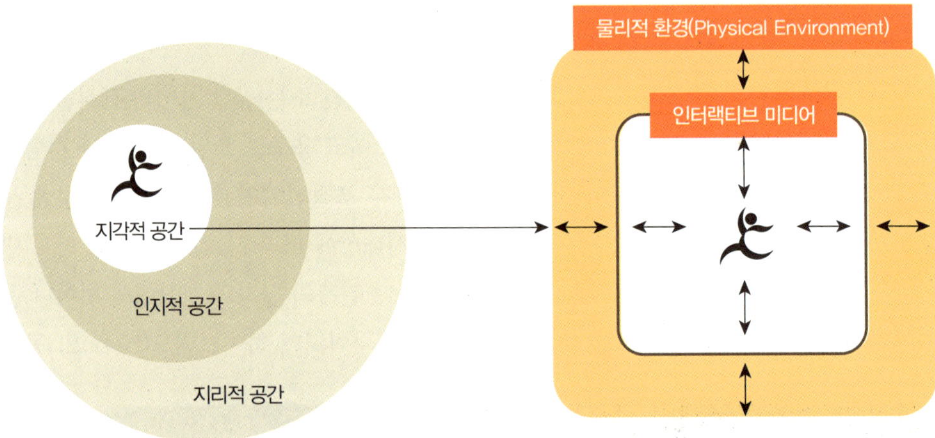

광범위한 공간의 범주 중에서 실질적으로 인터랙션이 이루어지는 지각적 공간으로 그 규모를 한정한다. 인간을 둘러싸고 있는 환경, 즉 공간은 크게 3단계 규모로 나누어 볼 수 있다. 첫째는 지각적 공간으로 인간의 오감이 작용하여 감각을 감지할 수 있는 범위의 공간규모를 말한다. 방이나 집, 강의실, 사무실과 같이 눈으로 직접 보고 발길이 직접 닿을 수 있거나, 손으로 만질 수 있는 공간이 될 수 있다. 둘째, 감각이 도달할 수 있는 범위를 벗어나지만 인간이 실질적으로 인지할 수 있는 범위를 인지적 공간이라 하고, 예를 들면 '도시'와 같이 공간이 인지적 공간이다. 셋째, 가장 광범위한 의미로 지리적 공간이 있다. 지리적 공간은 구체적 인지는 어려우나 개념적으로 이해하는 단계로 '국가'와 같은 공간을 의미한다.[4]

3) 이철재, "디지털리즘의 인식론적 공간 구성 해석: Digital Synectics를 중심으로", 홍익대학교 건축학 박사학위 논문(2004).

4) 임승빈, 환경심리와 인간행태(보문당, 2012).

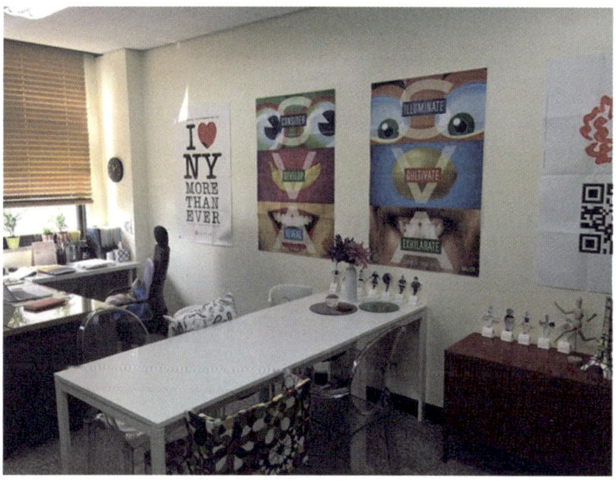

지각적 공간

지각적 공간

인지적 공간

지리적 공간

(2) 시스템으로서의 공간

UX 디자인에서는 공간을 인터페이스의 개념에서 출발한 시스템으로 간주한다. 앞서 시스템의 개념과 구성요소의 조건처럼 인터랙션이 포함된 공간은, 특히 컴퓨터를 포함한 물질적 재료와 요소들로 원하는 목적에 맞게 결합되어 있다. 예를 들어 주차장이라는 공간은 차를 세운다는 목적을 가지고 있으며 이 목적 달성을 위해 바닥과 벽, 천정, 기둥, 엘리베이터, 요금 정산기, 차단기 등의 요소들이 유기적으로 결합되어 있다. 따라서 공간도 하나의 시스템이며 그 중에서도 인간과의 인터랙션을 형성하는 인간-기계 시스템 또는 인간-컴퓨터 시스템으로 볼 수 있다.

과거에는 물리학적으로 기계라는 것을 동력기, 전달 장치, 작업기라는 요소들을 계열화된 집합체로 정의했지만 근대시대 이후 그 개념이 확장되고 있다.[5] 철학자 들뢰즈(Gilles Deleuze)와 가타리(Felix Guattari)는 개체화된 물질, 즉 물체가 기계라고 하여 기계의 기계성 보다 용법적인 것에 의미를 두고 있다. 즉, 다른 어떤 요소와 결합하여 어떤 질료적 흐름을 절단하고 채취하는 방식으로 작동하는 모든 것을 기계라고 정의하였다.[6] 그 흐름은 가시적인 물질이 될 수도 있고 소리나 사람들의 이동 자체의 흐름일 수도 있다. 예를 들어 자동차의 바퀴는 이동하는 흐름을 이어주거나 멈추는 기계이고, 음식을 먹는 입은 숟가락을 잡아서 음식의 흐름을 채취하거나 끊어주는 기계인 것이다. 이러한 측면에서도 인간이나 동물의 신체는 기계로 규명할 수 있고, 공간도 기계이다. 인터페이스에서 고찰한 시스템에서 언급한 필요충족 조건과 그에 따른 시스템의 개념에 따라 인간도 기계도 모두 시스템이라 할 수 있다는 점과 일맥상통한다. 따라서 물리적 공간이 하나의 시스템으로 간주되어 UX 디자인에서 사용자와 인터랙션이 가능한 개념으로 해석될 수 있다.

이와 같이 공간은 그 자체가 시스템이면서 인터페이스의 첫 번째 개념인 두 시스템이 만나는 계면의 역할로 곧 인터페이스가 될 수도 있다. 공간이라는 시스템은 사용자와의 관계에 있어서 사용자를 에워싸고 있는 형태로 3차원적 구조를 갖는다. 이 공간은 건축적인 물리적 환경뿐만 아니라 인터페이스의 빛이나 온도 주변의 소음과 같은 비물질도 인터페이스의 요소가 될 수 있다.

5) 이진경, 근대적 시 · 공간의 탄생(그린비, 2012)
6) 이진경, 근대적 시 · 공간의 탄생(그린비, 2012)

물리적 요소로서의 공간은 가시적으로 규정짓는 구조물이 있다. 공간은 기본적으로 구획을 어떻게 하고 그 안에 구성 요소를 어떻게 배치하느냐에 따라 디자인이 달라진다. 공간을 가시적으로 규모를 확정지어 주는 크기와 비율 그리고 배열과 배치와 관련된 요소들로 구성된다.[7] 구성 요소를 크게 한정적 요소, 전이적 요소, 매개적 요소 등으로 분류할 수 있다. 한정적 요소에는 바닥, 천정과 같은 수평적 요소와 벽과 기둥과 같은 수직적 요소로 공간의 기본을 형성하고 구획하는 역할을 한다. 전이적 요소는 인접공간과의 사이에 연속성을 부여하는 것으로 공간의 방향성과 흐름, 빛의 강도, 조망 등에 영향을 준다. 문, 창, 기둥의 간격 등이 이에 해당한다. 매개적 요소는 공간의 방향성을 제시하고 조직적으로 구성하고 결합시키며 연결시키는 요소로 복도, 통로, 홀, 계단, 경사로 등이 있다.

7) 이경아, "공간디자인 감성-경험(FEEM: Function-Emotion-EXPERIENCE-Meaning) 모델과 평가 도구의 개념 모델 개발에 관한 연구", 홍익대학교 국제디자인전문대학원 디자인학 전공 박사학위 논문(2011).

둘째, 비물질적 요소는 물질적 요소 이외에 공간을 인지할 수 있는 것으로 자연현상이나 색, 소리 등이 있다. 즉 기온, 바람, 소음, 대기오염, 조명, 색채 등과 같은 인자들을 말하며, 공간의 전체적 분위기를 연출할 수 있는 요소로 인간의 감성적인 측면과 결부되어 있는 요소이다. 사용자와 공간과의 인터랙션 과정이나 구현 과정 속에서 참여를 결정하는 동기 요인이 될 수 있다. 예를 들어 직접 보이지 않더라도 공간에 사운드를 발생시켜 외부에 있던 사용자의 주의를 끌어 인터랙티브 스페이스로 유도할 수 있다. 또한 하드웨어적인 물리적 요소의 작동을 유지하기 위한 조건이 되기도 한다. 온도 센서나 카메라 센서 등의 작동은 설치되어 있는 공간의 비물질적인 환경조건이 맞아야 오류 없이 작동하기 때문이다.

공간의 물리적 구성 요소

구분		요소
한정적 요소	수평적 요소	바닥, 천정, 지붕 등
	수직적 요소	벽, 기둥 등
전이적 요소		문, 창, 기둥의 간격 등
매개적 요소		복도, 통로, 홀, 계단, 경사로

이와 같이 공간을 구성하는 물질적 요소와 비물질적 요소는 복합적으로 결합되어 하나의 시스템으로 인간과 인터랙션할 수 있는 인터페이스를 구성할 수 있는 요소로 존재한다.

MCA Inside/Out

(3) 가상 디지털로서의 공간

물리적인 공간뿐만이 아니라 디지털로 구현되는 가상공간을 포함한 디지털 공간의 개념이 있다. '가상공간'은 1984년 윌리엄 깁슨(Willam Gibson)의 소설 〈뉴로맨서(Neuromancer)〉에서 최초로 사용하였으며, 현재 가상세계(Virtual World), 가상현실(Virtual Reality), 사이버 공간(Cyberspace) 등과 유사한 개념으로 사용되고 있다.[8]

'가상(Virtual)'이라는 것의 사전적 정의는 형식상으로 인지되지 않지만 본질적으로, 즉 효과적으로 존재하는 것이다.[9] '매트릭스(Matrix)'라는 영화 이후 가상현실에 대한 개념이 대중화되었고 현재까지 과학, 의료산업, 건축, 예술, 디자인, 문화 등 다양한 분야에서 활용되고 있다. 공간에서의 가상현실 표현은 3D 그래픽을 포함한 홀로그램과 같은 시각적 방법을 주로 사용하며 제스처 센서, HMD(Head-Mounted Display) 등과 같은 하드웨어 장치를 이용하여 사용자가 경험할 수 있다. 또한 한 가지 차원의 감각보다는 공감각을 이용한 구현이 더 현실감을 증폭시키기 때문에 두 가지 이상의 감각을 동시에 자극하는 방법이 많이 사용된다. 최근에는 완전한 가상현실보다 실제 현실과 가상현실이 복합적으로 이루어지는 증강현실(Augmented Reality)이나 복합현실(Mixed Reality)의 활용도가 높아지고 있다.

Cave VR System

Virtual Reality, 'Cocoon'

가상공간은 '디지털'과 '온라인'의 광범위한 개념을 포함하고 있다. 따라서 디지털 시스템이나 미디어에서 생성되는 사용자 경험은 가상공간과 밀접한 관련이 있다. 최근 UX 디자인은 특히 이러한 디지털 시스템이나 온라인 서비스를 중심으로 발달되고 있기 때문에 가상공간은

8) 박진희, "입체영상에서 지각공간의 재구성에 관한 연구: 지각구성요소가 시각적 주의에 미치는 영향을 중심으로", 연세대학교 커뮤니케이션대학원 박사학위 논문(2008).

9) http://www.merriam-webster.com(Merriam-Webster Online Dictionary)

UX 디자인 분야에 핵심 연구 대상이다. 인터넷, 스마트폰, 웨어러블 시스템, 비디오 또는 온라인 게임, 유비쿼터스 등의 해당 공간이 대표적인 가상공간이다.

Section 02

콘텐츠 디자인

앞서 시스템의 정의를 보았을 때 UX 디자인에 해당하는 제품과 기계는 하나의 시스템으로 볼 수 있다. 사용자가 사용하면서 경험을 발생시키는 시스템을 어떻게 구현할 것인지 UX 디자인에 필요한 일반적인 디자인 요소와 방법을 살펴보겠다. UX 디자인에서 핵심이 사용자 중심의 지각과 인지와 관련하여 효과적인 정보 전달적인 측면에서 초점을 맞추어 설명한다.

(1) 시각 요소

시각적 요소는 크게 색(Color)과 형(Form, Shape) 또는 형태로 나누어진다.

색채

색채의 정의는 과학적 관점에서 이루어진다. 즉, 태양 또는 전등과 같은 광원으로부터 나오는 빛이 물체를 비추면서 반사, 투과, 흡수 작용에 의해 사람의 눈에 자극되는 감각 현상에 의해 나타난다. 각 물체의 성분이나 구성 요소에 따라 빛의 스펙트럼 색 중에 어떠한 색은 투과, 흡수되고 반사되는 색이 주로 사람의 눈을 자극하게 된다.

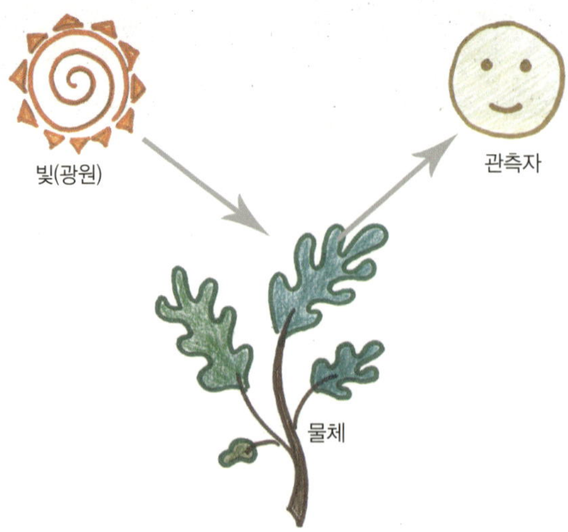

색채는 색상(Hue), 명도(Value), 채도(Saturation)의 3속성을 갖는다. 그렇기 때문에 모든 디자인 툴과 그래픽 소프트웨어에 색채를 지정하는 기능에는 3속성을 구분하여 선택하거나 조절할 수 있도록 되어 있다.

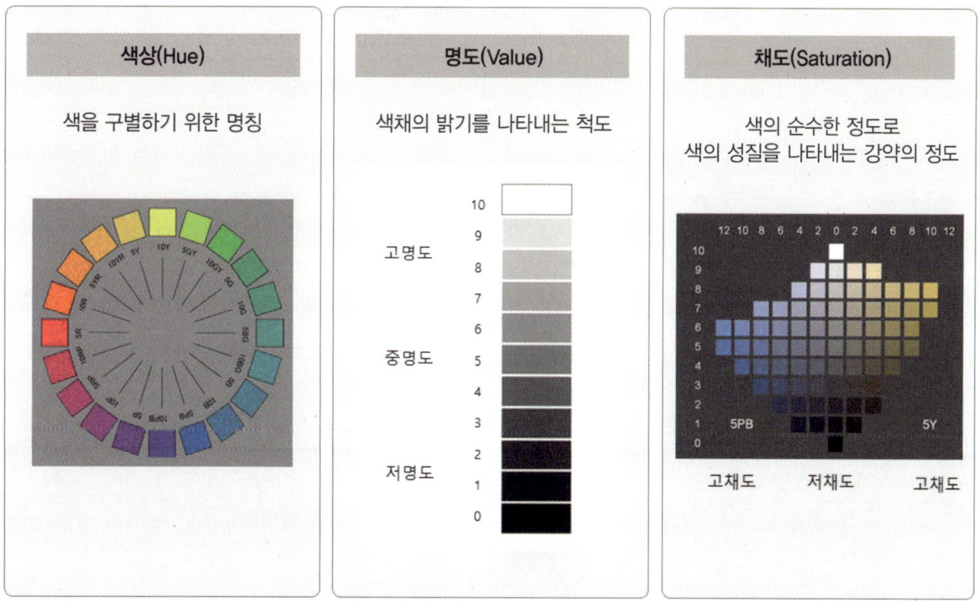

색상은 빨강, 주황, 파랑과 같이 색을 구별하기 위한 명칭을 말한다. 색체계론에서 말하는 빨강, 주황, 노랑, 연두, 초록, 청록, 파랑, 남색, 보라, 자주와 같은 계통색 이름이 있고, 하늘색, 밤색, 카키색, 인디안핑크, 코발트블루와 같은 관용색 이름이 있다. 먼셀의 10색상환은 앞서 말한 10가지 색상을 원의 형태로 나열하여 색상환이라 규정하고 여기에서 서로의 관계를 파악할 수 있다. 즉, 색상환에서 서로 가까운 거리에 있는 색을 유사색이라 하고 거리가 먼 색은 반대색이라고 한다. 특히 빨강과 청록과 같이 정반대에 있는 색은 보색관계이다.

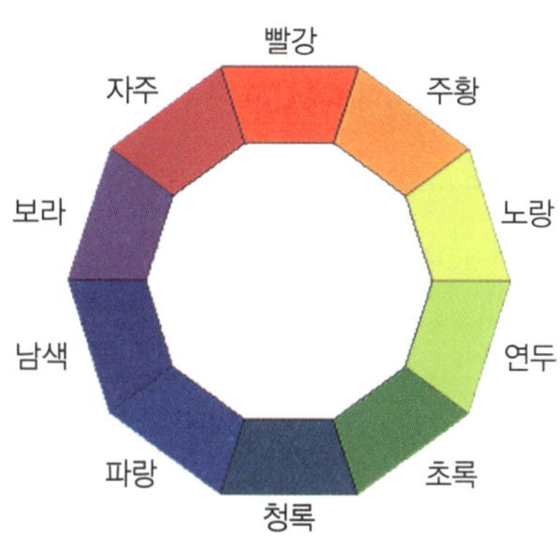

우리나라에서는 국가기술표준원에서 규정한 색채표준정보에 의한 기본 색이름이 있다. (참조: 국가기술표준원 http://kats.go.kr/content.do?cmsid=83)

유채색 기본색이름

기본색이름	대응 영어	약호
빨강(적)	Red	R
주황	Yellow Red	YR
노랑(황)	Yellow	Y
연두	Green Yellow	GY
초록(녹)	Green	G
청록	Blue Green	BG
파랑(청)	Blue	B
남색(남)	Purple Blue	PB
보라	Purple	P
자주(자)	Red Purple	RP
분홍	Pink	Pk
갈색(갈)	Brown	Br

무채색 기본색이름

기본색이름	대응 영어	약호
하양(백)	White	Wh
회색(회)	(neutral) Grey(영), (neutral) Gray(미)	Gy
검정(흑)	Black	Bk

국가표준종합정보센터(www.standard.go.kr)에서는 2005년 한국산업규격을 기본으로 한 색이름 검색 팔레트를 발표하였다. 물체색의 색이름에 근거하여 표준 색이름을 검색하거나 해당 색의 정확한 표준색 값을 알수 있으니 유용하게 참고할 수 있다.

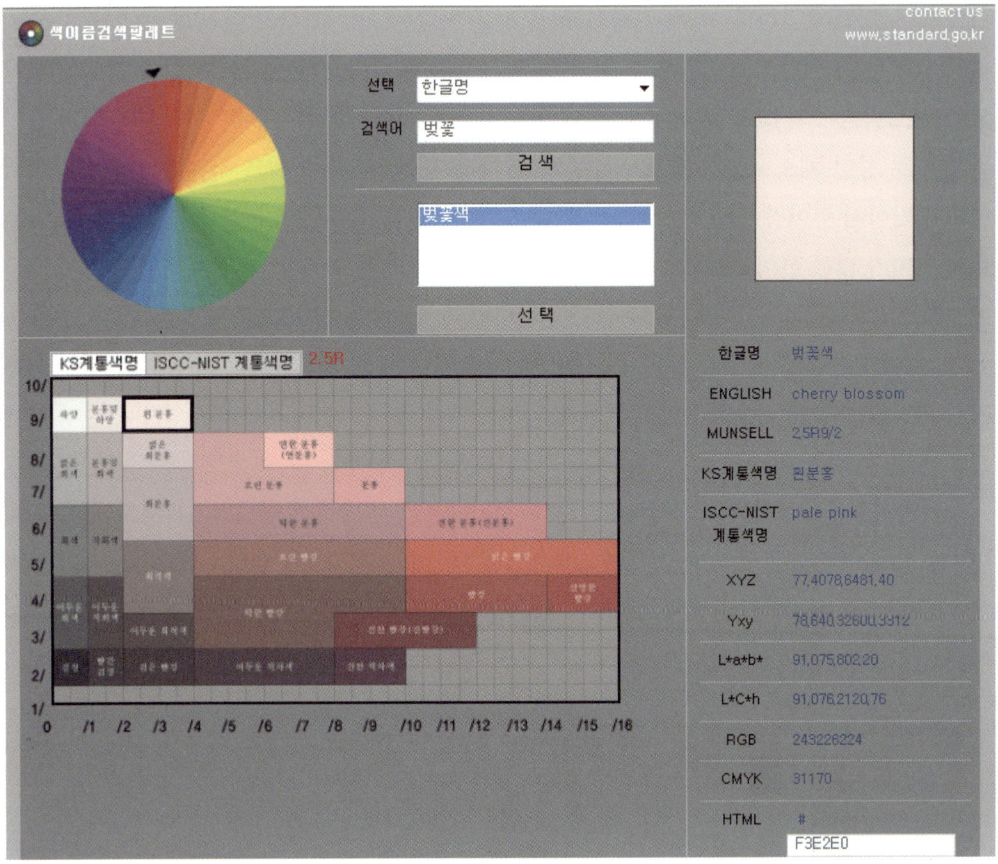

명도는 색의 밝기의 정도를 말하며 제일 어두운 0부터 제일 밝은 10까지 모두 11단계로 이루어져 있다. 0은 검정에 가까운 색으로 수치가 낮기 때문에 명도가 낮다고 말하고, 11은 하양색에 가까우며 수치가 높아서 명도가 높다고 말한다. 0~3단계는 저명도, 4~6단계는 중명도, 7~10단계는 고명도라 한다.

채도는 색의 순수한 정도를 나타내며 무채색 기미를 얼마나 포함하고 있는가에 따라 탁하고 선명하기가 달라진다. 채도는 색체계에서 무채색이 있는 세로 중심축으로 가까워질수록 수치가 낮아지고 탁해지는 저채도가 된다. 중심축에서 멀어질수록 색이 선명해지고 수치가 높아지는 고채도로 채도가 높다고 말한다.

여기에서 명도와 채도의 2가지 속성을 합쳐서 톤(Tone)이라고 말한다. 색입체에서 세로 중심축은 명도, 가로축은 채도를 나타낸다. 각 색상에 대하여 11가지 톤으로 구분하여 설명할 수 있다. Vivid는 채도가 가장 높은 순수한 톤을 말한다. Strong은 Vivid보다 한 단계 채도가 낮다. Bright톤은 명도가 높은 것으로 Light와 비교하여 채도가 높기 때문에 좀 더 유아스럽고 밝은 느낌이 강하다. 이에 비해 Light는 같은 밝다는 의미를 갖고 있지만, 중간 채도를 지니고 있어서 더 세련되고 차분한 분위기를 준다. Pale은 창백하다는 영어 의미와 같이 연한색으로 파스텔톤에 가깝고, Very Pale은 매우 연한의 뜻이다. Dull은 '둔한 · 탁한'의 의미를 갖는 톤으로 중간 채도 · 중간 명도로 수수하고 가장 자연스러운 느낌을 갖는다. Deep은 색의 명도가 낮아서 깊이감이 있어 보이고, 명품과 같은 럭셔리한 분위기에 많이 사용된다. Gray는 회색 기미가 많은 톤이고, Light Gray는 밝은 회색 기미의 톤으로 둘 다 무채색에 가깝기 때문에 어둡지만 도시적이고 모던한 분위기를 나타낸다. Dark는 명도와 채도 모두 가장 낮은 톤이다. 이렇게 톤은 전체적인 분위기와 느낌을 좌우하기 때문에 디자인을 하는 데 있어서 여러 가지 다양한 색상을 사용하더라도 톤을 통일시키면 세련되고 심미적인 디자인을 구현하는 데 도움이 된다.

국가기술표준원에서는 한국색채표준 디지털팔레트를 개발하여 이러한 3속성에 의한 표시 방법을 기준으로 표준색이름, 먼셀표색계, L*a*b*, 인쇄와 편집인을 위한 CMYK, 모니터 출력을 위한 sRGB, 공공디자인색채표준가이드의 디자인 활용편 등을 모두 검색할 수 있도록 구성하여 서비스를 제공하고 있다.

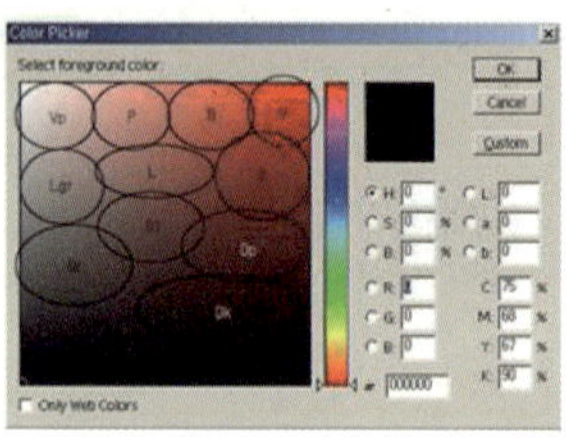

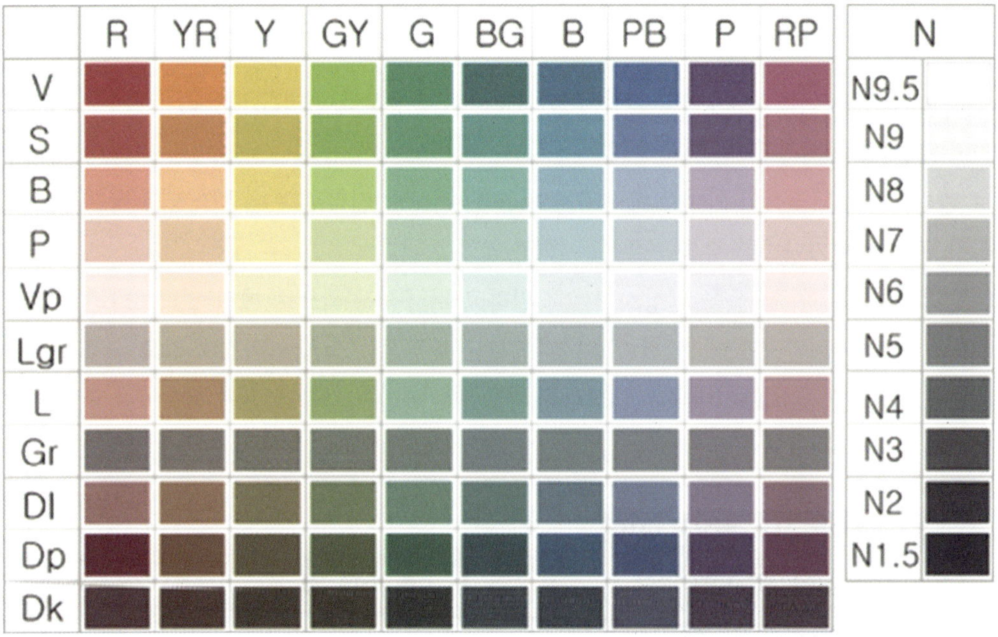
R
YR
Y
GY
G
BG
B
PB
P
RP
N
V
S
B
P
Vp
Lgr
L
Gr
Dl
Dp
Dk
N9.5
N9
N8
N7
N6
N5
N4
N3
N2
N1.5

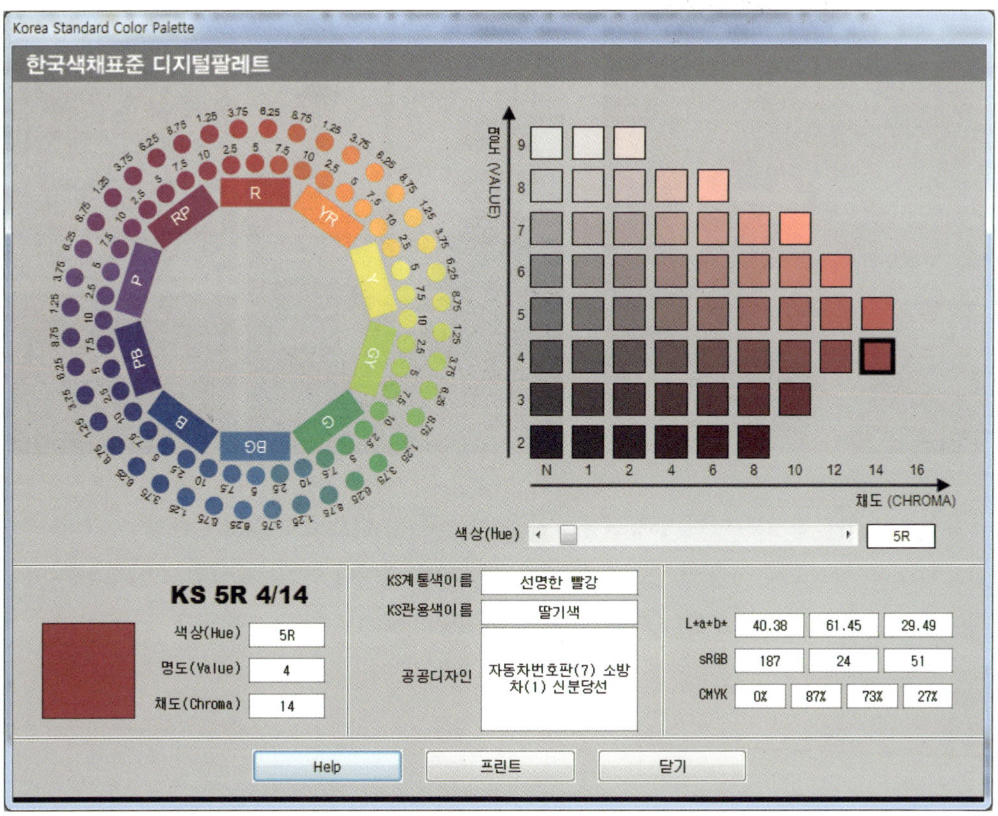
Korea Standard Color Palette
한국색채표준 디지털팔레트
R
YR
Y
GY
G
BG
B
PB
P
RP
명도 (VALUE)
채도 (CHROMA)
N 1 2 4 6 8 10 12 14 16
색상(Hue)
5R
KS 5R 4/14
색상(Hue) 5R
명도(Value) 4
채도(Chroma) 14
KS계통색이름 선명한 빨강
KS관용색이름 딸기색
공공디자인 자동차번호판(7) 소방차(1) 신분당선
L*a*b* 40.38 61.45 29.49
sRGB 187 24 51
CMYK 0% 87% 73% 27%
Help
프린트
닫기

색과 감성

특정 색상은 사람으로 하여금 어떤 것을 연상하거나 상징적 의미를 떠올리게 한다. 주로 색의 순수한 Vivid톤의 각 색상에 의해 작용되고, 각 색상의 톤이나 배색에 따라 긍정적인 의미로 해석되거나 부정적인 의미로 해석되기도 한다. 정보를 전달하는 데 있어서 색상은 연상과 상징, 톤은 분위기나 첫인상을 좌우하는 데 큰 역할을 한다.

빨강은 태양, 피, 불 등을 연상시키는 강렬하고 자극적인 색으로 메인 컬러보다는 액센트 컬러로 많이 사용되고 있다. 과거 우리나라에서는 부정적인 색의 이미지가 컸으나, 붉은악마 이후로 열정적이면서 다이내믹한 긍정적 의미로 변화하면서 스포츠 관련 컨셉이나 활발한 이미지에 적극 활용되고 있다.

주황은 온화하면서도 에너지와 활동적인 느낌을 주는 색으로 환희와 즐거움을 나타낸다. 밝고 젊음의 상징으로 사용되기도 하며 식욕을 돋우는 색이다. 빨강과 함께 맛있게 느껴지는 색이기 때문에 음식점의 로고나 인테리어, 식품 포장의 색으로 많이 사용된다.

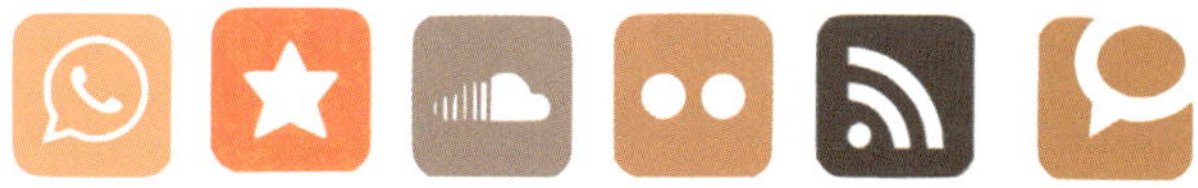

노랑은 희망과 긍정의 색이다. 유채색 중에서 명도가 가장 높은 색이기 때문에 유치원 상징색과 같이 많이 주목되어야 하는 곳에 적극 활용된다. 반면에 부정적인 의미로는 노란색 장미의 꽃말인 질투나 배반, 인색함 등을 의미하기도 한다.

연두는 새싹이나 시작, 젊음을 의미한다. 신록의 초록보다는 연한 색으로 자연색이지만 밝은 느낌이 강하다.

초록은 숲, 나뭇잎, 잔디와 같은 자연을 연상하게 하는 색이며 평화와 안정감을 준다. 사우디아라비아와 같은 나라에서는 국기에 사용하는 종교를 상징하는 색이기도 하며 일반적으로는 생산, 시민의 색을 의미한다.

청록은 생활 속에서 정확하게 표현하는 물건이나 상징이 많지 않기 때문에 배색하기 어려운 색이다. 주로 빨강의 보색으로 피를 많이 보는 수술실에서 보색인 청록의 수술복을 보고

잔상효과를 감소시켜 안정성을 확보하기 위해 사용된다. 초록이나 파랑의 의미가 같이 사용되기도 한다.

파랑은 하늘과 바다를 떠올리게 하는 차분하면서도 넓은 감정을 느끼게 한다. 차가운 색이지만 신뢰감과 믿음을 상징하기 때문에 회사나 은행과 같은 기업에서 가장 선호하는 색이기도 하다. 반면 'Blue'라는 영어 단어에 이중적인 의미로 우울함을 나타내는 것과 같이 비관적이고 어두운 분위기를 의미하기도 한다.

남색은 파랑과 비슷한 의미를 갖으며 깊은 바다를 연상시킨다.

보라는 우아함과 여성스러움을 강조하면서도 신비스러움과 마법의 상징으로 사용되기도 한다. 반면 광기어린 불행한 색이나 예술적 창의성을 의미하며 미래의 색으로 불리기도 한다. 고급스러운 분위기를 자아내며 종종 연두나 주황과 같은 색과 배색하여 파격적이면서 독창적인 컨셉을 표현하는 데 사용되곤 한다.

자주는 보라와 비슷하지만 더 여성스러우면서 자주의 Pale톤이 분홍으로 어린 여성을 표현하는 데 활용된다.

하양은 청결, 순수함, 깨끗함을 연상시키며 지나치게 사용되면 공허함이나 지루함을 느낄 수 있으니 디자인할 때 주의해야 한다.

회색은 도시적인 분위기를 느끼게 하는 어둡고 차가운 이미지를 갖는다. 반면 평온함이나 부드러움으로 안정감이나 세련됨, 지성적인 측면으로 표현되는 색이기도 한다.

검정은 무겁고 어두운 색으로 긍정적인 이미지보다는 부정적인 이미지가 강하다. 공포나 불안, 죽음 등을 상징하며 복잡한 이미지나 동영상을 살려주는 배경색으로 모던하고 세련된 색이기도 한다.

색과 이미지 스케일

색채가 가지고 있는 감성적 요소를 객관적으로 분석하고 구분하기 위한 방법으로 좌표축 위에 색을 배치하는 이미지 스케일이 있다. 단색 이미지 스케일은 가로축은 동적인(Dynamic)에서부터 정적인(Static)으로, 세로축은 부드러운(Soft)에서부터 딱딱한(Hard)으로 기준이 된다. 여기에 단색을 배치했을 때 전체적으로 가로축은 채도, 세로축은 명도의 영향을 받는다. 사람들은 채도가 높고 붉은색 계열에 무엇인가가 움직이는 듯한 느낌을 받고 무채색에 가까운 색은 차분하고 정지한 듯한 느낌을 받는다. 명도가 높으면 가볍고 부드럽게 느끼고, 명도가 낮으면 꽉 차있으면서 딱딱하게 느낀다.

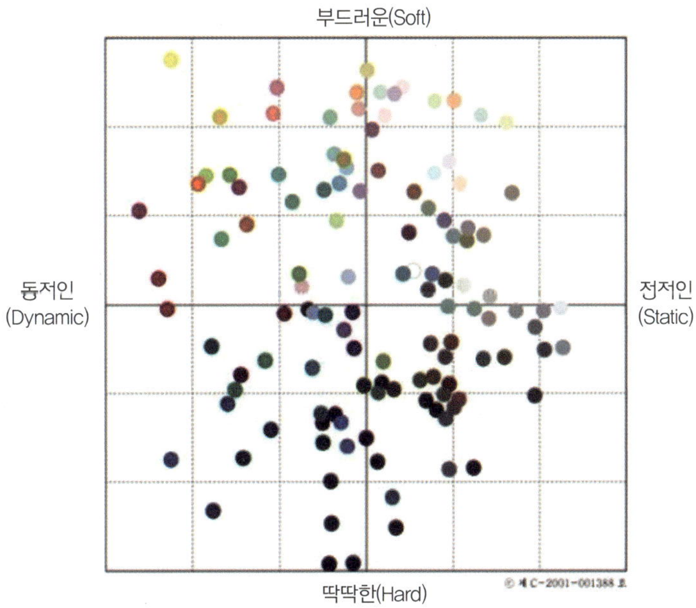

출처: IRI 색채연구소, '단색이미지 스케일'

배색

일반적인 디자인에서는 단색 하나만 사용되는 경우는 드물다. 대부분 2가지 이상의 색을 배색하여 표현한다. 배색의 목적은 특별한 목적이나 효과에 알맞게 여러 가지 색을 알맞게 배치하고 조화하도록 만드는 것이다.

- 사용하는 목적과 디자인이 놓이는 주위 환경을 고려한다.
- 색의 배치나 면적 비례를 고려하여 메인 컬러, 서브 컬러, 액센트 컬러를 적절히 배색한다.
- 색상, 명도, 채도의 변화를 고려하여 통일감 있으면서 주제가 잘 나타나도록 조화롭게 만든다.
- 사용되는 재질이나 형체, 최종 결과물이 디스플레이되는 매체를 고려하여 미리 계획한다.

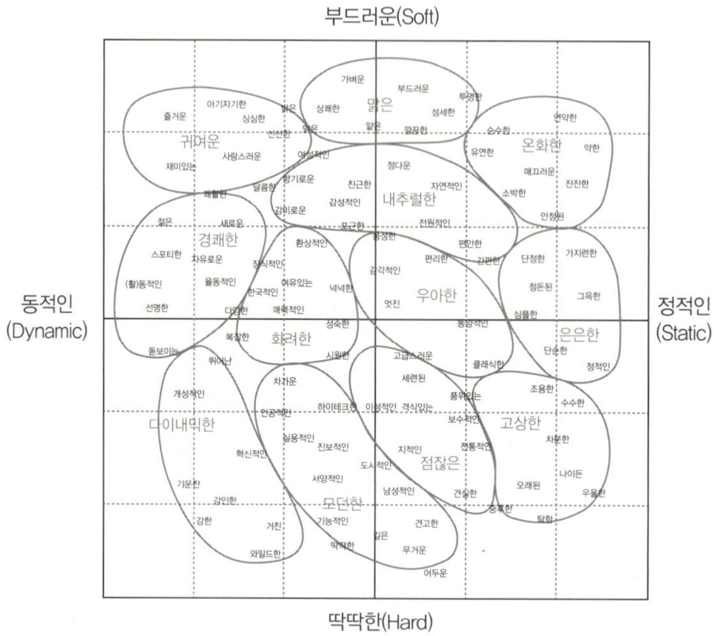

출처: IRI 색채연구소 '형용사 이미지 스케일'

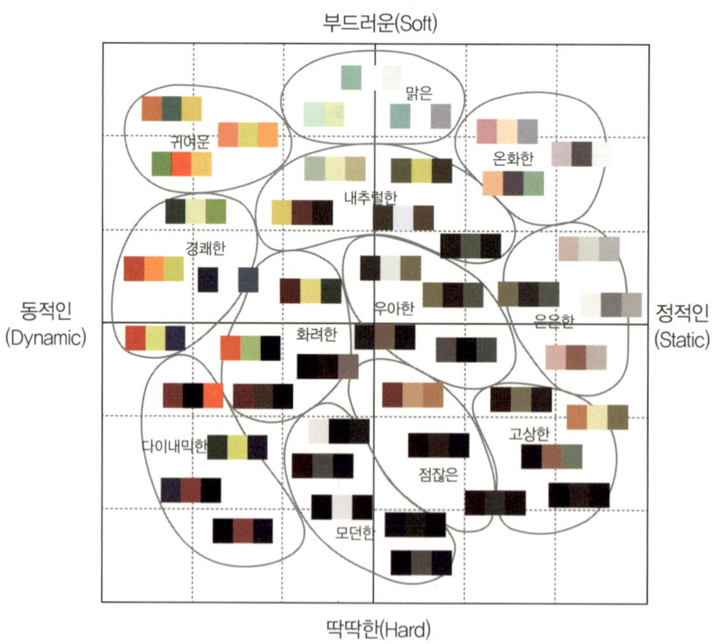

출처: IRI 색채연구소 '배색 이미지 스케일'

형용사 이미지 스케일

컨셉이나 감성을 표현하는 어휘는 주로 형용사로 표현하고 이것을 색채가 가지고 있는 이미지와 매치시킬 수 있다. 앞서 단색 이미지 스케일에서 사용한 좌표축에 형용사를 배치하고 같은 좌표축에 3배색을 배열함으로써 대입되는 관계를 객관적으로 파악할 수 있다.

색채와 공감각

공감각은 인간이 가지고 있는 오감인 시각, 청각, 후각, 미각, 촉각이 서로 연계되어 동시에 2가지 이상의 감각이 느껴지고 교류되는 현상을 의미한다. 색채는 다른 어떤 것보다도 감성적이고 다른 감각들과 함께 공감각이 잘 발생된다. 예를 들어 특정 색을 보면서 "달콤한 색이네…", "자연의 향이 느껴지는 것 같아" 등으로 표현된다.

색채와 청각

몬드리안의 '브로드웨이 부기우기'는 노랑, 빨강, 파랑, 그리고 밝은 회색을 사용하여 뉴욕의 브로드웨어에서 들릴법한 다양한 소리와 역동적인 움직임을 표현하였다. 여기에서 청각의 느낌을 색채를 사용하여 공감각적 의미를 부여하였다.

뉴턴은 17세기에 스펙트럼에서 보이는 무지개 색을 7개 음계와 연관시켜 생각하였다. 빨강은 도, 주황은 레, 노랑은 미, 초록은 파, 파랑은 솔, 남색은 라, 보라는 시로 표현하였다.

- **높은 음**: 고명도 · 고채도의 강한 색
- **낮은 음**: 저명도 · 저채도의 어두운 색
- **탁음**: 둔한색 또는 낮은 채도나 무채색
- **예리한 음**: 순색에 가까운 선명한 색

색채와 모양

빨강은 사람의 주의를 집중하게 하고 단단하고 견고한 느낌을 주기 때문에 사각형이 연상되고, 노랑은 명도가 높아서 날카롭고 뾰족한 삼각형이 생각나게 한다. 파랑은 차갑지만 투명하고 영적인 느낌을 주기 때문에 원이나 구와 연계되어 공감각을 일으킨다.

색채와 미각

색에 따라 미각을 자극하여 식욕을 증진시키기도 하고 반대로 식욕을 감퇴시키기도 한다. 빨강이나 주황은 맛있어 보이는 색이고, 노랑은 신맛이 느껴지고 초록에서 파랑으로 가면서 점차 식욕이 떨어진다. 특히 빨강이나 분홍은 단맛을 느끼게 하고 회색이나 하얀은 짠맛을, 노랑이나 연두는 신맛을, 올리브 그린은 쓴맛을 느끼게 한다.

색채와 후각

선명한 순색이나 고명도・고채도의 색은 향기롭게 느낀다. 반대로 저명도와 저채도는 좋지 않을 향으로 느껴진다. 초록색은 박하향, 보라나 자주는 라일락향, 장미는 꽃향 등이 떠오른다. 향수의 포장이나 용기에 이러한 공감각적 원리를 적용한 색으로 디자인하면 자연스럽게 향의 특성이 전달될 수 있다.

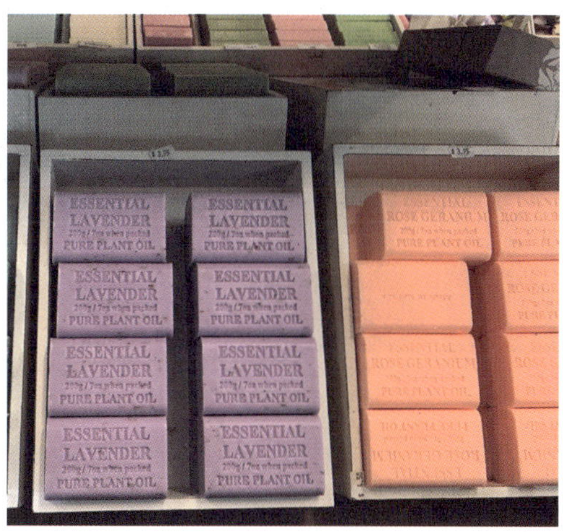

색채와 촉각

부드럽고 딱딱하기, 매끄러움과 거칠음, 건조하고 촉촉한 등의 촉각을 색채와 공감각을 일으킬 수 있다. 밝은 핑크나 밝은 하늘색, 밝은 노랑은 부드러운 감촉을 느끼게 하고 저명도에 저채도의 색은 강하고 딱딱한 느낌을 전달한다. 파랑이나 청록과 같이 차가운 색 계열은 촉촉한 느낌을 주고 빨강이나 주황과 같은 따뜻한 색 계열은 건조한 느낌을 준다.

Typography

개념과 목적

타이포그래피는 활판 인쇄술에서 시작된 것으로 현재는 문자를 배열하거나 레이아웃을 만들고, 문자를 가지고 디자인하는 것을 말한다. 정보 디자인에 있어서 가장 기본적이면서 전통적인 방식으로 최근에는 디지털의 발달로 활판 인쇄술에서의 제약 사항에서 벗어나 자유롭고 다양한 문자 표현이 발달되고 있다.

'Moving Typography' in Amsterdam: Exploring New Ways of Representing and Interacting with Data

타이포그래피는 정보를 효율적으로 전달하는 데 1차적 목적이 있다. 더불어 문자로 표현된 의미와 내용을 정확하게 이해할 수 있어야 하고 심미적 가치가 느껴져야 한다.

문자의 구조

문자는 기본선(Baseline과 Meanline)을 기준으로 서체가 디자인된다. 문자 구조상 크게 세리프체와 산세리프체로 나눌 수 있다. 일명 삐침이라고 하는 세리프(Serif)가 있는 문자와 없는 문자가 있다. 타임뉴로만(Times new roman)체나 명조체와 같이 삐침이 있는 서체를 세리프체라 하고, 에어리얼(Arial)체나 고딕체와 같이 세리프가 없는 체는 산세리프(Sans-serif)체라 한다. 'Sans-serif'에서 'Sans'은 'Non'의 없다는 의미로 삐침이 없는 서체라는 뜻이다.

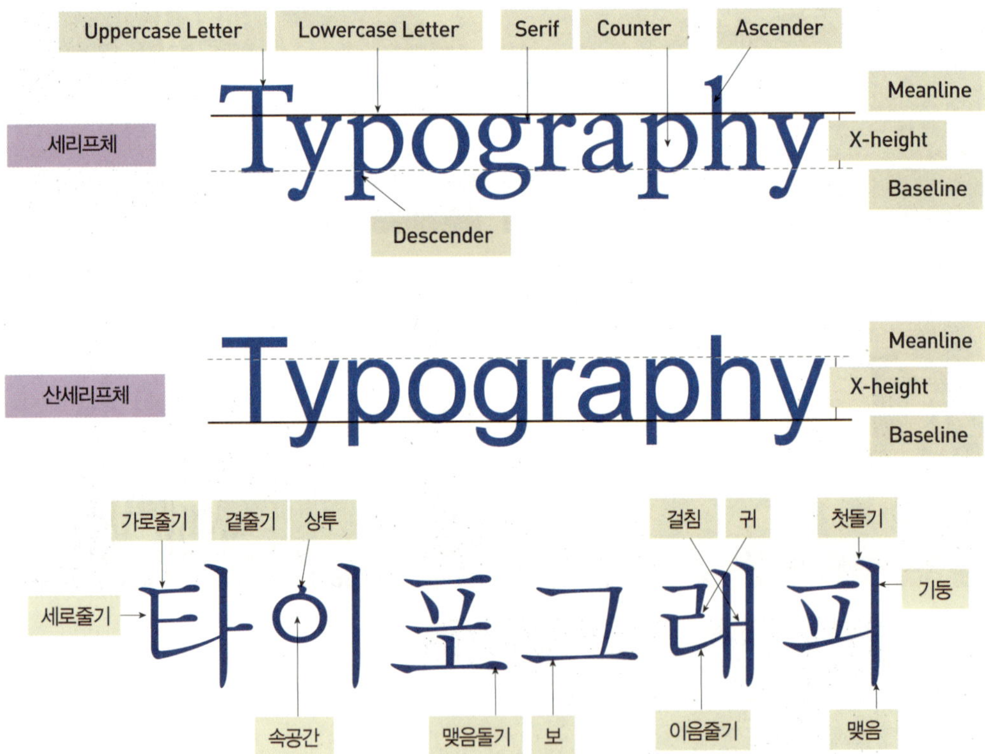

세리프체	산세리프체
Times	Arial
Century	Geneva
Palatino	Helvetica
Garamond	Tahoma
Bodoni	Verdana

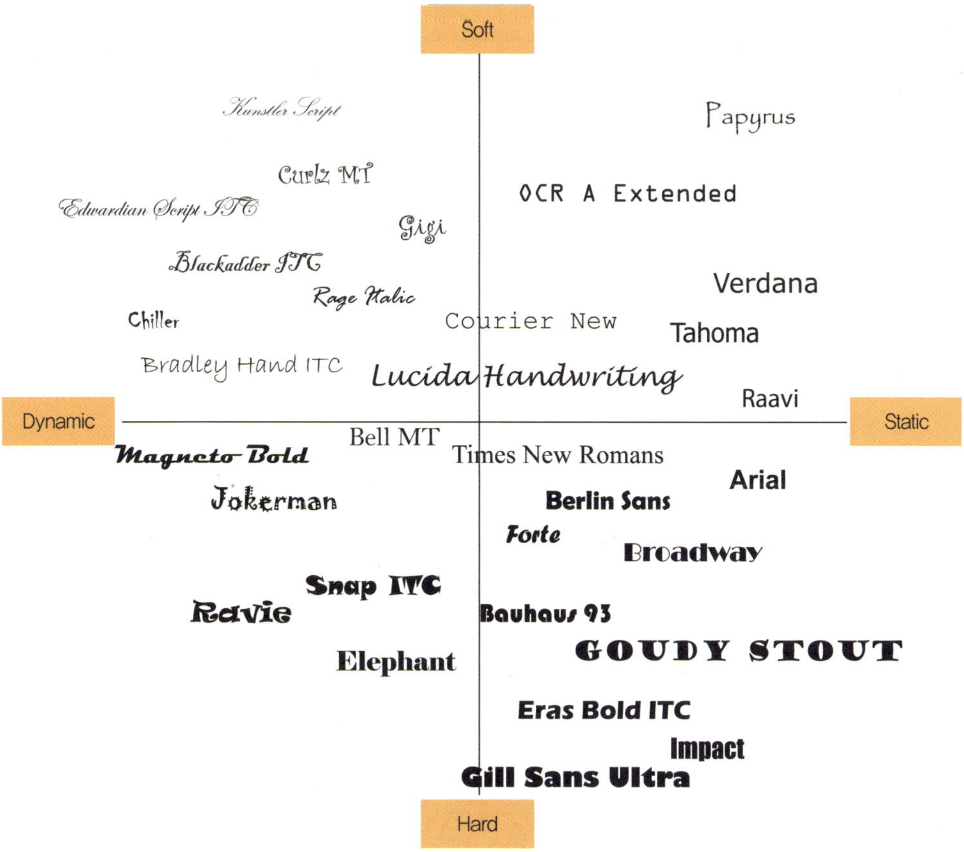

타이포그래피 이미지 스케일

타이포그래피 표현 방법

기능적 표현 문자가 가지고 있는 의미를 정확하게 이해할 수 있도록 디자인하는 방법으로 심미적인 것보다는 정보전달에 중점을 둔다. 따라서 가독성 증대를 위해 데코레이션이나 아름다운 형태보다는 딱딱하더라도 문자가 명확하게 보이도록 한다.

형태적 표현 문자를 하나의 형태적 요소로 간주하여 글자의 의미보다는 심미적인 면을 강조하는 표현 방법이다. 가독성이나 정보전달보다는 문자가 가지고 있는 선, 면, 색 등의 형태를 조합하여 읽는다(Reading)는 의미보다 본다(Seeing)는 의미를 강조한다.

캘리그래피(Calligraphy) 캘리그래피는 그리스어 kallos(아름다움)와 graphe(쓰기)의 어원에서 비롯되어 아름답게 쓰다는 의미를 갖는다. 주로 손으로 그린 그림문자와 같은 조형성을 강조한 것으로 동양에서 붓이나 펜을 이용하여 글씨를 쓰는 것으로 널리 알려졌다. 디지털로 정형화된 문자 형태가 증가하면서 오히려 아날로그적인 손글씨에 대한 매력을 사람들이 느끼게 되면서 특별한 형태의 타이포그래피 장르로 자리잡게 되었다. 따라서 많은 내용을 표현하거나 본문 또는 기능성을 따라야 하는 디자인보다는 타이틀이나 짧은 문구, 또는 강렬하고 호소력 있는 개성 있는 디자인을 필요할 때 많이 사용된다.

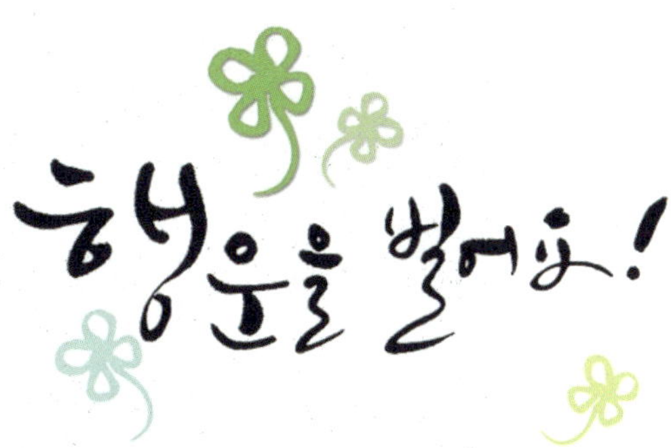

(2) 사운드 요소

청각적인 요소로서 UX 디자인에 있어서 기능적인 요소로 사용되기도 하고 전체적인 분위기나 감정을 고조시키기 위해 사용되기도 한다. 사운드는 크게 배경 음악, 사운드 이펙트, 목소리 등으로 나누어 볼 수 있다.

- 배경 음악
- 사운드 이펙트
- 나레이션

사운드는 다른 감각, 특히 시각적 의미를 높여주고 정보나 메시지를 정확하고 확실하게 전달하는 기능을 담당한다. 공간에서의 분위기나 시간의 흐름, 감정의 고조, 내용의 암시 등의 사용자 경험을 생성하는 데 중요한 역할을 하고 있다. 또한 인터페이스나 서비스의 전체적인 컨셉이나 장면을 강조하기도 하고 미학적 가치를 확립할 수 있게 도와준다. 특히 시각이나 다른 감각으로 전달하기 어려운 부분을 조화롭게 보완하여 완성도를 높여준다. 예를 들어, 스마트폰에서 내가 터치를 한 것에 대한 반응을 구현하는 데 있어서 시각적으로 버튼의 색이 바뀌거나 사이즈나 모션의 효과를 줄 수도 있지만, 그와 동시에 눌렸다는 반응으로 효과음이 나오면 사용자는 즉각적이면서 쉽게 인식할 수 있다.

사운드의 기본 요소로는 소리의 높낮이를 나타내는 고저, 색감을 분간할 수 있는 음색, 길고 짧게 지속되는 시간, 강하고 약함을 나타내는 강약, 활력의 길이를 나타내는 성쇠 등이 있다. 이러한 요소들의 조합은 사용자의 감성을 자극하고 감정적 경험을 높여준다. 물리적 공간의 분위기를 조성하는 배경음악은 상업적인 백화점에서 고객들의 판매를 촉진할 수 있는 가

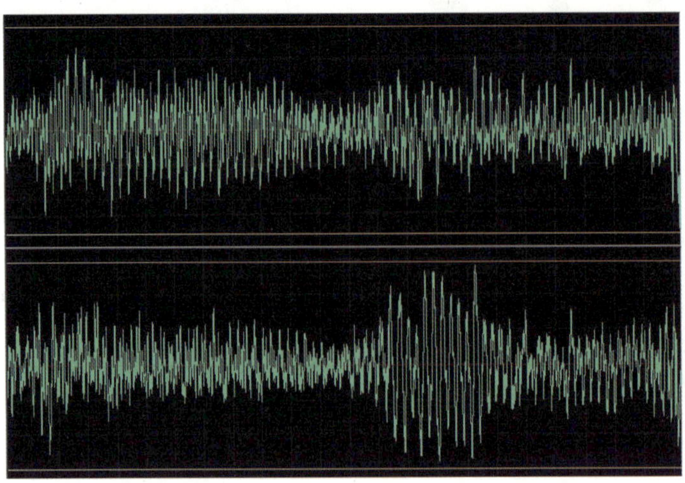

사 내용보다는 경쾌하면서도 럭셔리한 리듬이 있는 음악이다. 스마트폰에서 폭염을 전달해주는 정부의 메시지는 강한 경고음 사운드 이펙트를 사용한다. 역사 박물관에 설치된 안내 키오스크는 정확하고 또박또박 정보를 전달해줄 수 있는 나레이션 음향을 적용한다.

(3) 모션 요소

시스템 하드웨어 자체나 콘텐츠에서 어떤 요소가 움직임을 보일 수 있다. 동적인 요소는 정적인 요소보다 사용자에게 주목을 끌고 호소력이 강하다. 따라서 사용자의 호기심을 유발하고 시선을 끌 수 있는 장치로 모션을 추가할 수 있다.

시스템의 모션은 크게 오브젝트 자체가 움직이는 피지컬적인 모션과 영상과 같은 콘텐츠에서 볼 수 있는 디지털 모션그래픽이 있다. 모션은 시간(Time)을 기준으로 발생되는 것으로 얼마나 빠르게 움직이는가와 오브젝트의 크기에 따라 그 변화 정도가 다르게 보인다.

모션 방법

모든 움직임은 위치 변화에 따른 이동, 중심축을 기준으로 각도의 변화에 따른 회전, 사이즈 변화에 따른 스케일 등 크게 3가지 방법을 기준으로 이루어진다. 이 3가지 움직임을 기반으로 복합적으로 구성될 수 있다.

이동

위치 변화에 따른 움직임이 나타나는 것으로 좌우, 상하, 대각선 등의 직선적인 움직임을 비롯하여 곡선, 자유로운 위치 변경으로 표현된다.

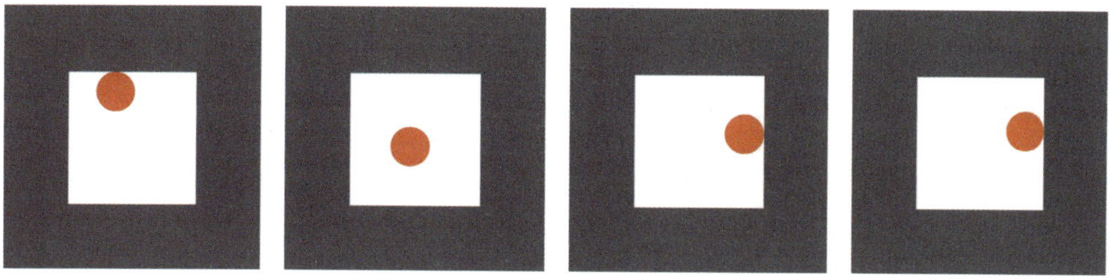

회전

회전은 축을 중심으로 대상이 시계방향 또는 시계 반대방향으로 돌아가는 움직임이다. 2D의 경우 X축, Y축이 있고, 3D의 경우 Z축까지 포함된다. 회전은 다른 움직임에 비해 역동적이면서 작은 움직임에도 변화가 크게 보이는 효과가 있다.

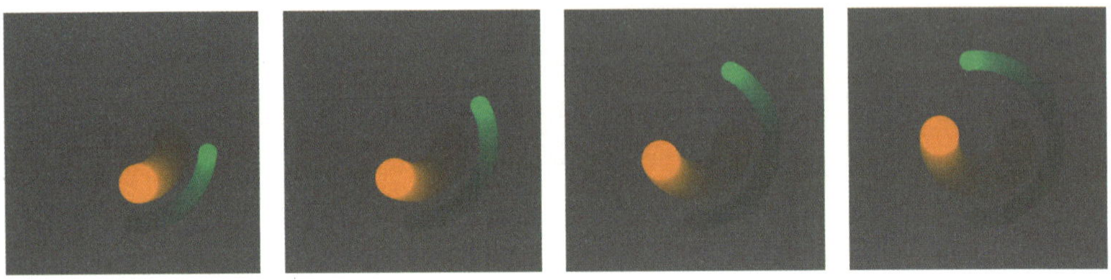

스케일

스케일은 대상의 사이즈를 변화시키는 것으로 2D에서는 줌-인, 줌-아웃을 표현할 수도 있다. 크기에 따라 커지고 작아짐의 모션은 깊이감이나 공간감을 나타낼 수 있다.

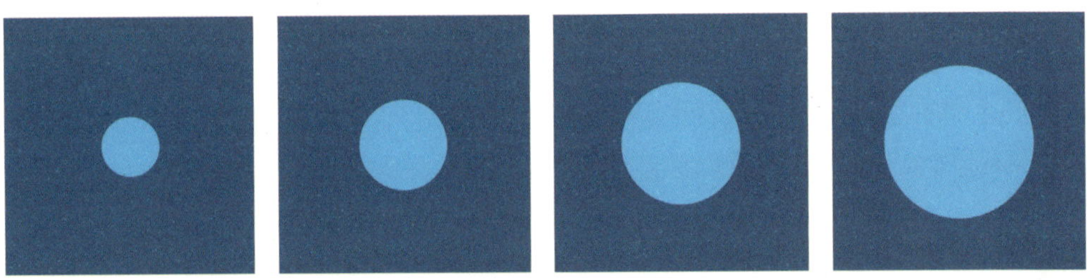

Section 03

인터랙션 디자인

(1) 사용자와의 관계

인터랙션이 두 독립된 시스템 간에 일어나는 커뮤니케이션이자 상호작용인 것으로 보았을 때 사용자도 하나의 시스템으로 간주된다. 인간이라는 시스템이 어떠한 특징을 갖고 있는지를 파악하여 UX 디자인의 핵심인 사용자 중심 디자인을 지향하고 하고 있다. 즉, 인간중심 디자인 관점이자 사용자 개념 모델을 중심으로 인터랙션을 구현하는 것이 좋다.

사용자는 다른 시스템과 1 대 1로 만나는 개별 사용자와의 관계가 있을 수 있고, 1 대 다수의 시스템으로 또는 다수 대 1로 그룹 사용자와의 관계가 형성될 수 있다. 개별적 사용자가 모여서 그룹 사용자를 형성할 경우 여러 명이 모여 하나의 시스템의 개념으로 고려될 수도 있고, 개별 사용자와 타 사용자와의 관계 속에서 인터랙션 결과가 나올 수도 있다. 인터랙션 자체가 개인 혼자가 아닌 그룹이나 서로의 네트워크에 의해 완성되는 경우가 있다. 서로 다른 두 사람의 손이 동시에 놓여야 작동이 되는 인터랙션을 구현할 수도 있고, 네트워크라는 가상공간의 사용자와 인터랙션을 해야 목적을 이룰 수도 있다. 또한 인터랙티브 시스템에서 서로 다른 사용자 간에 오픈이 되어 있어 타인의 인터랙션 과정을 지켜봄으로써 이를 통해 조작하

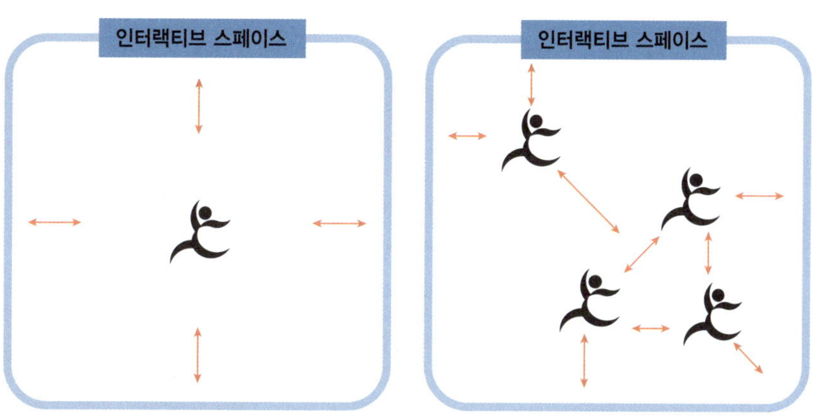

개별적 사용자 그룹적 사용자

고 반응에 대한 방법을 학습하는 것이 가능하다. 따라 할 뿐만이 아니라 군중심리에 의해 많은 사람들의 모습을 보고 참여를 판단할 수도 있기 때문에 오픈이 되어 있는 인터랙티브 시스템에서의 그룹적 사용자 요소는 많은 변수를 제공하지만 반면 효과적인 인터랙티브 디자인을 이끌어낼 수 있는 방법이 된다.

(2) 인터랙션 디자인 방법

수동적 인터랙션과 능동적 인터랙션

수동적 인터랙션

수동적 인터랙션은 관객이 적극적인 시도나 의도적인 행동이 아니더라도 관객의 존재만으로도 인터랙션이 이루어진다. 예를 들어 댄 그래함(Dan Graham)의 작품 "시간 딜레이 룸(Time Delay Room)"의 경우 한쪽 방에서 관객이 통과하면 자신이 걸었던 모습이 이미 카메라에 찍혀 다음 방에 갔을 때 시간차를 두고 나오는 자신이 찍힌 모습을 모니터를 통해 볼 수 있다. 이러한 경우 관객이 걷거나 특정 공간 안에 있다는 것만으로도 작품을 완성시키거나 변화시킬 수 있다. 따라서 인터랙션 방법이 관객의 입장에서 어렵지 않고 즉각적으로 반응하기 때문에 폭넓게 쉽게 관객들과 상호작용을 이루어 낼 수 있다.

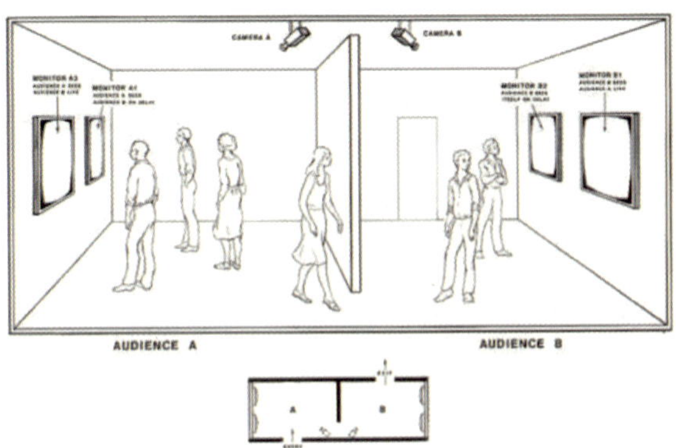

Dan Graham의 "Time Delay Room" 구상도

능동적 인터랙션

능동적 인터랙션은 관객의 특정 역할이 더 커지고 적극성을 요구한다. 관객이 좀 더 설치 미술에 다가가서 특정 행동이나 참여를 해야 비로소 인터랙션이 이루어진다. 제프리 쇼(Jeffrey Shaw)의 작품 "읽을 수 있는 도시(The Legible City)"는 관객이 직접 고정되어 있는 자전거를 타고 발을 움직여야 가상의 도시를 모니터를 통해 볼 수 있다. 관객이 자전거를 직접 타지 않는다면 인터랙션이 이루어지지 않는다. 적극적으로 관객이 자전거를 타서 물리적으로 움직여야 비로소 성공적으로 상호작용이 이루어진다 할 수 있다. 이 형태의 경우 관객을 얼마나, 어떻게 그 행동영역으로까지 끌어들일 수 있나 하는 것이 관건이며, 복잡한 과정과 인터페이스가 있는 경우 관객의 훈련이나 이해 부족으로 작가의 의도대로 작동이 되지 않을 수도 있다.

바디 인터랙션

관객이 직접 참여하여 인터랙션이 이루어지는 설치 미술에 대한 사례를 소개하고 분석한다. 관객의 온몸을 이용하여만 인터랙션이 이루어지는 전체 바디 인터랙션과 몸의 한 부분만으로 인터랙션이 이루어지는 특정 바디 인터랙션으로 나누어 살펴본다. 앞에서 논한 수동적 또는 능동적 인터랙션에 관한 것을 중심으로 관객 참여의 적극성의 정도를 알아본다.

전체 바디 인터랙션

라파엘 로자노 헤머(Lafael Lozano-Hemmer)의 "기준과 이중기준(Standards and double standards)" 작품은 사용자인 관객의 전체 바디 인터랙션에 의해 완성된다. 수동적 인터랙션의 가장 대표적인 형태는 관객이 자연스럽게 갤러리나 작품이 설치되어 있는 공간을 의도 없이 걸어다니는 것만으로도 인터랙션이 이루어지는 것이다. 라파엘의 이 작품은 작품 주변을 관객이 서 있거나 걷는 위치를 추적하여 혁대의 바클이 계속 관객을 향해 돌아가게 되어 있다. 작품의 움직임이 복잡하지 않지만 여러 개의 혁대가 한꺼번에 관객 자신을 쫓아서 살아 움직이고 쳐다보고 있는 느낌이 들게 만든다. 관객이 의도하지 않고 지나가는 소극적 행동만으로도 자연스럽게 인터랙션이 이루어진다.

비디오 카메라 센서를 이용한 설치 미술은 관객의 모습을 그대로 노출시킴으로 해서 관객에게 많은 호기심과 적극성을 이끌어낼 수 있는 특징을 가지고 있다. 또한 시간성을 이용하여 흥미롭고 다양한 결과물을 이끌어낼 수 있으며 관객 자체가 작품의 소재이자 비주얼 소스가 된다. 스캇 스니브(Scotte Snibbe)는 주로 관객의 모습을 캡처하여 그림자 효과를 이용한 스크린 기반 인터랙티브 설치 미술을 만들어 왔다. 그의 "깊은 벽(Deep Walls)" 작품에서는 관객이 스크린 앞을 지나가거나 어떠한 행동을 한 것을 비디오 카메라로 캡처하여 스크린의 16개로 나누어진 공간 안에 그림자 형태로 재생된다. 16개 중에 어떤 공간에는 현재 관객의 모습이 상영되고 다른 공간에서는 이미 지나간 시간에 촬영된 것이 반복되어 재생된다. 따라서 현재 보이는 스크린에서는 현재 관객 자신의 모습뿐만이 아니라 지나간 관객의 모습까지 동시에 보여진다. 여기서는 관객 자체가 작품의 소스이자 편집자이기 때문에 관객의 바디의 모양이나 모션이 중요한 역할을 하고 있으며 수동적 행동만으로도 인터랙션이 이루어질 수 있으나 적극적인 관객의 퍼포먼스는 좀 더 다이내믹한 작품을 스스로 구성할 수 있다.

Scotte Snibbe의 "Deep Walls"

카밀레 우터백(Camille Utterback)의 작품 "무제 5(Untitled 5)"는 바디가 전체가 붓이 되어 스크린에 추상화를 그린다. 관객이 머리 위에 설치된 카메라가 캡처할 수 있는 영역 안으로 들어오면 관객이 존재하고 있는 위치나 움직임에 따라 스크린에 추상적 이미지가 그려지거나 이미 앞에 사람에 의해 만들어진 그림이 지워지기도 한다. 수동적인 의미에서 걸어가거나 서 있기만 해도 인터랙션이 이루어지지만 관객이 특정한 의도를 가지고 움직이면 그에 따른 그림이 그려질 수 있는 능동성 또한 갖고 있다. 자신의 움직임을 따라 실시간으로 그려지는 인터랙션은 관객 스스로가 예술 작품의 한 부분에 참여하고 있다는 것을 느끼게 해주며 이로 기인하여 적극적인 퍼포먼스와 만족감을 심어 줄 수 있다. 이 경우의 인터랙션에서는 비록 비디오 카메라를 사용하고 있지만 바디의 모양보다는 위치를 추적하는 것에 초점을 두어 인터랙션이 이루어지고 있다.

특정 바디 인터랙션

바디의 특정 한 부분을 이용한 인터랙션 중에 본능적으로 쉽게 사용할 수 있는 것이 손이다. 오감 중에 촉감을 이용한 센서의 발달로 인하여 예술 분야에도 도입이 되어 관객의 직접 체험에 중요한 역할을 하고 있다. 조아킴(Joachin Sauter)의 "떠다니는 숫자(Floating Numbers)"는 9미터의 인터랙티브 테이블에 프로젝트된 영상이 보이고 터치 센서를 가지고 있다. 주변의 관객들이 테이블 위를 만짐으로 해서 그 주변에 과학적, 종교적 또는 예술적 의미를 지니고 있는 숫자들이 떠다니는 영상이 보여진다. 개별적 인터랙티브뿐만이 아니라 멀티 유저의 참여가 동시에 이루어질 수 있으며, 작품 앞을 지나가거나 정적인 자세가 아니라 관객이 직접 손으로 테이블을 만져야 인터랙션이 이루어지므로 적극성을 요구한다. 이런 적극성은 관객의 직접적 체험으로 관객에게 더 많은 인상과 교감을 가질 수 있다.

Joachim Sauter의 "Floating Numbers"

쿠미코(Kumiko Kushiyama)의 "온각(Thermesthesia)" 작품은 사람의 체감 온도를 이용한 인터렉션을 가지고 있다. 앞서 보여준 사례와 마찬가지로 터치를 이용한 작품이지만 이 작품은 압력 센서가 아닌 온도 센서를 이용하여 각 사각 모듈 위를 관객이 만지거나 접촉하면 온도에 따라 비주얼이 보이고 색상이 변한다. 때문에 각 온도에 따른 다른 반응과 변화로 더 복잡하면서도 다양한 경우의 수와 결과물을 볼 수 있다. 이 인터랙션은 관객이 촉각과 느낌에 대한 경험을 가질 뿐만 아니라 만지자마자 즉각적이면서 직접적인 반응을 보여주기 때문에 관객들의 흥미를 북돋울 수 있다.

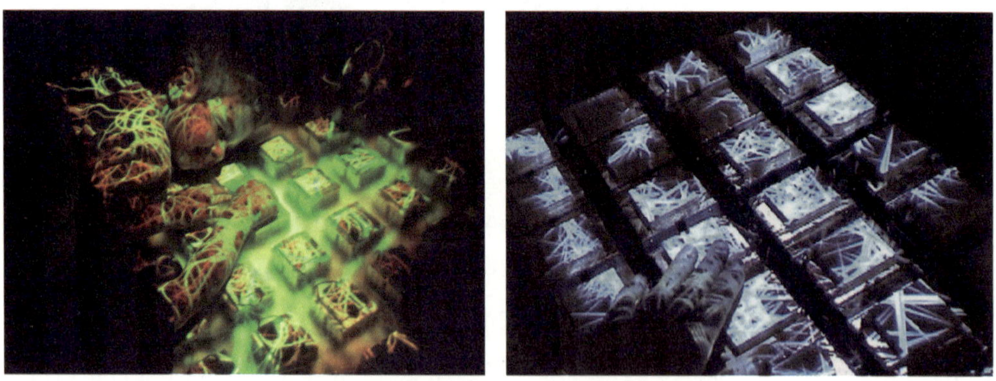

Kumiko Kushiyama의 "Thermesthesia"

"리: 마크(RE:MARK)"는 잭커리 리버만(Zachary Lieberman)의 작품으로 사람이 몸으로 만들어 낼 수 있는 사운드를 가지고 인터랙션을 만든다. 즉, 보이지 않는 사운드를 인터랙티브하게 비주얼로 보이게 한다. 관객이 스크린 앞에 설치되어 있는 마이크에 대고 말을 하거나 소리를 내면 스크린에 보이는 자신의 그림자 머리 위로 문자나 그래픽 심볼이 애니메이션되어 솟아나는 것처럼 보인다. 관객이 직접 마이크 앞에 서서 말을 하지 않으면 인터랙션이 이루어지지 않으므로 앞에 보여준 사례들보다 한 단계 더 높은 관객들의 능동성을 요구하며 바디의 위치와 사운드, 비주얼이 복합적으로 이루어진 설치 작품이라 할 수 있다. 이 경우 관객의 머리 위치를 감지하는 인터랙션과 사운드를 실시간으로 그래픽 비주얼로 보여주는 인터랙션이 동시에 이루어지고 있다.

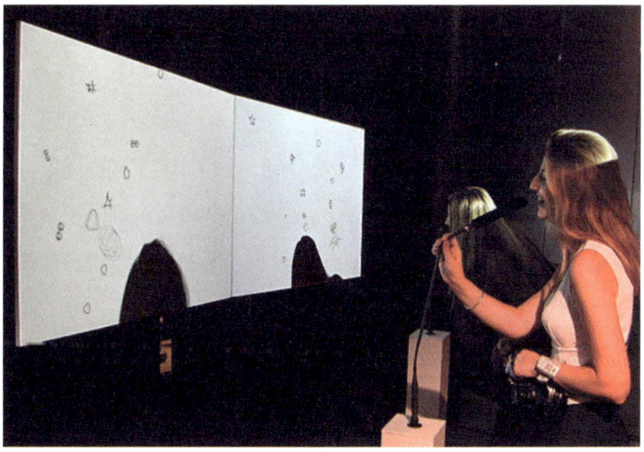

Zachary Lieberman의 "RE:MARK."

Section 04

디자인 구현

(1) 프로토타입 제작

프로토타입은 기획하고 설계한 것을 대량 생산에 앞서 미리 제작해보는 과정을 말한다. 모형을 만들거나 서비스를 테스트하기 위해 디자인한 내용을 실제로 구현한다.

디지털 프로세스가 포함된 UX 디자인은 다음과 같은 구현 단계를 갖는다. 인터랙션까지 포함한 디자인이라는 전제하에 사용자가 시스템에 접근하여 조작하게 되고, 조작에 의한 입력 데이터가 감지되어 시스템에게 알려준다. 입력받은 데이터는 미리 프로그래밍된 알고리즘에 따라 디지털 프로세싱을 거쳐 반응을 보여 출력된다. 출력된 결과는 사용자가 오감에 의해 감지할 수 있는 상태로 나타나고 결과에 따라 사용자는 그 다음 단계를 진행한다.

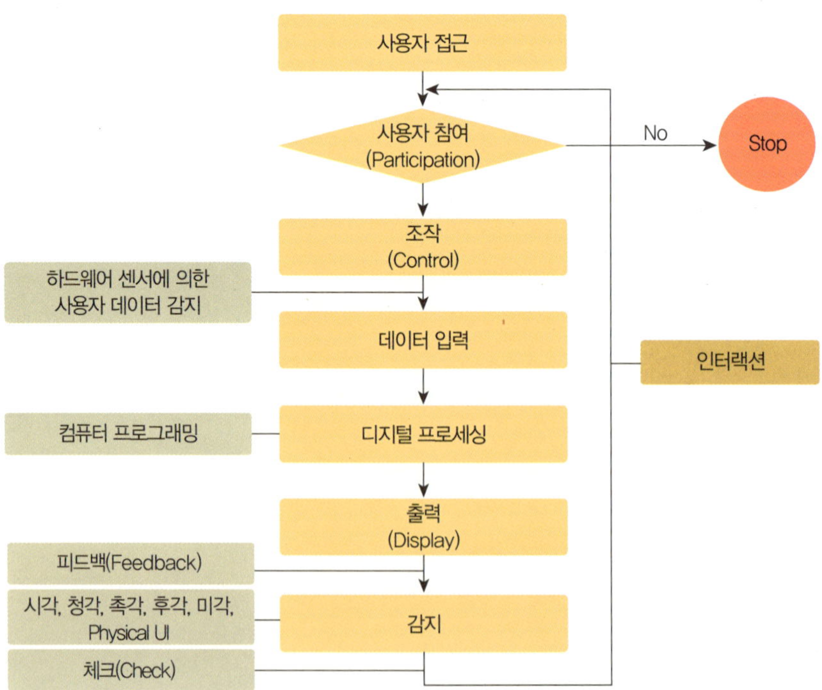

기본 인터랙션 과정

프로토타입은 페이퍼 프로토타입, 디지털 프로토타입 등으로 분류할 수 있다. 페이퍼 프로토타입은 실제로 구현되는 모든 과정을 종이에 한 장면, 한 장면을 시나리오 대로 그려서 시현해보는 것이다. 장면 장면을 잘라내어 테스트해볼 수도 있다. 물리적 공간에서의 인터랙션 디자인은 스케치나 공간 구성, 설계도와 같은 형태로 표현한다.

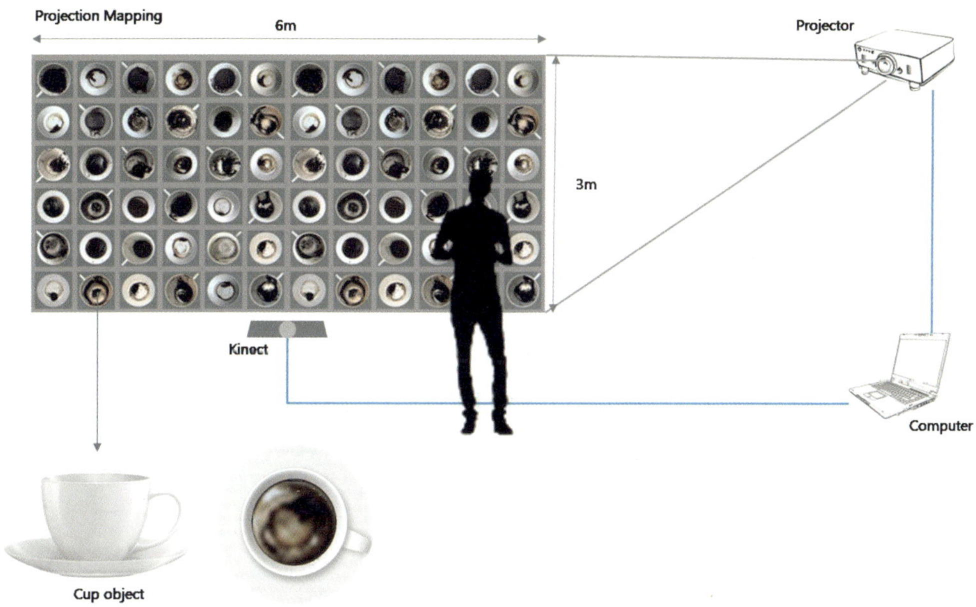

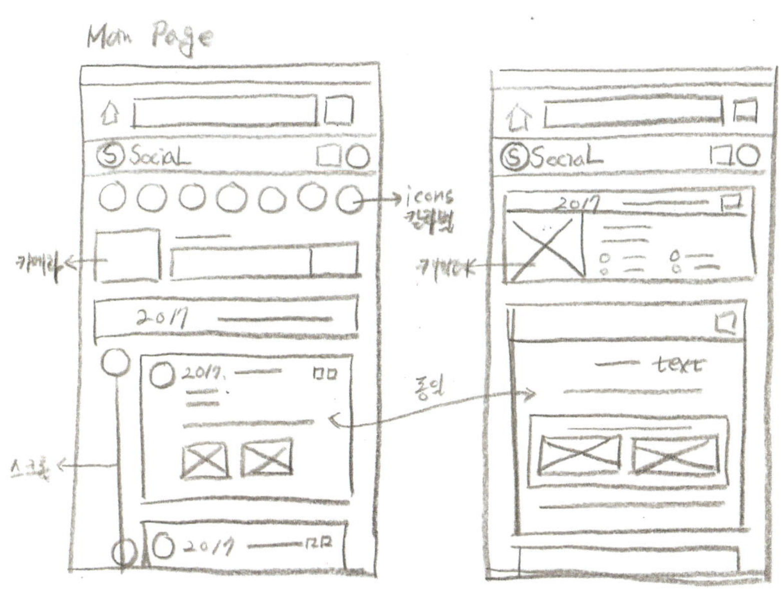

<IA>

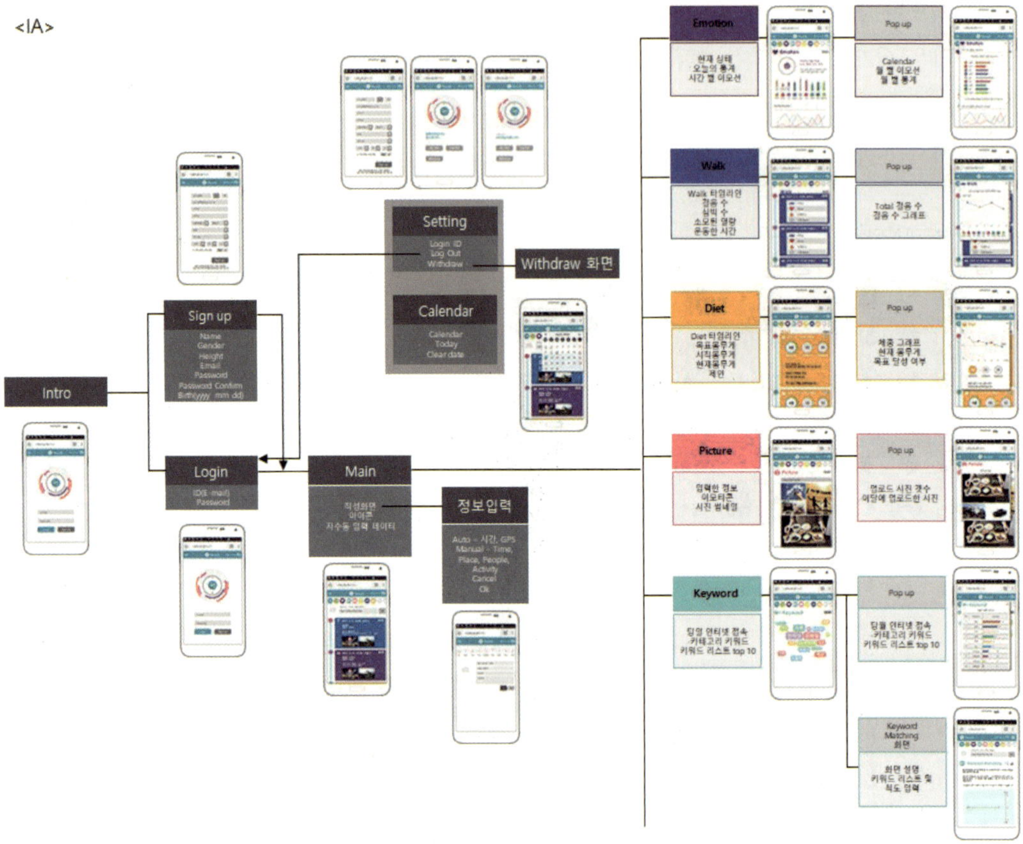

Information Architecture

최근에는 이러한 과정을 소프트웨어상에서 실제로 클릭하고 인터랙션 입력과 출력이 작동되게 해주는 툴이 사용되고 있다. 예를 들어 애플리케이션을 디자인하는 데 있어서 정해진 메뉴를 구성하고 대략의 레이아웃을 구성하고, 인터랙션 형태를 선택하여 실제로 구현하는 것처럼 시나리오 과정을 테스트해볼 수 있다. 이러한 과정은 말이나 텍스트로 상상했던 것과는 달리 생각지도 못한 오류나 불필요한 과정 또는 꼭 필요한 요소들이 발견된다. 머릿속으로 그렸던 과정보다 구체적으로 상황이 설계되고, 많은 오류를 없애주고, 사용자에게 더 쉽고 편리한 인터랙션을 제공하는 데 많은 도움이 된다.

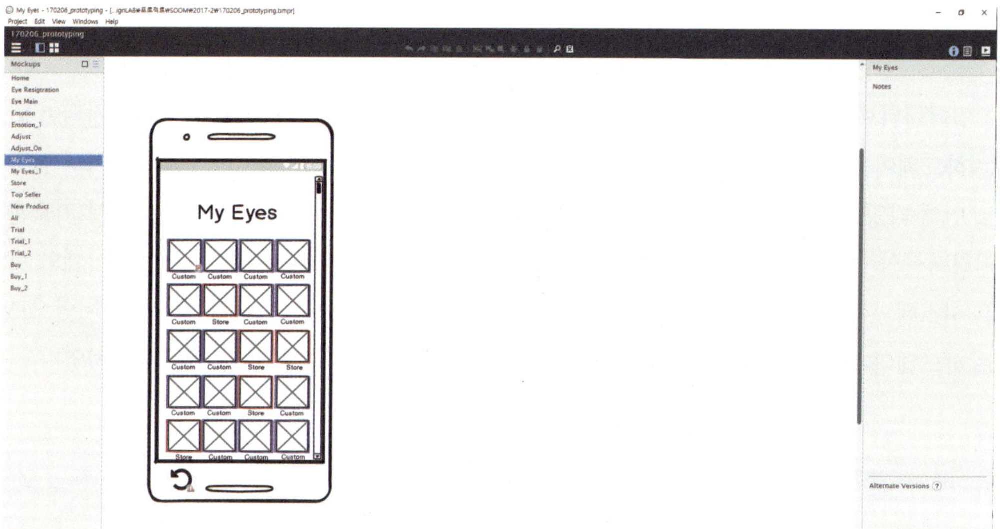

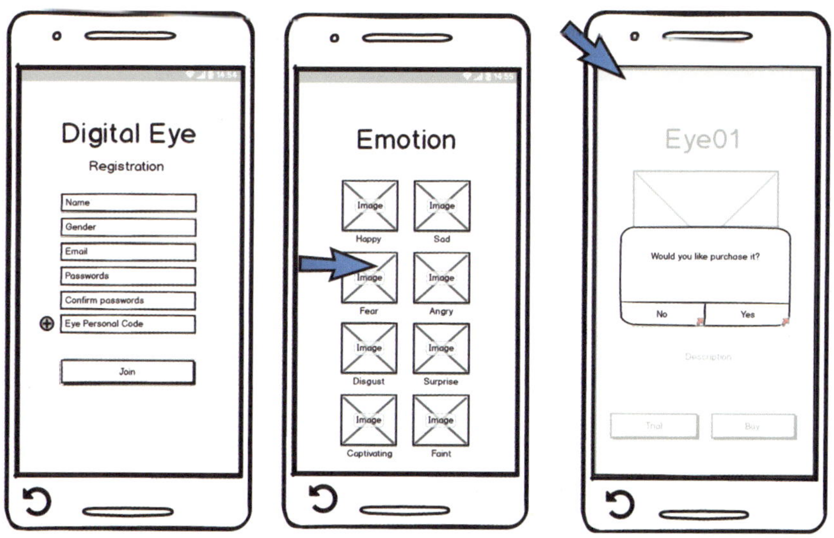

또한 오브제나 물리적 제품의 경우 3D 프린팅이나 레이저 커팅기를 이용하여 실제 만들어질 것과 같은 사이즈로 조립하고 만들기도 한다. 과거에는 샘플 테스트를 하나 만들기 위해서 비용과 시간이 많이 들었지만, 최근에는 이러한 기술을 이용하여 손쉽게 스스로 제작이 가능하며, 문제가 있을 경우 바로 수정하여 다시 프로토타입을 만들어 빠른 시간 내에 저렴한 비용으로 보완할 수 있다.

(2) 하드웨어

인터랙티브 스페이스에서의 사용자는 자신이 시스템을 제어하는 정보를 공간에 설치되어 있는 하드웨어를 통해 입력한다. 최첨단 기술의 발전으로 컴퓨터와 연계된 하드웨어 센서의 발달로 인해 다양한 방법으로 시스템을 조작하고 데이터를 입력할 수 있다. 하드웨어 센서 기술은 인터랙션의 형태와 과정, 입력 데이터 형태를 결정하는 필수 요소이다. 작은 규모의 기계와 같은 시스템과는 달리 사용자의 신체 일부분뿐만 아니라 전체가 인터페이스에 들어올 수 있으므로 하드웨어 센서를 신체 전체 또는 특정 부분이 제어하는지에 따라 다음과 같이 분류하였다.

센서의 종류

분류	감지 정보	센서 종류
신체 전체	위치	• 거리 센서(Distant Sensor) • 광 센서(Optical Sensor) • 모션 센서(Motion Sensor) • 적외선 센서(Infrared Sensor) • 압력 센서(Pressure Sensor)
	이미지	• 이미지 센서(Image Sensor) • 카메라(Camera) • 웹캠(Webcam)
신체의 특정 부분	접촉	• 압력 센서(Pressure Sensor) • 온도 센서(Temperature Sensor) • 터치 센서(Touch Sensor)
	사운드	• 사운드 센서(Sound Sensor)

첫째, 신체 전체에 대해 위치나 이미지에 대한 정보를 감지하는 센서가 있다. 공간에 사용자가 존재한다는 것은 그 자체가 특정 위치를 차지하고 있다는 것이다. 공간은 3차원이기 때문에 사용자의 위치는 수평에 대한 X값, 수직에 대한 Y값, 깊이에 대한 Z값에 대한 정보를 갖는다. 센서의 종류에 따라 3차원 모두의 값을 측정할 수 있고, 경우에 따라서는 2차원적인 값만 감지하거나 센서와 움직이는 객체에 대한 거리로만 정보를 추적하기도 한다.[10] 예를 들어 옥외에 인터랙티브 스페이스를 구성한 'Big in Japan' 광고물은 모션 센서가 장치되어 있어 설치물 앞에 사용자가 나타나면 움직임을 감지하여 팬(Fan)이 함성을 지르는 듯한 사운드가 플레이된다. 라파엘 로자노 헤머(Rafael Lozano-Hemmer)의 작품 "기준과 이중 기준(Standards and Double Standards)"은 이미지 센서인 감시용 카메라를 이용하여 천정에 매달려 있는 수

10) Dan O'Sullivan, *Tom Igoe, Physical Computing*(Course Technology, 2004).

많은 벨트의 버클이 사용자를 향해 회전하도록 만들었다. 카메라는 사용자의 이미지 정보를 형태 그대로 받아들일 수도 있고, 컬러를 읽을 수 있어 컬러 트래킹(Color Tracking)에 의해 위치 값이나 형태 값을 변환한 사용자의 모션과 실루엣 추출도 가능하다.[11]

Big in Japan

Rafael Lozano-Hemmer의 "Standards and Double Standards"

둘째, 신체의 특정 부분을 감지하는 센서에는 접촉 감지와 사운드 감지가 있다. 접촉 감지인 터치 센서나 압력 센서는 주로 신체의 손이나 발에 의해 접촉되는 위치 값이나 온/오프(On/Off)를 알려주기 위한 정보를 받는다. 최근 터치 스크린을 장착한 모바일이나 디스플레이의 비약적인 발전과 대중화로 사용자는 공간에서의 터치 센서에 대한 인식이 과거보다 익숙하게 조작하게 되었다. 터치 스크린을 조작하기 위한 제스처와 인터페이스가 지속적으로 연구되고 있으며 인터랙티브 스페이스에서는 주로 터치 테이블이나 벽면에 설치되어 사용자의 인간 척도상 손이 편리하게 닿을 수 있는 곳에서 작동된다. 예를 들어 Art+Com 회사에서 제작한 조아킴(Joachim Sauter)의 "떠다니는 숫자(Floating Numbers)"는 9m×2m 크기의 대형 터치 테이블을 제작하여 개별 또는 그룹의 사용자들이 손을 터치하여 변화하는 영상과 이미지를 경험하였다. MIT 미디어 랩(Media Lab)의 하이-로우 테크(High-Low Tech) 그룹이 개발한 "살아 있는 벽(Living Wall)"이다.[12] 이 벽은 제목 그대로 살아 있는 벽과 같이 사용자가 벽의 일부에 손을 대면 벽의 곳곳에 있는 작은 램프에 불이 들어오고 음악이나 새소리 같은 사운드를 들을 수 있다.

11) Tom Igoe, *Making Things Talk*(O'Reilly, 2007).

12) http://www.media.mit.edu/research/groups/high-low-tech(MIT Media Lab, High-Low Tech)

Art+Com의 "Floating Numbers"

High-Low Tech의 "Living Wall"

사용자에 대해 입력할 수 있는 정보에는 물리적인 신체뿐만이 아니라 목소리와 같은 특정 부분도 있다. 직접 신체적인 접촉이 있지 않아도 사용자가 만들어 낼 수 있는 정보이며 신체적 움직임보다 쉽고 즉각적으로 제어할 수 있는 요소이다. 사용자의 목소리나 또는 사용자가 공간과의 관계 속에서 만들어지는 움직임의 소리 등을 감지할 수 있는 사운드 센서가 있다. 인터랙티브 스페이스에서 사운드의 볼륨만을 측정할 수 있는 센서도 있고, 인간의 언어 자체를 인지할 수 있는 시스템도 있다. 인터랙티브 스페이스가 조직적으로 구성된 유비쿼터스 공간에서는 사람이 말하는 목소리만으로 모든 것을 제어하는 시스템을 구현하기도 한다. 골란(Golan Levin)과 제커리(Zachary Lieberman)가 구현한 퍼포먼스 "메사 디 보스(Messa di Voce)"는 공간의 벽과 같이 배우가 말하는 것에 따라 특정 그래픽 이미지가 영상으로 채워진다. "Dune 4.0-Daan Roosegaarde"은 마치 정원의 식물처럼 조명 오브제를 세우고 사용자의 사운드를 감지하여 소리가 크면 주변의 조명에 불이 밝게 켜진다.

Golan Levin & Zachary Lieberman의 "Messa di Voce"

"Dune 4.0-Daan Roosegaarde"

(3) 디지털 프로세싱

센서를 통해 받은 정보는 컴퓨터를 통해 미리 디자이너나 개발자에 의해 설계되어 있는 출력 결과물을 위해 디지털 프로세싱 과정을 거친다. 이 과정은 사용자 입장에서는 인지할 필요가 없지만 인터랙티브 스페이스를 디자인하는 디자이너에게는 중요한 과정이 된다. 대부분의 처리 과정은 프로그래밍 기술에 의해 시스템 안에서 빠르게 처리되고 실시간으로 사용자에게 디스플레이 해주기 위해 가장 효과적인 방법을 선택한다. 주로 C언어나 Java와 같은 프로그래밍 언어를 사용하지만 최근 디자이너가 쉽게 접근할 수 있도록 개발된 Processing, Max/Jitter, 스크립트 언어 등의 언어나 소프트웨어가 각광받고 있다. 센서와 같이 작용해야 하기 때문에 센서와 공간에서의 설치, 그리고 출력해야 할 결과물과의 연계성을 가지고 디지털 프로세싱을 위한 툴을 선택해야 한다.

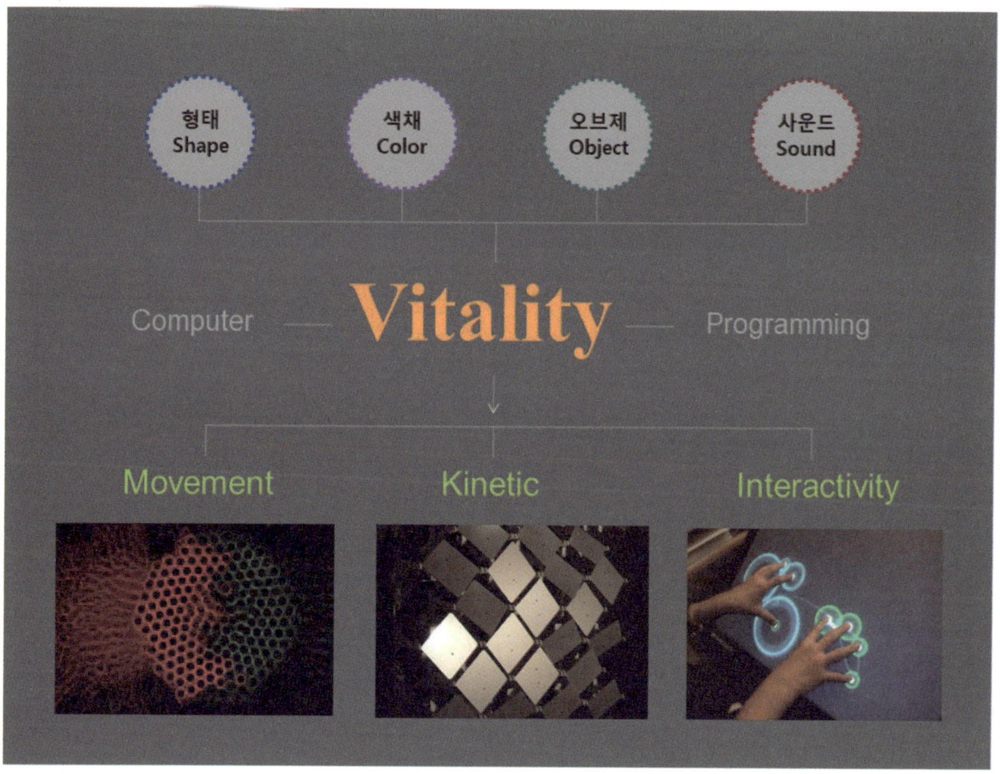

알고리즘(Algorithm)은 어떤 문제를 해결하기 위한 절차와 그 방법을 말한다. 컴퓨터 프로그래밍 과정에서는 컴퓨터가 어떠한 계산이나 일을 수행하기 위한 규칙, 단계적 방법, 절차를 알고리즘이라고 한다.

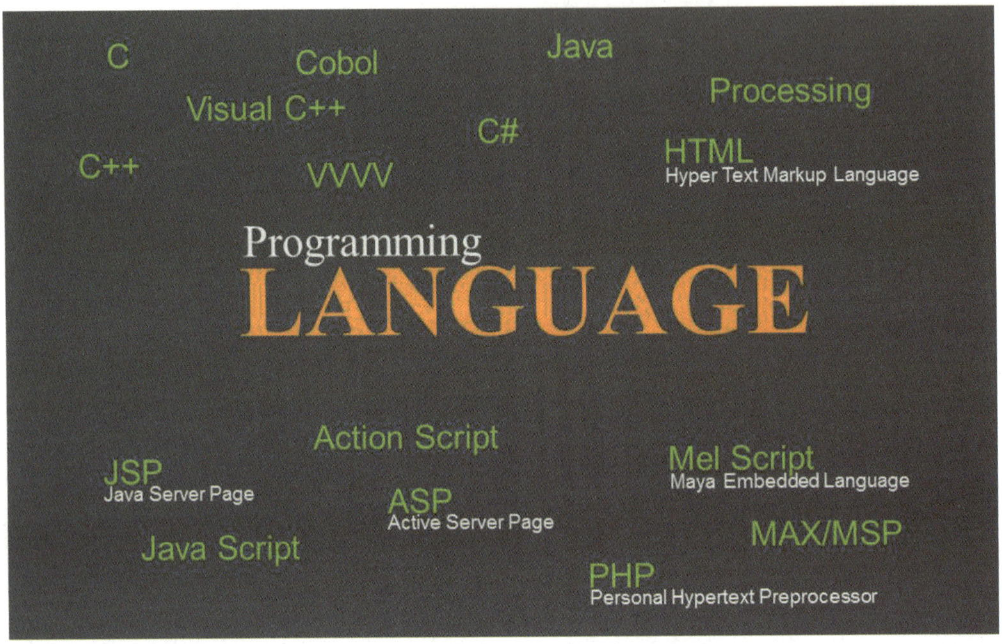

Interesting Ⅳ

손에 잡히지 않는 실재 – 홀로그래피 콘텐츠

기술을 말하는 'Technique' 또는 'Technology'는 'Techne'라고 하는 고대 그리스어를 어원으로 둔 것으로 법칙에 입각한 합리적인 제작 활동을 의미한다. 이 단어에서부터 'Ars'로, 그리고 이것이 'Art'로 발전된 것이다. 즉, 현재 우리가 예술이라는 뜻으로 생각한 단어가 기술이라는 단어에 뿌리를 두고 있다는 것이다.

이런 이유에서인지 최첨단 기술이 예술 영역에서는 두려움 없이 많은 시도가 이루어지고 있다. 상업화되고 대중화되기 위해서는 시간과 기반이 필요하지만, 예술이라는 영역은 항상 새로운 관점을 찾고 독특한 표현 방법을 추구한다는 특징 때문에 많은 예술가들이 최첨단 기술을 활용하여 자신의 철학과 메시지를 대중에게 전달하고 있다. 최근 최첨단 기술의 대표적인 형태 중의 하나인 홀로그래피 기술 역시 예술의 영역에서 새로운 콘텐츠의 형태로 나타나고 있다.

홀로그래피(Holography)는 전체라는 'Whole'이라는 단어와 'Writing'이라는 의미를 가진 'Graphy'가 합쳐져서 만들어진 용어이다. 즉, 전체를 입체적으로 실재감 있게 보이는 영상을 말한다. 홀로그래피는 미래의 기술이지만 그 기조와 컨셉은 오래전부터 발전되어 왔다. 17세기에는 신기한 원근법이나 광학과 투시법에 의한 환상인 'Illusion'을 만들어 왔다. 바닥에 펼쳐진 형태 모를 추상적 그림이 가운데 위치한 원통형의 오브제에 굴절이 되면 사람 얼굴과 같은 형태가 비추어진다.

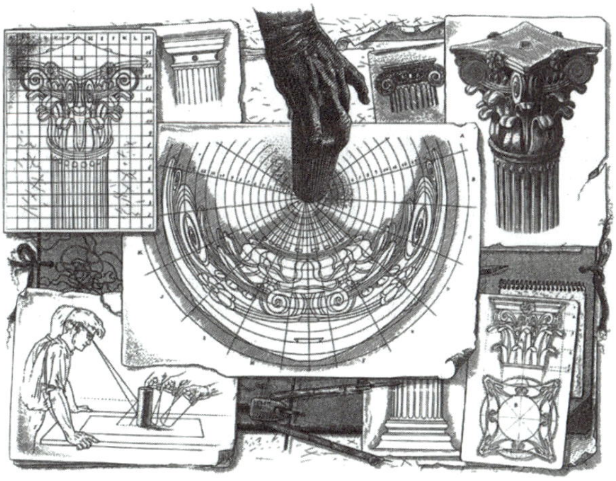

뤼미에르 형제는 이러한 그림을 프로젝터의 원리로 살아 움직이는 영상으로 만들었고, 초현실주의 작가인 살바도르 달리(Salvador Dali)는 이미 이러한 원리를 이용한 홀로그래피 작품을 1968년도에 선보였다.

찰스 메톤(Charles Matton)은 프로젝터를 이용한 홀로그래피 효과를 이용한 "안나의 회상과 도서관(Bibliotheque avec un souvenir d'Anna)" 작품을 만들었고, 프랑스 작가 피에릭 소린(Pierrick Sorin)은 실제와 가상적 영상의 혼합으로 새로운 시각 작품을 선보였다. 가상 이미지가 현실 안에 개입되는 의미를 표현하였다.

최근에는 공연이나 테마파크, 공간 예술 등의 형태로 다양한 스토리와 연결하여 새로운 콘텐츠로 발전하고 있다. 새로운 장르의 엔터테인먼트 형태와 증강현실 방식으로 확대되고 있다.

Chapter

5

Service:

UX 디자인 평가 및 서비스 (Evaluation)

1. 사용성 평가
2. UX 디자인 서비스
3. 미래의 감성 UX 디자인

UX 디자인에 대한 리서치 방법과 사용자 경험에 대한 분석 방법을 연구하여 디자인 경영 또는 디자인 평가에 활용할 수 있도록 한다. 주요 UX 디자인 사용성 평가에 대한 요소들을 정리하고, 실제 사용성 평가 방법을 살펴본다. 제품 디자인에서 활용되어 왔던 전통적인 사용성 평가 방법과 그 외에 최근 글로벌 트렌드를 이끄는 UX 디자인 회사의 사용성 평가 방법을 인용하여 소개한다. 또한, UX 디자인 서비스 사례들을 살펴보고 미래의 감성 UX 디자인과 트렌드를 예측해본다.

Section
01
사용성 평가

(1) 사용성

사용성(Usability)이란 제품이나 서비스를 사용하면서 얼마나 편리하게 잘 사용할 수 있는가를 말한다.

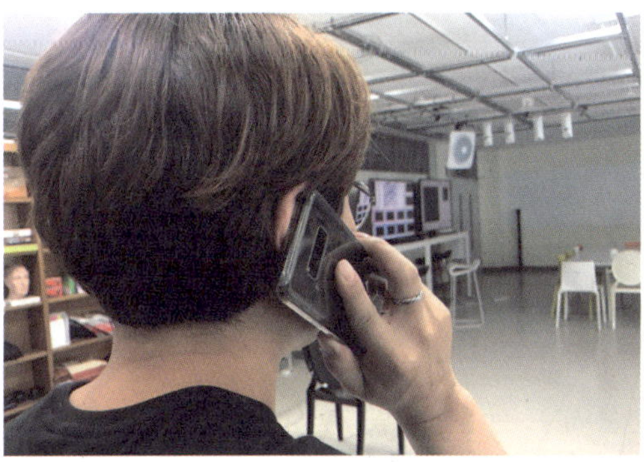

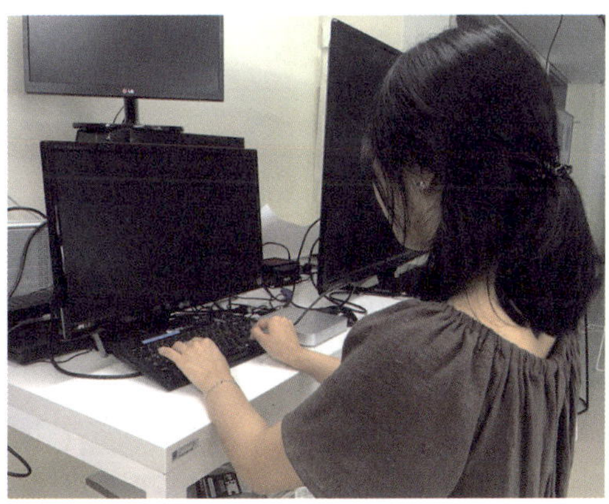

국제표준기구인 ISO(International Organization for Standardization)에 의하면 다음과 같이 정의하고 있다.

"사용자가 사용하는 제품의 유효성, 효율성, 만족도, 이용 상황에 대한 사용 정도(The

extent to which a product can be used by specified users to achieve specified goals with effectiveness, efficiency, and satisfaction in a specified context of use.)"

(2) 사용성 평가 요소

제이콥 닐슨(Jakob Nielsen)의 사용성 평가 방법

사용성 컨설턴트인 제이콥 닐슨은 사용성 검증을 위해 5가지 조건을 정의했다. 사용성 목표를 위해 갖추어야 할 요소로 학습용이성, 효율성, 기억용이성, 오류(낮은 빈도율), 만족성을 말했다.

학습용이성(Learnability)	사용자는 시스템을 빨리 배울 수 있어야 하며, 이는 사용자가 숙달단계에 이르기까지의 소요 시간을 측정하여 평가할 수 있다.
효율성(Efficiency)	숙련된 사용자들도 보다 높은 수준의 작업을 수행할 수 있도록 시스템이 효율적이어야 한다.
기억용이성(Memorability)	사용자가 일정기간 사용하지 않았을 때 모든 것을 전부 다시 배워야 할 필요 없이 시스템을 재사용할 수 있도록 기억하기 쉬워야 한다.
오류(Error)	시스템은 사용자가 그 시스템을 사용하는 동안 오류를 범하지 않게 하는 낮은 오류율을 가져야 하며 오류에서 쉽게 회복될 수 있어야 한다.
만족성(Satisfaction)	사용자가 주관적인 만족감을 가질 수 있도록 즐겁게 사용할 수 있어야 한다.

학습용이성(Learnability)

학습성은 배우기 쉬운가에 대한 것이다. 사용자가 시스템을 사용하는 전체 과정 중에서 기본적인 사용법이나 기능은 가능한 한 빠른 시간 내에 수행할 수 있도록 하는 것이 좋다. 학습의 긍정적인 효과인 보상의 원리에 따라 사용자가 조작 또는 수행에 따른 결과는 즉각적으로 제공하는 것이 효능감을 높여준다. 어떤 시스템을 처음 다루는 사람일지라도 숙달되는 데 이르는 시간이 적을수록 사용성이 좋은 것이다.

효율성(Efficiency)

효율적으로 사용할 수 있는가에 대한 것으로 빠르게 하고자 하는 수행 또는 목표를 달성하게 해주는 것을 말한다. 그렇지만 효율성을 지나치게 강조하다 보면 시스템 자체가 복잡해져서 오히려 학습용이성이 떨어질 수 있다. 따라서 보편적으로 배우기 쉬우면서 과제수행을 빠른 시간 안에 해결해주는 인터페이스 요소를 적용해야 한다. 예를 들어 기능키(Function Keys)나 단축키(Shortcut), 팝업(Pop-up) 메뉴 등이 효율성을 높이는 좋은 방법이 된다.

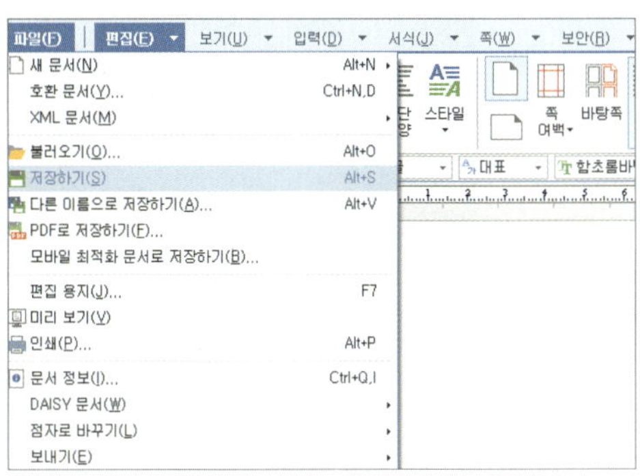

기억용이성(Memorability)

기억용이성은 기억하기가 쉬운가에 대한 것으로 가능한한 기억의 부담을 줄이는 것을 목표로 한다. 예를 들어 청각적으로 유사한 정보나 비슷한 네이밍은 작업 기억에서 혼동의 가능성이 높다. 따라서 명령어 이름이나 메뉴 항목은 뚜렷하게 구분하고 쉽게 기억할 수 있는 어휘를 사용하는 것이 좋다.

또한 인간은 언어적인 요소보다 그림 요소에 기억력이 더 우수하다. 그렇기 때문에 아이콘과 같은 그림이나 이미지를 활용하는 것도 효과적이다. 특히 완전히 새로운 것을 만들어 제공하는 정보보다는 기존에 사용하고 있었던 상징이나 정보를 적용하는 것이 기억을 상기시키는 것에 도움이 된다. 인터페이스의 내용이나 정보를 의미적으로 유사한 것으로 조직화하여 제시되면 기억가능성도 높아진다. 예를 들어 포토샵 소프트웨어의 메뉴 네이밍은 본래 사진 분야에서 사용하는 단어로 네이밍이 되어 있다. 포토샵의 본래 목적이 사진을 편집하는 기능이기 때문에 이러한 의미적 연계는 '사진'이라는 공통분모에 의해 기억하기 용이해진다.

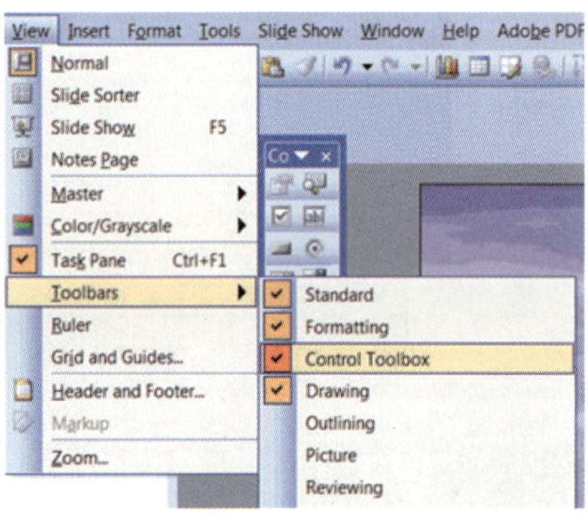

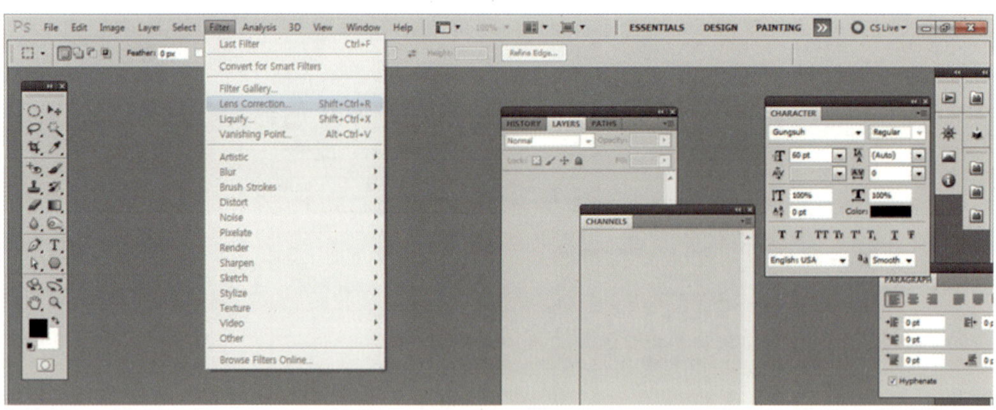

오류(Error)

사용자가 얼마나 자주 실수를 하는가에 대한 것으로 빈도수가 적어야 사용가 평가 점수가 높아진다. 오류가 발생하지 않는 것이 제일 좋지만 오류가 발생하더라도 바로 복구가 빨리 되고 그 방법을 쉽게 사용자가 인지하여야 한다. 그래서 일반적으로 시스템에서 오류가 발생되는 사용자에게 팝업창이나 메시지를 통해 바로 알려준다. 오류가 발생되었다는 것을 알려주고 시스템 측면에서 가능하면 복구할 수 있는 방법을 제시해야 한다.

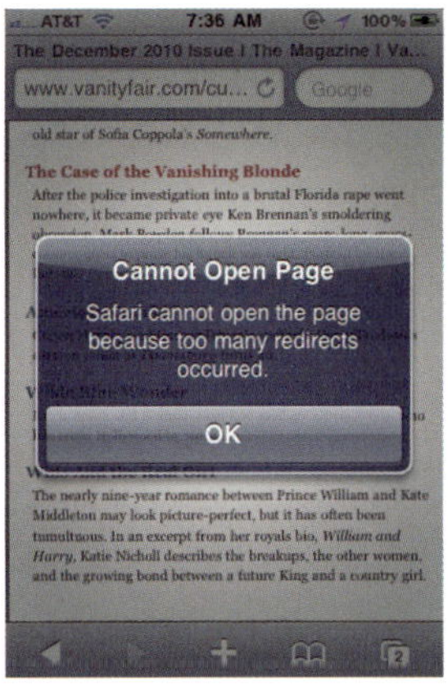

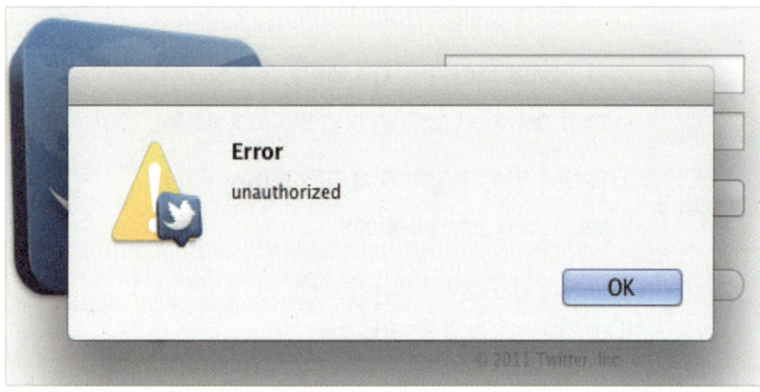

만족성(Satisfaction)

만족성은 사용자의 주관적 만족도를 측정하는 것이다. 좁게는 시스템이나 서비스를 사용할 때의 즐거운 정도를 볼 수도 있고 넓게는 사용하게 되는 동기나 목표부터 감성적 즐거움과 결과에 대한 긍정적인 평가까지 포함할 수 있다.

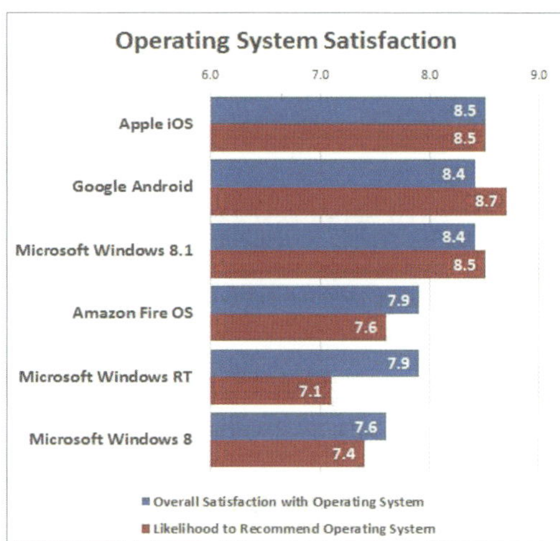

Readers' Choice Awards 2014: Tablets and Ebook Readers

제이콥 닐슨(Jakob Nielsen)의 인터페이스 사용성 평가 방법

닐슨이 유저 인터페이스 디자인을 위한 휴리스틱 사용성 평가 원칙 10가지를 제안하였다.

N1	시스템의 현재 상태를 시각적으로 보여주는가? (Visibility of system status)
N2	현실 세계와 부합되는 시스템인가? (Match between system and the real world)
N3	사용함에 있어 적절한 통제권을 부여하는가? (User control and freedom)
N4	일관성과 표준성이 나타나는가? (Consistency and standards)
N5	실수 방지를 위한 설계가 되어 있는가? (Error prevention)
N6	적은 인지적 노력으로도 시스템을 사용할 수 있는가? (Recognition rather than recall)
N7	시스템을 유연하고 효율성 있게 사용할 수 있는가? (Flexibility and efficiency of use)
N8	심미적이고 간결한 디자인을 제공하는가? (Aesthetic and minimalist design)
N9	사용자들은 에러 발생 시 스스로 문제를 파악하고 수정할 수 있는가? (Help users recognize, diagnose, and recover from errors)
N10	사용자에게 충분한 도움말을 제공하는가? (Help and documentation)

N1. 시스템의 현재 상태를 시각적으로 보여주는가? (Visibility of system status)

현재 내가 수행한 명령에 대해서 또는 시스템이 작동하고 있는 현재 상태를 시각적으로 알려주어야 한다. 예를 들어 로딩화면은 진행하고 있는 프로세스에 따라 전체 중에 얼마만큼 진행이 되고 있는지를 나타내어 제대로 작동이 되고 있는지, 앞으로 얼마만큼 남았는지 등을 예측할 수 있도록 보여준다. 단순한 바 형태나 원형 형태를 사용하지만 때로는 위트 있는 디자인이나 특수효과 등으로 기다리는 사용자를 지루하지 않게 하는 장치들을 넣기도 한다. 또 다른 예로 영화관이나 공연장 예약을 위한 자리에 관련된 정보를 사용자들이 쉽게 인지할 수 있도록 실제 좌석 배치에 맞도록 시각화하여 제시하고 있다. 그리고 현재 좌석이 이미 예약이 된 것과 예약이 가능한 좌석을 색으로 구분하여 서비스를 제공한다.

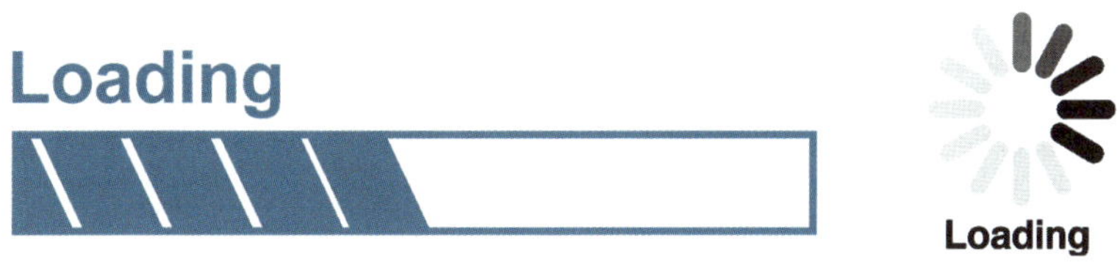

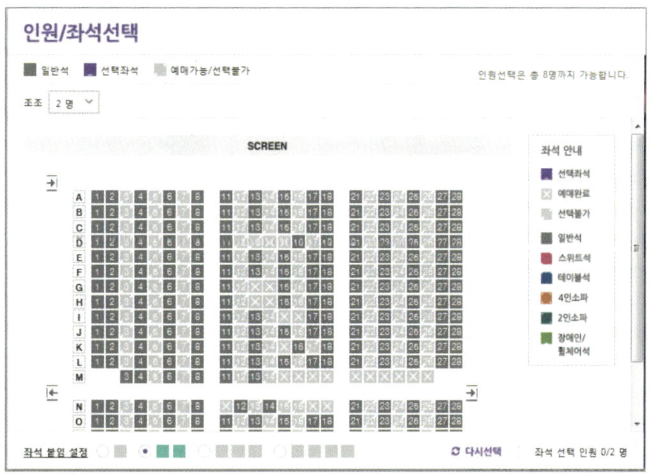

N2. 현실 세계와 부합되는 시스템인가? (Match between system and the real world)

시스템이나 서비스는 반드시 사용자가 사용하는 언어, 단어, 문구, 컨셉 등 평소 현실세계에서 사용되는 친근한 아이템을 활용해야 한다. 즉, 시스템에 오리엔티드되는 것이 아니라 사용자 중심의 입장에서 이해하기 쉬운 메타포(Metaphor)들로 디자인되어야 한다. 예를 들어, iBooks는 우리 생활 속에서 항상 보아 왔던 책장 형태에 실제 책과 같은 비주얼로 디스플레이 함으로써 디지털의 낯선 책 읽기가 아닌 아날로그적 감성을 가지고 독서를 할 수 있는 서비스를 제공한다. 또한 실제로 현실 세계에서 책장을 넘겨 가며 책을 읽는 동작을 디지털 시스템에서도 그대로 차용하여 제스처 동작을 설계하여 자연스러운 UX 디자인을 구현하고 있다. 메타포로 가장 널리 알려진 것은 휴지통 아이콘이다. 일상 생활 속에서 필요 없는 것을 버리는 것과 같은 휴지통 형태로 아이콘을 디자인하여 파일이나 정보를 버려서 삭제하는 의미로 사용된다. 그 이외에 마켓에서 장을 보는 것과 같이 쇼핑하여 물건을 담는 카트나 장바구니 형태의 아이콘이나 음악을 플레이하고 정지하는 등의 기능 버튼을 현실 세계에서 사용하는 버튼과 같은 모양으로 디자인하게 된다.

N3. 사용함에 있어 적절한 통제권을 부여하는가? (User control and freedom)

사용자는 종종 실수에 의해 잘못된 기능을 선택하기도 하고, 원하지 않은 상태에서 벗어나고 싶을 때가 있다. 이러한 때 시스템 안에서 사용자가 적절하게 기능이나 상태를 조절할 수 있는 여지를 주어야 한다. 예를 들어, 포토샵 소프트웨어에는 'History' 기능이 있어서 'undo'

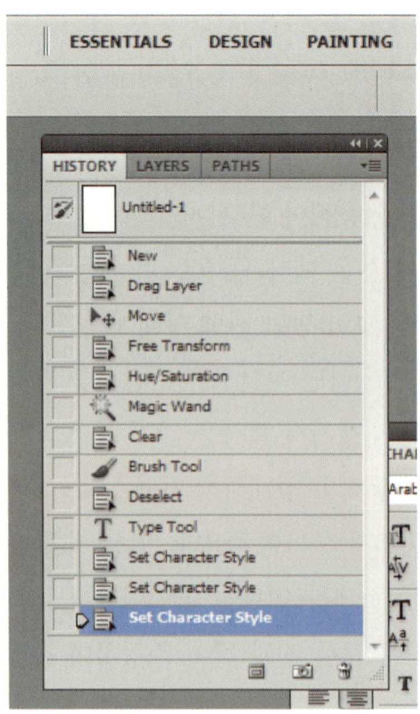

나 'redo' 기능 이외에 자신이 수행했던 과정 중에서 원하는 곳으로 되돌아 갈 수 있는 통제권을 부여하고 있다.

N4. 일관성과 표준성이 나타나는가? (Consistency and standards)

사용자는 다른 단어, 다른 상황 또는 다른 액션에 대해서는 같은 의미인지를 혼동하지 않게 해야 한다. 항상 같은 의미는 같은 단어 또는 형태나 액션으로 일관성과 표준성을 지켜주는 것이 좋다. 관습적으로 사용해 온 형식은 사용자에게 익숙해져 있는 만큼 무조건 새로운 디자인보다는 사용자들의 관습을 적절하게 고려할 필요가 있다. 아이콘과 같은 디자인 요소도 일관성을 지켜야겠지만, 최근에는 한 가지 콘텐츠 또는 서비스에 대해서 여러 가지 미디어나 플랫폼을 사용하고 있기 때문에 이를 고려한 통일성과 일관성이 중요해졌다. 비록 화면 사이즈나 하드웨어 시스템이 다르더라도 사용자가 동일한 방식으로 서비스를 이용할 수 있도록 해야 한다. 동일한 정보는 같은 위치, 같은 액션, 같은 색상 등의 일관성을 유지하는 것이 좋다.

N5. 실수 방지를 위한 설계가 되어 있는가? (Error prevention)

에러 메시지보다 더 좋은 것은 에러를 미리 방지하는 것이다. 따라서 사용자가 실수를 일으키키 쉬운 일이나 중요한 행위에 대해서는 액션이 일어나기 전에 확인을 하거나 현재 상태를 체크해주는 기능이나 메시지가 필요하다. 에러를 줄이기 위해서는 사용자의 기억에 대한 부담을 최소화하고 필수적 요소에 대해 자주 잊고 넘어가는 것에 대해서는 강제적으로 수행할 수 있게 유도해야 한다.

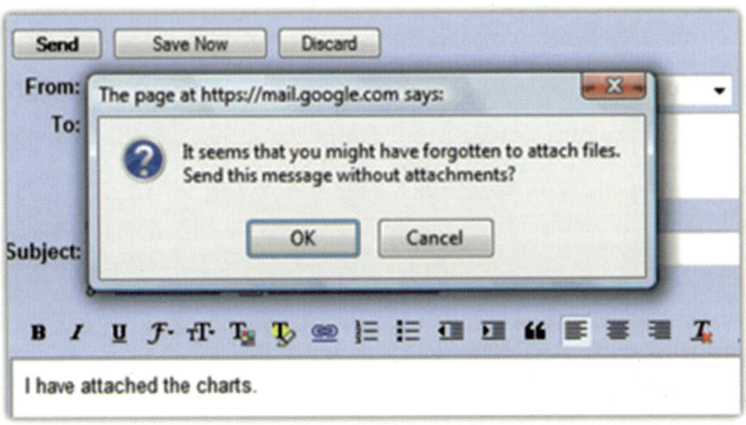

N6. 적은 인지적 노력으로도 시스템을 사용할 수 있는가? (Recognition rather than recall)

인간은 기억하는 것보다 인지하는 것이 쉽다. 따라서 사용자가 하고자 하는 테스크를 기억에 의존하여 찾아내거나 기억에 의해 진행하는 것이 아니라, 바로 그 자리에서 쉽게 인지하여 찾을 수 있도록 하는 것이 좋다. 예를 들어 'silhouette'와 같이 스펠링을 기억하는게 어렵게 느껴지는 영어 단어도 검색창에서 앞에 몇 자만 타이핑해도 가능한 영어 단어들을 나열해준다. 그러면 사용자는 알파벳을 정확하게 모두 기억하지 않아도 시각적으로 제공해주는 정보들을 인지하여 해당 단어를 쉽게 검색할 수 있다.

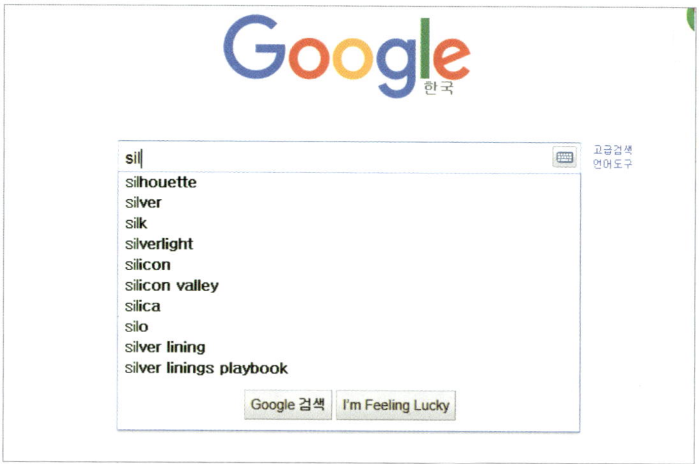

N7. 시스템을 유연하고 효율성 있게 사용할 수 있는가? (Flexibility and efficiency of use)

시스템에서의 가속 장치나 기능은 사용자가 인터랙션하는 과정에서 편리하고 만족도를 높여주는 역할을 한다. 예를 들어, 많은 메뉴와 정보를 제공하는 홈페이지에서 사용자들이 자주 이용하거나 많이 이용하는 메뉴를 '퀵 메뉴(Quick Menu)'와 같은 기능을 이용하여 좀 더 빨리 접근할 수 있는 유연함을 제공한다. 또한 여러 상품을 쇼핑하는 과정에서 전에 관심있게 본 상품에 대해 다시 쉽게 재확인할 수 있는 'Recently Viewed'와 같은 기능은 온라인 쇼핑에 편리하고도 효율성 있는 경험을 제공한다.

N8. 심미적이고 간결한 디자인을 제공하는가? (Aesthetic and minimalist design)

정보를 전달하는 데 있어서 불필요하거나 상관없는 정보는 더하지 않는다. 필요한 정보를 정확하고 간결하게 디자인하여 사용자가 직관적으로 이해하고 심미적인 만족감을 느껴야 한다. 예를 들어, 구글과 관련된 디자인은 간결하면서도 관계성을 알아챌 수 있도록 같은 톤의 색이나 로고 디자인, 둥근 사각형의 형태와 스타일 등을 통일성 있게 고려하여 디자인하였다. 이러한 스타일의 아이콘은 따로 떨어져 있어도 사용자가 구글 브랜드임을 인지할 수 있도록 해준다.

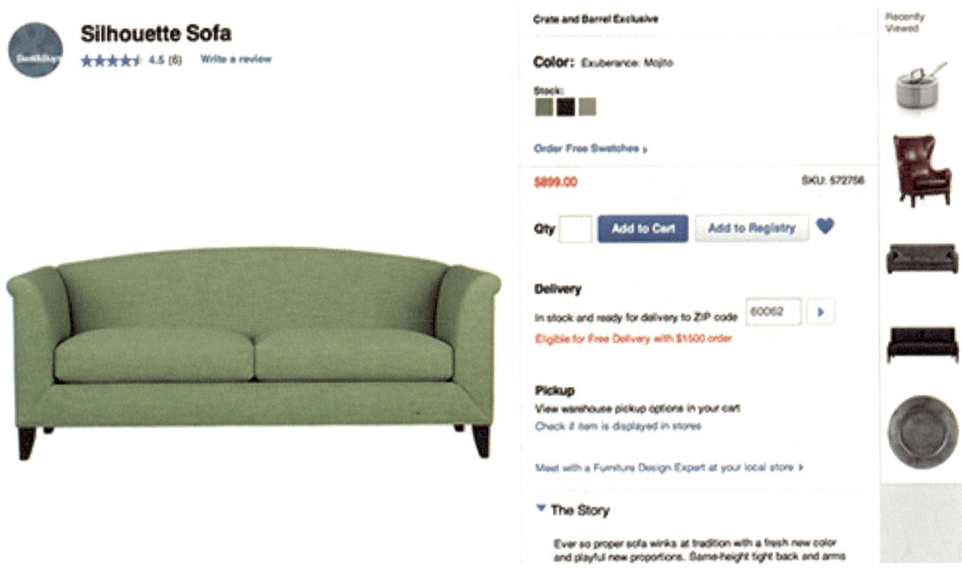
Silhouette Sofa
4.5 (6)
Write a review
Crate and Barrel Exclusive
Color: Exuberance: Mojito
Order Free Swatches
$899.00
Qty
Add to Cart
Add to Registry
Delivery
In stock and ready for delivery to ZIP code
Eligible for Free Delivery with $1500 order
Pickup
View warehouse pickup options in your cart
Check if item is displayed in stores
The Story
Recently Viewed

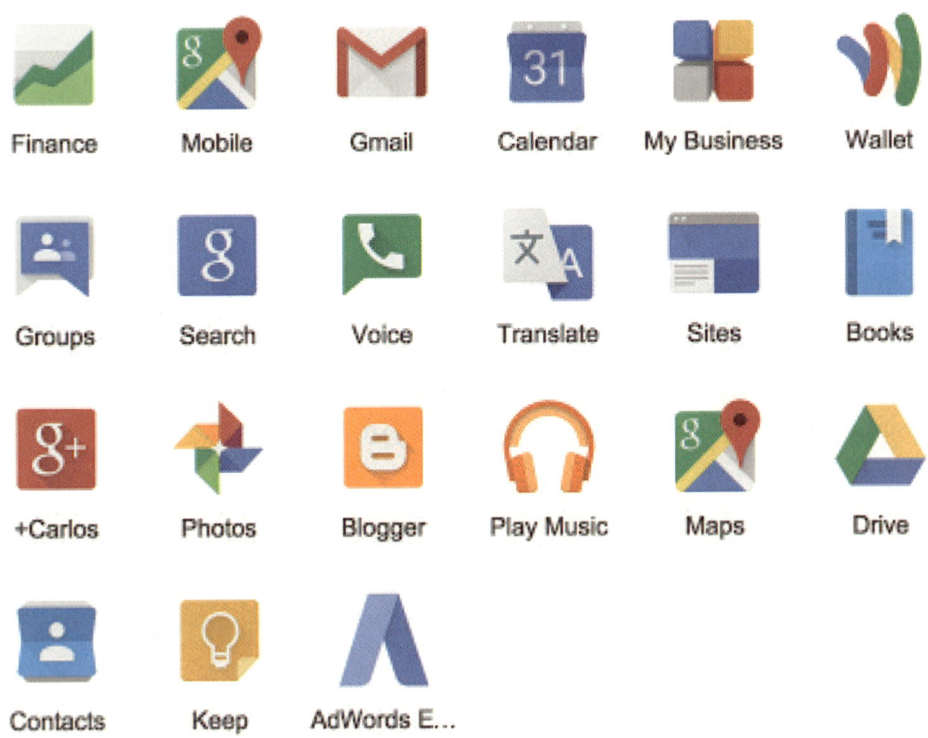
31
Finance
Mobile
Gmail
Calendar
My Business
Wallet
Groups
Search
Voice
Translate
Sites
Books
+Carlos
Photos
Blogger
Play Music
Maps
Drive
Contacts
Keep
AdWords E...

N9. 사용자들은 에러 발생 시 스스로 문제를 파악하고 수정할 수 있는가? (Help users recognize, diagnose, and recover from errors)

시스템을 사용하는데 에러가 발생했다면 사용자가 즉시 문제 발생을 인지하고, 어떤 문제가 발생했는지 원인을 파악하고, 또한 문제를 해결할 수 있는 솔루션을 제공해야 한다. 메시지는 사용자가 이해하기 어려운 코드는 삼가고, 사용자가 쉽게 이해할 수 있는 언어로 표현되어야 한다. 특히 특정 기계나 시스템에 해당하는 용어나 단어보다는 대중적인 어휘로 분명히 제시되어야 한다. 또한 사용자가 에러에 대하여 불안해하거나 부정적인 감정을 불러일으키는 언어는 자제하여야 한다. 때로는 초보 사용자와 전문 사용자 모두의 욕구를 충족시킬 수 있는 여러 단계 또는 수준으로 에러 메시지를 설계하는 것도 효과적인 방법이다.

N10. 사용자에게 충분한 도움말을 제공하는가? (Help and documentation)

비록 도움말 문서 없이 시스템이 잘 작동하더라도 항상 도움말이 제공될 필요가 있다. 특정 정보를 쉽게 찾고, 사용자가 행하는 테스트에 대해 초점을 맞추어 필요한 정보를 얻을 수 있으며, 자세한 설명과 구체적 단계를 알 수 있다. 시스템 또는 소프트웨어의 전체 도움말 문서를 포함하여 각 단계나 인터랙션 수행 과정에서 필요한 입력 정보에 대한 형식이나 내용을 가이드해주는 도움말도 있다.

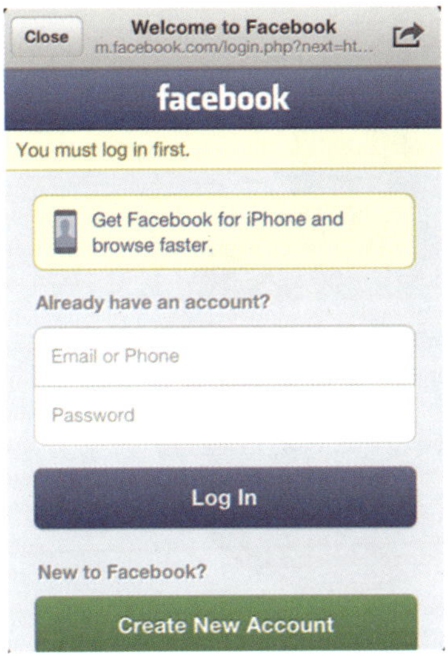

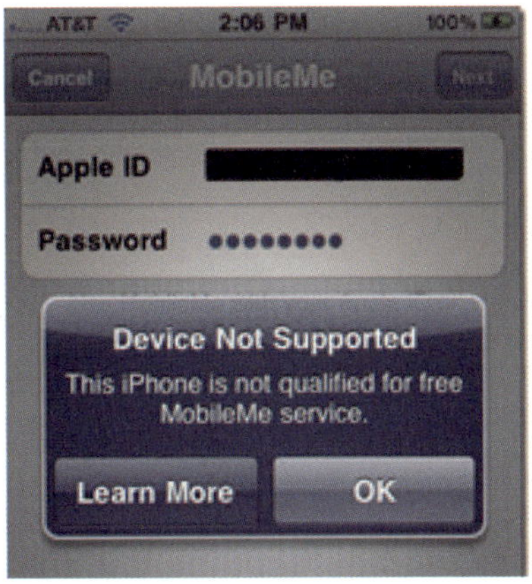

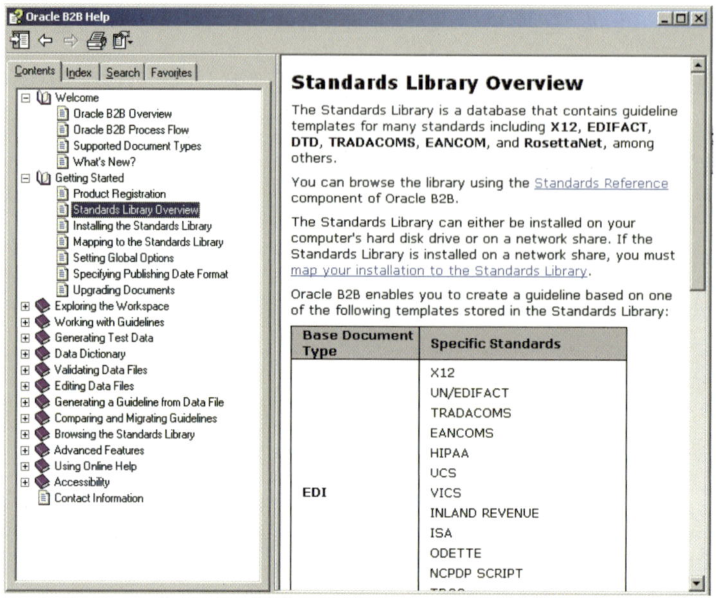

피터모빌(Peter Morville)의 허니콤

피터모빌은 인포메이션 아키텍처 일을 하면서 비즈니스적 목표와 연계한 정황(Context), 사용자(Users), 콘텐츠(Contents) 관계를 표현하기 시작하였다. 이 3가지 요소의 균형을 설명하기 위해 다이어그램을 발전시켜 허니콤(Honeycomb)을 탄생시켰다.

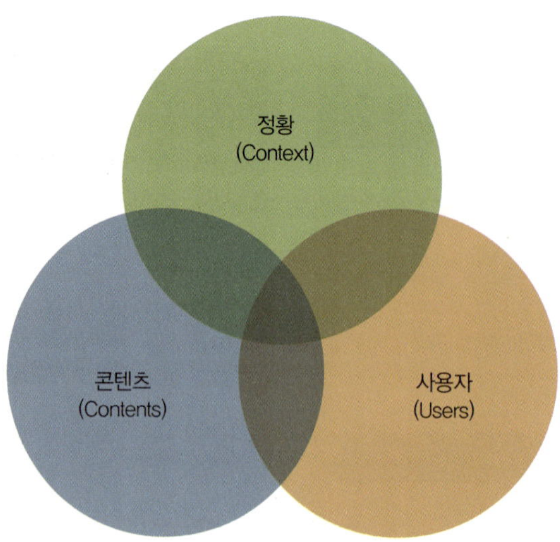

허니콤은 UX 디자인의 다양한 측면을 설명하기 위한 툴로 7가지 원칙으로 초기에는 웹 사용성 평가를 위한 것으로 초점이 맞추어져 있었으나 점차 제품과 서비스 등의 평가를 위한 툴로 사용되었다.

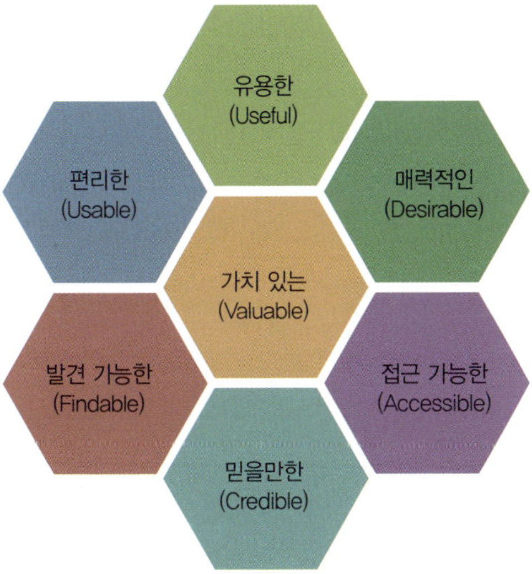

유용한 (Useful)	사용자가 제품, 서비스, 시스템들을 사용할 때 진정으로 유용한가를 고려할 필요가 있음
사용하기 쉬운 (Usable)	어떠한 제품 및 서비스를 이용함에 있어 배우는 과정을 생략할 수 있는지 여부와 사용성에 있어 고민이나 어려움이 없어야 함
매력적인 (Desirable)	감성적인 측면에서 오감을 만족시킬 수 있어야 하며 사용성에 있어 만족감을 얻는 것을 통해 심리적인 부분을 충족시켜야 함
발견 가능한 (Findable)	사용자 스스로 필요한 정보나 서비스를 찾아갈 수 있는가는 개발자가 생각하지 못한 변수를 보완할 수 있는 수단이 됨
접근 가능한 (Accessible)	사용자의 환경을 고려하고 제작되었는지는 특정한 환경이나 장애에 대처하기 위한 필요조건이 됨
신뢰할 수 있는 (Credible)	제품이나 서비스의 직접적인 목적 이외에도 그 배경에 있어 사용자로 하여금 신뢰받을 수 있어야 함
가치 있는 (Valuable)	사용자로 하여금 행위에 있어 가치를 느끼게 만드는 요인, 경제적인 가치를 넘어 무형의 가치로까지 확장되어야 함

애플 iOS 디자인 평가 원칙

iOS에서의 디자인 원칙이 6가지로 정리되어 있다.

심미적 완결성 (Aesthetic Integrity)	사용자에게 논리적인 메시지를 전달하기 위해 애플리케이션의 모습과 기능이 얼마나 잘 통합되어 있는가?
일관성 (Consistency)	사용자가 애플리케이션을 사용하면서 일관된 사용을 경험하는가?
직접적 조작성 (Direct Manipulation)	사용자가 스크린 상의 요소를 직접 제어할 수 있는가?
피드백 (Feedback)	사용자가 취한 행위에 대해 결과와 진행 상태를 인지할 수 있는가?
메타포 (Metaphors)	사용자가 실제 세계와 애플리케이션 내의 시각 요소를 동일하게 여길 수 있는가?
사용자 통제성 (User Control)	사용자가 스스로 오류를 해결할 수 있는 방법을 제공하는가?

출처: (https://developer.apple.com/library/ios/documentation/UserExperience/Conceptual/MobileHIG/Principles.html#//apple_ref/doc/uid/TP40006556-CH4-SW1)

심미적 완결성(Aesthetic Integrity)

iOS에서 심미적 완결성은 스타일의 독창성이나 예술작품으로서의 미적 가치를 측정하는 것이 아니다. 그것보다는 애플리케이션의 기능이 사람들의 행태와 연계되어 일관된 메시지를 잘 표현하는가를 말한다. 사람들이 본래 행동하는 패턴이나 행위 또는 이미 약속된 규칙들을 애플리케이션에도 적용하여 사용자로 하여금 쉽게 인지하고 사용할 수 있어야 한다. 자동차의 계기판을 미적으로 아름답게 꾸미는 것보다는 우리 생활 속에서 사용하는 계기판 모양을 그대로 차용하여 사용자가 직관적으로 알고 사용할 수 있도록 디자인하는 것이 더 중요하다.

일관성(Consistency)

일관성은 사람들이 가지고 있는 지식이나 능력을 다른 애플리케이션이나 미디어를 사용하는 데까지 확장시킬 수 있다. 즉 사용자를 편안하게 느끼는 패러다임이나 기본에 충실한 일관적 경험을 제공하도록 해야 한다. 그러면 하나의 미디어에서 사용한 패러다임을 다른 미디어에서도 자연스럽게 활용하게 되고 사용자는 그 일관성으로 인해 새로운 기능을 익히는 불편함을 느끼지 않아도 된다.

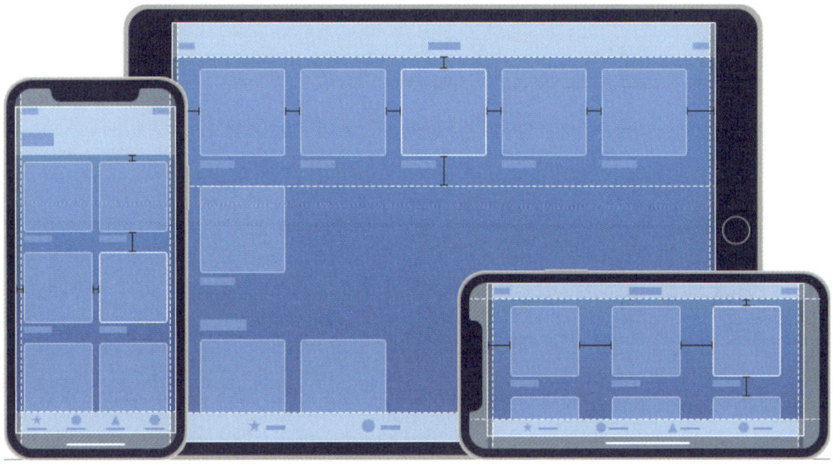

직접적 조작성(Direct Manipulation)

사람들은 디스플레이 화면에서 직접적으로 조작할 때 더 쉽게 기능을 이해하고 태스크를 수행한다. 예를 들면, 이미지나 콘텐츠의 영역을 직접 확대하거나 축소하기 위해 핀치(Pinch) 제스처를 사용한다. 기능을 쪼개어 몇 단계를 들어가 줌 인・아웃을 선택하는 것보다 화면에서 이미지를 보면서 직접 늘리고 줄이며 그 결과와 반응을 경험하는 것을 더 좋아하는 것이다.

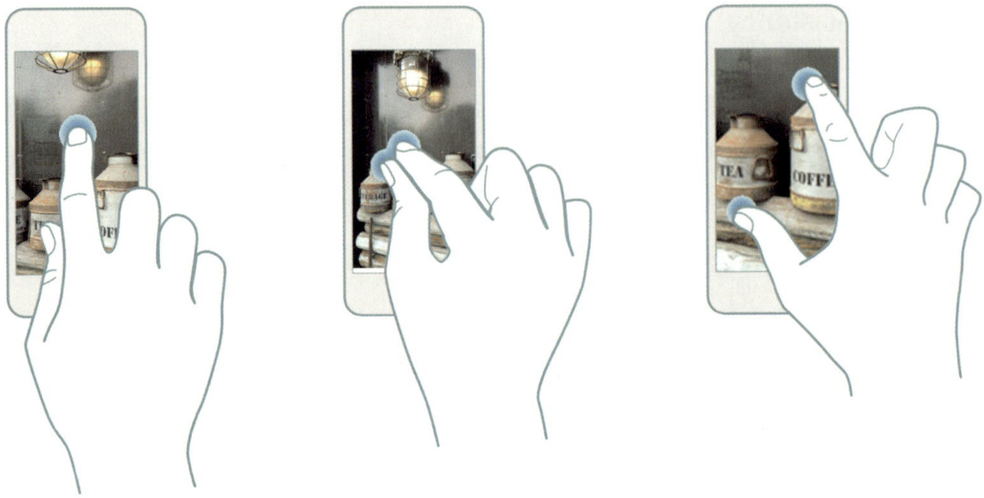

피드백(Feedback)

사람들의 행위에 대한 결과와 업데이트 진행 과정 등에 대한 피드백은 중요한다. 사용자의 모든 행위에 대한 반응으로 감지할 수 있는 피드백이 주어져야 한다. 작은 움직임, 작은 깜박임 또는 작은 변화라도 사용자는 결과에 대한 반응으로 인지할 수 있으므로 적절한 시각적 피드백을 제공하는 것이 좋다. 또한 사운드를 활용한 피드백도 좋은 방법이기는 하나 사운드를 항상 켜놓을 수는 없기 때문에 이것을 감안하여 디자인하는 것이 좋다.

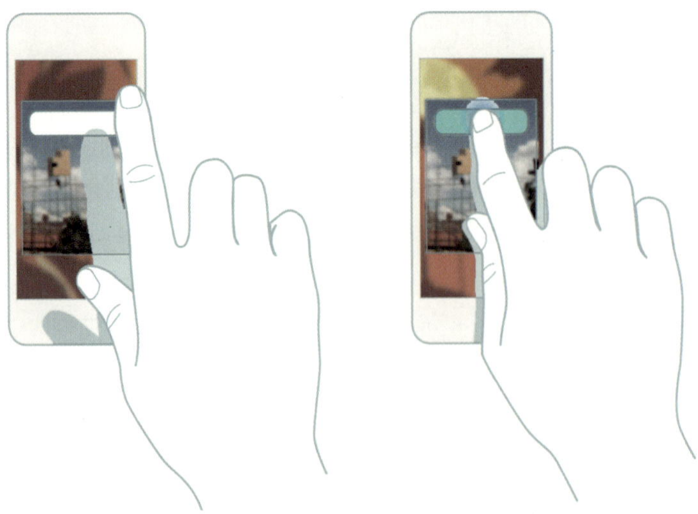

메타포(Metaphors)

가상 오브젝트나 행위에 대한 디자인은 사용자들이 친숙하게 느끼는 경험에서 오는 메타포를 이용하는 것이 좋다. 실제 생활이나 현실 세계에서 익숙해진 경험들을 디지털로 옮겨와야 사용자들이 빠르고 쉽게 인지한다. 아이콘 디자인뿐만이 아니라 iOS에서는 사용자들의 신체적 인터랙션을 디스플레이 화면에서의 드래깅, 플리킹, 슬라이딩 등의 제스처를 디자인하는 데도 적극 활용하고 있다.

사용자 통제성(User Control)

사용자가 어떠한 결정을 하고 선택을 하는 데 있어서의 실수를 만회하고 수정할 수 있는 방법과 가능성을 제공해야 한다. 사람들은 자신이 수행한 일에 대해 변경하거나 취소하는 데 충분한 기회를 갖고 싶어 한다. 따라서 사용자가 수행하는 과정을 스스로 통제하고 컨펌하며 진행할 수 있는 장치를 마련하는 것이 좋다.

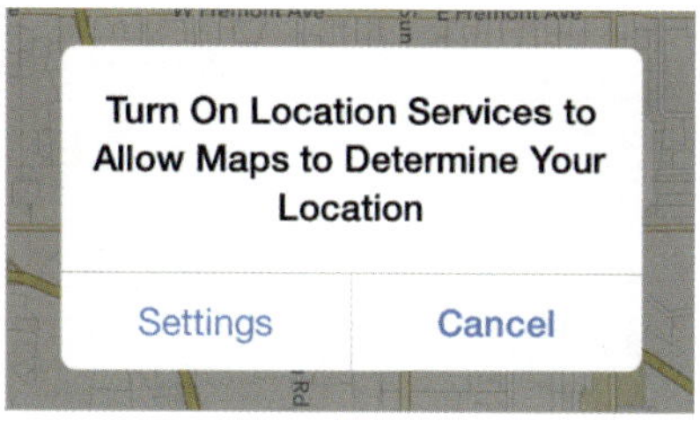

구글 안드로이드 OS

안드로이드의 UX 팀이 사용자 중심의 디자인 원칙을 제안하였다. 크게는 '나를 매료시키는 것', '내 삶을 단순화하는 것', 그리고 '나를 놀라게 하는 것'의 3가지 컨셉을 가지고 구체적인 디자인 방법을 말하고 있다. 구글은 사용자 중심의 철학을 '나(Me)'라는 관점을 가지고 어떻게 디자인하는 것이 좋은지에 대해 논하고 있다.

나를 매료시켜라

놀라운 방법으로 나를 기쁘게 하라(Delight me in surprising ways) 사용자의 오감을 자극하는 즐거운 경험을 제공해야 한다. 미적으로 아름다운 비주얼, 디테일한 움직임을 갖은

나를 매료시켜라(Enchant me)	놀라운 방법으로 나를 기쁘게 하라 (Delight me in surprising ways)	사용자가 애플리케이션을 사용하면서 흥미롭고 즐거운 경험을 할 수 있는가?
나를 매료시켜라(Enchant me)	실제 사물이 버튼이나 메뉴보다 더 즐겁다(Real objects are more fun than button and menus)	사용자가 애플리케이션을 통해 직접적으로 사물을 제어할 수 있는가?
나를 매료시켜라(Enchant me)	내가 그것을 소유하게 하라 (Let me make it mine)	사용자가 개인화 기능을 통해 애플리케이션을 제어할 수 있는가?
나를 매료시켜라(Enchant me)	나를 알게 해줘라(Get to know me)	사용자와 사용자의 환경을 조사하였는가?
내 삶을 단순화해라(Simplify my life)	단순하게 표현하라(Keep it brief)	사용자가 이해하기 쉬운 단어와 문장 구조를 사용하였는가?
내 삶을 단순화해라(Simplify my life)	그림이 단어보다 빠르다 (Pictures are faster than words)	사용자에게 정보를 설명하기 위해 그림을 사용하였는가?
내 삶을 단순화해라(Simplify my life)	나에게 마지막 질문만 하게 하라 (Decide for me but let me have the final say)	사용자에게 너무 많은 선택과 결정권을 주지 않았는가?
내 삶을 단순화해라(Simplify my life)	내게 필요할 때만 보여지게 하라 (Only show what I need when I need it)	사용자에게 한번에 너무 많은 정보를 제공하지 않았는가?
내 삶을 단순화해라(Simplify my life)	항상 내가 어디에 있는지 알아야만 한다 (I should always know where I am)	사용자가 현재의 위치를 알 수 있는가?
내 삶을 단순화해라(Simplify my life)	나의 것을 잃지 마라(Never lose my stuff)	사용자가 무언가를 만들어내는 시간을 줄여주는가?
내 삶을 단순화해라(Simplify my life)	같아 보인다면 같은 행동을 해야만 한다 (If it looks the same, it should act the same)	사용자들이 시각적으로 기능을 구분할 수 있는가?
내 삶을 단순화해라(Simplify my life)	중요한 정보만이 나를 방해할 수 있다 (Only interrupt me if it' s important)	사용자들을 중요하지 않은 정보들로부터 보호할 수 있는가?
나를 놀라게 하라(Make me amazing)	내가 어디서나 작업할 수 있는 기능을 주어라 (Give me tricks that work everywhere)	사용자가 자신을 위해 어떤 기능을 알게 할 수 있는가?
나를 놀라게 하라(Make me amazing)	그건 나의 실수가 아니다(It' s not my fault)	사용자가 실수를 수정하는 것이 용이한가?
나를 놀라게 하라(Make me amazing)	격려하라(Sprinkle encouragement)	사용자에게 피드백을 제공하는가?
나를 놀라게 하라(Make me amazing)	나를 위해 무거운 작업을 수행하라 (Do the heavy lifting for me)	사용자가 쉬운 방법으로 바로 전문가처럼 사용할 수 있는가?
나를 놀라게 하라(Make me amazing)	중요한 것은 더 빠르게 만들어라 (Make important things fast)	사용자가 가장 중요한 정보를 발견하고 사용할 수 있는가?

애니메이션, 적절한 타이밍의 사운드 이펙트 등으로 사용자의 마음을 사로잡아야 한다.

실제 사물이 버튼이나 메뉴보다 더 즐겁다(Real objects are more fun than button and menus) 사람들은 직접 무엇인가를 만지고 조작하고 싶어 한다. 그렇기 때문에 실제 오브젝트가 어떤 버튼이나 메뉴보다도 사용자에게 감성적인 만족감을 제공한다.

내가 그것을 소유하게 하라(Let me make it mine) 사람들은 개인적 손길이 닿는 것을 좋아한다. 그렇기 때문에 주요 태스크를 방해하지 않는 선상에서 커스터마이즈할 수 있는 옵션을 제공하거나 개인적으로 세팅할 수 있는 기능을 제공하여 자신의 것으로 소유한 것과 같이 느끼게 한다.

나를 알게 해줘라(Get to know me) 사람들이 선호하는 것을 파악하여 사용자에게 물어 보기 전에 사전에 알아서 서비스를 제공해주거나 원하는 것을 얻을 수 있도록 하는 것이 좋다. 따라서 특정 사용자에게 다른 사람들이 연계되길 원한다면 쉽게 알아챌 수 있도록 사진이나 정보를 볼 수 있게 해주어야 한다. 단, 최근 개인 정보 노출에 대한 이슈들이 있으므로 보안이나 정보 공개에 대한 제한 등의 새로운 문제들을 같이 해결해 나가야 한다.

내 삶을 단순화해라(Simplify my life)

단순하게 표현하라(Keep it brief) 단순한 언어로 짧은 문구를 사용하는 것이 좋다. 사람들은 긴 문장이나 어휘에 대해서는 읽으려 하지 않고 스킵하려는 경향이 있다.

그림이 단어보다 빠르다(Pictures are faster than words) 어떤 아이디어나 내용에 대해 설명하는 것에 이미지나 그림을 사용하는 것이 효과적이다. 사람들은 글 보다 훨씬 더 그림에 집중하려는 경향이 있다. 따라서 아이콘이나 정보 디자인에서도 많은 텍스트나 문장은 피하고 그림이나 상징적인 픽토그램 등을 활용한다. 이러한 그림이나 이미지는 특정 언어를 알지 못해도 세계 공통적으로 이해할 수 있는 부분이 장점으로 작용하기도 한다.

나에게 마지막 질문만 하게 하라(Decide for me but let me have the final say) 질문을 하는 것보다 예측된 행동을 하게 하는 것이 좋다. 사람들에게 많은 선택권을 주면 결정하는 것에 불편함을 느낄 수 있기 때문에 오히려 행동한 것에 대해 잘못되면 취소하게 하는 것이 더 낫다.

내게 필요할 때만 보여지게 하라(Only show what I need when I need it) 사람들은 일반적으로 한꺼번에 많은 것을 동시에 보여주면 주저하거나 혼동을 일으키게 된다. 따라서 태스크나 정보를 작은 단위로 나누거나 이해 가능한 그룹으로 묶어서 제시하는 것이 효과적이다. 잠시 필요 없는 것은 옵션으로 숨겨두거나 필요할 때 사용자에게 알려주는 방법도 있다.

항상 내가 어디에 있는지 알아야만 한다(I should always know where I am) 사용자는 항상 자신이 어디 있는지를 알아야 한다. 또한 자신이 놓여 있는 곳이 사용하고 있는 시스템의 어느 부분에 속하는지, 어떤 프로세스를 진행하고 있는지를 분명히 알려주는 것이 좋다.

나의 것을 잃지 마라(Never lose my stuff) 사용자가 무엇인가를 제작하거나 만들기 위해 걸리는 시간을 절약하게 하고 만든 결과물을 어디에서도 쉽게 접근 가능하도록 해야 한다. 그리고 가장 쉬운 방법으로 정보를 업그레이드할 수 있도록 돕는 것이 좋다.

같아 보인다면 같은 행동을 해야만 한다(If it looks the same, it should act the same) 기능이 다른 것은 미묘한 차이보다는 시각적으로 확연히 구분되는 차이가 나도록 해야 한다. 비슷하게 보이는 것이나 모드는 피하고, 입력 방법이 같더라도 기능이 다르면 액션이나 반응이 다르게 나타나야 사용자가 구분하기 쉽다.

중요한 정보만이 나를 방해할 수 있다(Only interrupt me if it's important) 사람들은 별로 중요하지 않은 사소한 것으로부터는 방해받고 싶어 하지 않는다. 사용자는 급박한 일이나 심각한 것이 아니라면 자신이 하던 일에 또는 하고 싶은 일에 집중하고 머물러 있기를 원한다.

나를 놀라게 하라(Make me amazing)

내가 어디서나 작업할 수 있는 기능을 주어라(Give me tricks that work everywhere) 사용자는 스스로 문제를 해결할 때 성취감과 같은 긍정적인 감정을 느낀다. 따라서 시각적 패턴이나 근육기억(체화)을 통해 쉽게 익힐 수 있게 해야 한다.

그건 나의 실수가 아니다(It's not my fault) 사용자가 즉각적으로 무엇인가를 수정할 수 있게 배려해야 한다. 무엇인가가 잘못된 것이 있을 때 깨끗이 회복할 수 있게 하고, 기술적인 구체적인 방법을 제시해야 한다.

격려하라(Sprinkle encouragement) 복잡한 태스크는 작은 단계로 나누어 쉽게 사용자가 수행하고 성공할 수 있도록 하는 것이 좋다. 사용자가 어떤 행위를 했을 때는 작은 반응이라도 피드백을 주는 것이 마땅하다.

나를 위해 무거운 작업을 수행하라(Do the heavy lifting for me) 초보 사용자가 자신이 할 수 없을 것 같은 일을 잘 해내어 전문가처럼 느끼게 하라. 예를 들어, 몇 가지 단계만으로도 아마추어 사진이 아주 보기 좋은 효과를 얻을 수 있는 기능을 제공하는 것도 좋은 UX 디자인이다.

중요한 것은 더 빠르게 만들어라(Make important things fast) 사용자의 모든 행위에 대해서 같은 결과가 나오면 안 된다. 가장 중요한 것은 사용하는데 더 빠르고, 쉽게 찾을 수 있어야 한다. 예를 들어 사진을 촬영하는 셔터 버튼은 본래 기능으로 찾아 들어가지 않아도 메인 화면이나 다른 기능을 사용하고 있어도 금방 찾아서 쓸 수 있도록 기능을 더할 수 있다.

(3) 사용성 평가 방법

UX 디자인 대상에 대하여 사용성이 어떤지 수치적으로 평가해볼 수 있다. 예를 들어서, 스마트폰에 대한 UX 디자인의 사용성 평가를 제이콥 닐슨의 평가 요소에 맞추어 직접 점수를 매겨보는 것이다. 학습용이성, 효율성, 기억용이성, 오류, 만족성에 대해 각각 점수를 부여해 보자. 아래 그림에서는 각 항목에 대해 2개의 다른 회사 스마트폰의 사용성이 어느 정도인지 0~100점으로 점수를 주었다. A회사의 스마트폰에 대해서는 파란색으로 표시를 하고, B회사의 제품에 대해서는 분홍색으로 표시하여 각 항목에 대한 점수를 연결하면 한눈에 두 회사 제품의 사용성이 어떤지를 비교해볼 수 있다.

학습용이성은 스마트폰을 사용하는 데 있어서 처음 사용할 때 쉽게 사용법을 익힐 수 있는지, 어떤 기능을 새로이 사용할 때 빠른 시간 내에 배워서 숙달되기까지 어렵지 않은지를 평가한다. 효율성은 스마트폰의 기능을 활용하는 단계와 작업을 수행하는 과정이 효율적으로

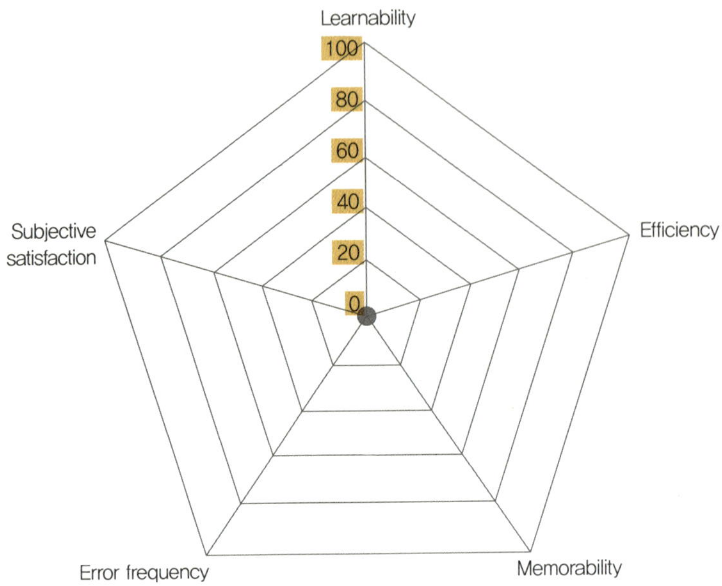
Learnability
100
80
60
40
20
0
Efficiency
Memorability
Error frequency
Subjective satisfaction

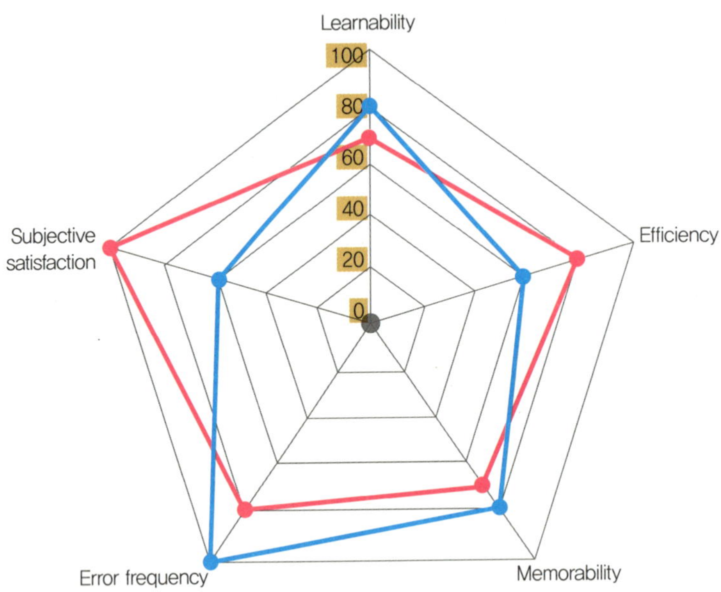
Learnability
100
80
60
40
20
0
Efficiency
Memorability
Error frequency
Subjective satisfaction

스마트폰 사용성 평가

되어 있는지를 평가한다. 기억용이성은 사용자가 스마트폰을 사용하기 위한 어떤 기능이나 방법 등을 외우거나 배우지 않아도 직관적으로 사용할 수 있도록 되어 있는가를 평가한다. 오류는 시스템 자체의 오류가 적은지와 사용자가 스마트폰을 사용하는 동안 오류가 나지 않고, 오류가 생기더라도 쉽게 인지하고 해결할 수 있는가를 평가한다. 이 경우 오류 발생 빈도가 높으면 점수는 자연스럽게 낮게 매겨져야 한다. 만족성은 주관적인 만족감으로 스마트폰을 사용하면서 얼마나 감성적으로 좋은지를 나타내는 항목이다.

이러한 사용성 평가는 개발자 또는 디자이너 입장에서 구체적으로 어떤 요소가 사용자에게 불편한지, 어떤 부분은 긍정적으로 작용하고 있는지, 어떤 항목에 대해 수정 및 보완 사항이 있는지를 알 수 있다. 제품 또는 시스템의 대상의 특성에 따라 적합한 사용성 평가 이론 또는 항목을 선정하거나 정립한 후 각 요소별로 평가를 해야 한다. 사용자를 대상으로 조사할 수 있으며, 그 평균을 분석하여 사용성을 평가할 수 있다.

Section
02

UX 디자인 서비스

UX 디자인 서비스가 다양한 형태로 나타나고 있다. 사용자의 경험이 중심이 되는 서비스의 예시를 통해 실질적인 활용 방법과 굿 디자인을 살펴보겠다. 디지털 매체 중심의 UX 디자인 콘텐츠와 물리적 환경과 결합된 형태 등 사용자 중심의 효과적인 적용 사례와 지향되야 할 디자인 포인트를 알아보자.

(1) 앱 & 웹(App & Web)

무, 바, 라라라!(Moo, Baa, La La La!)

- Contents: App Book
- Creator: Loud Crow Interactive Inc.

기존에 인쇄매체를 기반으로 1982년에 출간된 '무, 바, 라라라!'는 산드라 보이톤(Sandra Boyton)의 창작동화를 App의 장점을 최대한 살린 UX 콘텐츠이다. 〈무, 바, 라라라!〉는 책 제목과 같이 다양한 동물의 울음 소리를 주제로 한 유아용 그림책이다. '무(Moo)'는 소의 울음소리이며, '바(Baa)'는 양의 울음소리, 그리고 '라라라(La La La)'는 노래하는 소리로 음성어를 활용하여 제목을 설정하였다. 이 그림책은 9가지 종류 소, 돼지, 양, 닭, 코뿔소, 개, 고양이, 오리, 말의 동물 캐릭터를 아기자기하고 단순한 일러스트레이션 스타일로 표현하였다. 이 그림책은 2011년 동일한 캐릭터와 내용을 애플리케이션으로 개발하여 인터랙션이 가미된 앱북으로 재탄생되었다. 기존에 이미 전통적인 책으로 제작된 것을 앱북이라는 매체의 특징을 살려 콘텐츠를 재구성하였다.

인쇄 기반의 유아용 그림책은 대부분 일러스트의 비중이 높으며, 텍스트와 정지된 이미지의 내용으로 컨텐츠가 구성되어 있다. 따라서 그림책을 이해하기 위해서는 그림과 글의 관계를 파악하고 풍부한 상상력이 동원된다는 전제가 따른다. 그에 비해 앱북은 글과 그림에 대한 기본적인 콘텐츠 구성 이외에 탭, 플리킹 등 여러 가지 제스처를 통한 인터랙션과 사운드 등이 포함된 다이내미학 요소가 부가되어 있다. 또한 스마트 기기만 있으면 어디서든지 쉽게 설치할 수 있으며 가격 또한 종이책의 30~40%로 구매가 가능하다는 장점을 가지고 있다. 텍스트의 단어별로 탭에 의해 사운드가 구현되므로 언어 학습에 대한 효과적인 기능을 포함한다. 또한 앱북은 스마트 디바이스로 사용자의 손가락이 직접적인 터치로 이루어지기 때문에 추가적인 자극을 이용한 여러 인터랙션이 가능히다. 이러한 디바이스의 기술에 의해 이야기 속 등장인물을 터치하면 움직이고 소리가 나는 등의 반응을 체험한다. 종이 매체에서의 한계를 넘어서 앱북의 장점을 살려 사용자의 체험을 극대화시킨 콘텐츠이다.

크레용 피직스(Crayon Physics)

- Contents: 게임
- 물리학의 원리를 흥미로운 게임으로 제작
- Creator: KLOONIGAMES Ltd.

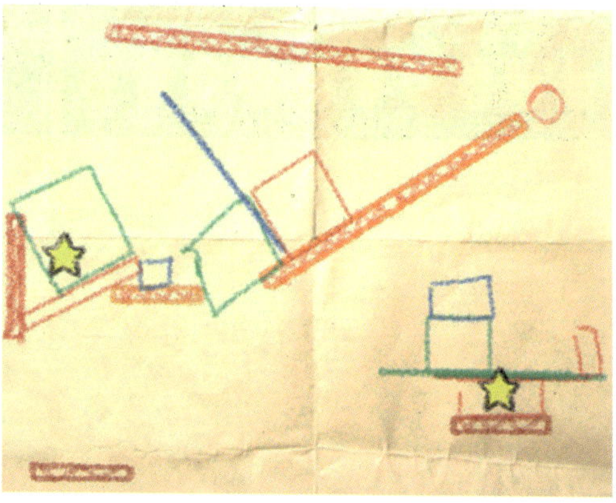

딱딱한 물리학의 개념을 종이 재질과 크레용으로 그린 듯한 아날로그 스타일로 표현한 디지털 게임 콘텐츠이다. 물리학의 개념은 직접적으로 체험하기에는 한계가 있다. 따라서 디지털 시뮬레이션 등을 통해 간접 경험으로 교육하거나 시청각 자료를 이용할 수 있다. 이러한 면에서 이 게임 형태의 크레용 피직스는 자신이 만들어가는 과정과 결과에 대한 체험을 통해 물리학의 개념을 스스로 터득하고 흥미를 갖게 하는 교육 콘텐츠라 할 수 있다.

본 UX 콘텐츠에 가장 주목해야 할 점은 사용자의 아날로그적 체험 형태로 디지털로 구현하여 친근하게 다가가서 직관적이면서 쉽게 사용할 수 있도록 디자인되었다는 것이다. 누구나 한번쯤은 사용해 본 크레용이라는 재료를 가지고 실제로 그림을 그리듯이 사용자가 스스로 물건을 그린다. 그린 요소가 물리적 원리인 중력과 원심력 등에 의해 움직이고 반응으로 나타난다. 즉각적인 인터랙션과 물리적 원리 적용이 사용자에게 인상적인 체험 서비스를 제공하게 된다. 또한 동그라미가 별을 만나야 한다는 미션과 미션 달성에 따른 레벨업은 사용자에게 성취감과 경쟁력을 갖게 하는 게임 형태가 긍정적인 체험으로 작용하였다.

블룸버그 빌리언에어(Bloomberg Billionaires)

- Contents: Web
- Creator: Loud Crow Interactive Inc.

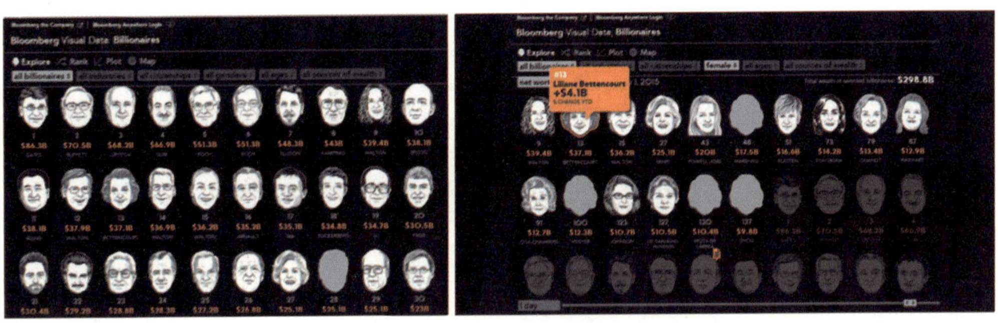

인터랙티브 인포그래픽이 효과적으로 사용된 웹 UI 디자인이다. 이 콘텐츠는 전 세계 백만장자에 대한 정보를 일목요연하게 제공하는 정보 디자인 형태이다. 첫 화면에 백만장자의 얼굴을 드로잉 스타일로 표현이 되어 있고 상단에 다양한 정보 메뉴가 있다. 특히, 사용자가 재산, 나이대, 성별, 지역별 등의 요소를 원하는 순서대로 정렬할 수 있는 서비스가 제공되고 있다. 전체적으로 블랙과 무채색으로 심플하면서도 가독성을 높이는 디자인으로 제작되어 있다. 따라서 사용자는 쉽고 편리하게 원하는 정보를 얻고 효과적인 콘텐츠 활용이 가능하다.

(2) 인포메이션 키오스크(Information Kiosk)

유벤딩 머신(U-Vending Machine)

- Contents: 스마트 자판기

우리 주변에 간단한 과정을 통해 언제 어디서라도 음료를 구매할 수 있는 자판기가 복합 디지털 매체로 사용자의 경험을 확대시키고 있다. 스마트 자판기는 디지털 화면과 인터랙션을 적용하여 물건 판매 이외에 홍보 마케팅이나 다양한 정보 제공으로 기능과 활용도를 높이고 있다.

G20 정상회의 때 사용된 스마트 자판기는 유벤딩 머신(U-Vending Machine)으로 단순히 실물을 보여주는 자판기와 달리 디스플레이 화면을 통해 음료수에 대한 자세한 정보를 사용자에게 제공한다. 음료수의 브랜드, 사이즈, 성분과 홍보 이벤트 등의 많은 정보를 담을 수 있다. 그 이외에 지역 정보, 관광 정보, 한류문화 정보 등을 소개하였고, 게임과 엔터테인먼트 기능까지 겸비하여 본래 자판기가 제공해주는 1차적인 경험에서 타인과의 관계 확장, 홍보의 파급 효과 등의 2차적인 경험까지 서비스한다.

포도씨

- Contents: 사진 촬영 프로모션 키오스크

'포도씨'는 2014년 서울 메가박스 센트럴시티점에 설치되어 영화관 프로모션을 위해 사진을 촬영하고 합성하거나 인화할 수 있는 기능을 기본으로 스마트폰과의 연계 서비스까지 제공하고 있다. '포도씨'는 로봇 형태의 터치스크린 키오스크와 인화기계로 구성되어 있다. 콘텐츠는 상영시간표, 나만의 포스터, 폰사진 무료인화, 즉석 무료인화, 주차 정보, 아바타 체험, 문자광고, 영화 관람료, 별자리 운세, 오늘의 연애운, 오늘의 종합운, 주변 맛집으로 이루어져 있다.

'포도씨'는 일반인들 누구나 접근이 용이하도록 형태적으로는 가장 일반적인 스탠드 타입(Stand Type)의 키오스크로 제작이 되어 서서 사용을 하도록 되어 있으며 터치스크린(Touch screen) 방식의 직관적인 인터페이스로 처음 사용하는 사용자들도 쉽게 접근을 할 수 있도록 하였다. 인터페이스는 공공시설의 불특정 다수가 사용하는 공간임을 고려하여 연령이나 능력에 관계없이 모든 사람들이 최대한 사용하기 쉽도록 유니버설 디자인 형태로 구현하였고 가장 눈에 띄는 점은 패널을 분할하여 로봇형태의 디자인을 구현해 사용자들과 실제 소통을 할 수 있을 것 같은 기대를 가지도록 한 것이다. 가장 상단은 로봇의 얼굴형태의 디자인으로 디스플레이 역시 안드로이드를 연상시키는 여성캐릭터가 쉴 새 없이 움직이며 인사를 하거나 눈웃음을 보내는 등의 표정을 구사하여 무심코 눈을 돌린 불특정 행인들의 관심까지 불러내어 사용자로 이끌어내고 있었다.

사진을 촬영하거나 포토샵 편집이 유행인 사용자들의 행동 패턴이 적용된 UX 디자인이라

할 수 있다. 사용자의 행태를 분석하여 사진 촬영에 대한 경험을 재미있는 요소와 결합하여 편리하게 제공하고 있다.

(3) 프로젝션 맵핑(Projection Mapping)

랄프로렌(Ralphlauren) 패션쇼

- Contents: 4D 패션쇼

랄프로렌 홈페이지(Ralphlauren.com) 10주년과 영국 이커머스 사이트 런칭 기념으로 만들어진 프로젝션 맵핑 기술을 통한 환상적인 패션쇼이다. 모델들이 옷을 입고 관객 앞으로 걸어나와 포즈를 잡고 보여주는 패션쇼 방식에서 벗어나 프로젝션 맵핑이라는 기술로 관객들에게 새로운 경험을 제공하였다.

우선 제한된 물리적 실내 공간 안에서의 패션쇼가 아니라 야외의 거대한 건물 외벽에 영상을 보여줌으로써 관객들에게 임장감과 실재감을 제공한다. 또한 다양한 형태의 그래픽 효과와 입체적인 건물과 매칭된 3D 효과와 영상은 인상적인 경험을 일으킨다.

비비드 시드니(Vivid Sydney) 페스티벌

- Contents: 프로젝션 맵핑을 중심으로 한 빛과 음악의 쇼와 공연

호주의 시드니에서 해마다 5, 6월에 열리는 빛과 음악을 중심으로 한 문화예술 축제이다. 주로 외부에서 빛을 이용한 설치물과 프로젝션 맵핑, 쇼와 음악가들의 공연이 열린다. 가장 유명한 것 중에 하나는 시드니의 상징적 건물인 오페라하우스 건물 외벽에 프로젝션 맵핑으로 영상 작품을 보여주는 것으로 화려한 색감과 멀티미디어 기술력이 유명하다. 2017년도에는 2백만 명 이상이 페스티벌에 참여한 것으로 나타났다. 그만큼 사람들은 새로운 방식의 미디어 경험을 원하고 있다는 것을 보여준다.

이러한 프로젝션 맵핑과 같은 콘텐츠는 실내 환경보다는 실외의 공공장소에서 수많은 사람들에게 새로운 경험을 안겨준다. 프로젝션이라는 영상물의 특징상 주간에는 상영하기가 어려우며, 주로 야간에 이루어진다. 건물의 사이즈와 비례, 형태 등에 맞추어 영상을 디자인하여, 평면의 사각형 프레임 안에서 이루어지는 일반 영상과는 또 다른 매력을 발산한다. 건물 그 자체가 하나의 입체적인 스크린 역할을 하기 때문에 이에 맞는 영상 콘텐츠 제작이 필요하다.

(4) 인터랙티브 스페이스(Interactive Space)

데이턴 대학 인터랙티브 월(University of Dayton Interactive Wall)

미래의 공간이라고 불리는 유비쿼터스는 결국 물리적 공간 안에 디지털이 자연스럽게 스며든 형태라고 할 수 있다. 우리 주변의 모든 환경이 사용자에 의해 제어되고 자연스러운 인터랙션과 자동 반응이 일어나게 되는 것이다. 이 인터랙티브 벽은 유비쿼터스로 발전하는 한 형태로 미국의 어느 대학교에 설치된 인터랙티브 공간이다.

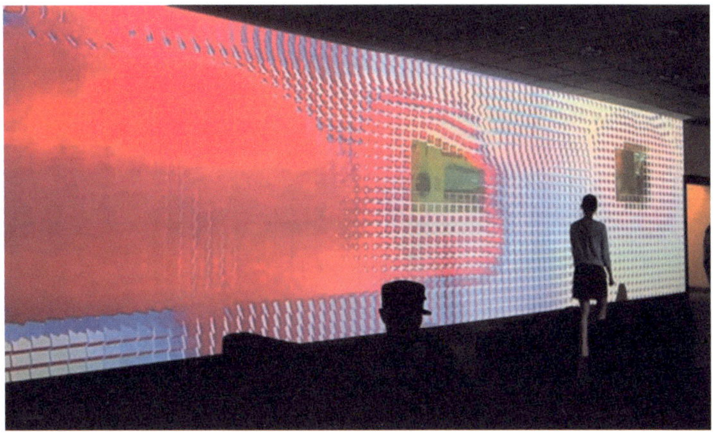

약 11m 벽에 투영되는 인터랙티브 영상으로 기하학적 큐브 형태의 모션그래픽이 행인의 위치에 따라 특정 부분 반응한다. 대중들의 소극적 참여에 의해서도 공간이 변화를 가져오고, 타인에게도 영향을 준다. 이러한 형태는 벽뿐만이 아니라 천정이나 바닥 등 우리가 살고 생활하는 공간과 환경에 대한 개념이 확장되고 아날로그와 디지털이 결합되어 사용자의 경험이 확장되고 있다.

인터랙티브 월(Interactive Wall)

음악 플랫폼 회사와 콜라보로 본 저자가 제작한 인터랙티브 영상 설치 작품이다. 6m 컨테이너 박스 실내 벽에 카메라 센서를 이용하여 관객들의 움직임에 반응하는 영상으로 음악 회사의 서정적인 컨셉을 표현한 작품이다. 제한된 실내 공간의 한쪽 벽 전체에 영상이 보이고, 관객의 움직임을 따라 반딧불이 따라다니거나 눈이 내리는 등의 인터랙티브 반응이 사운드와 함께 일어난다. 관객들은 물리적 공간 안에서 영상과 음악, 실시간으로 일어나는 인터랙션 등에 의해 작가가 전달하고 싶은 서정적인 느낌과 메시지를 경험하게 된다. 이 경험 속에서 회사의 이미지와 음악이 사용자에게 체험을 통해 새로운 기억과 인상으로 남게 된다.

최근 이러한 인터랙티브 설치 영상이 IT기술과 결합하여 사용자에게 어필할 수 있는 새로운 마케팅과 프로모션 방법으로 사용되고 있다. 주로 컴퓨터 프로그래밍과 하드웨어 센서, 프로젝터 영상 등을 이용하여 제작되며, 영구적인 설치보다는 이벤트성의 공연이나 전시에 많이 활용되고 있다. 이러한 미디어 경험은 사용자들의 참여를 자연스럽게 유도하고, 직관적으로 인지될 수 있는 콘텐츠 제작이 관건이다. 대중들에게 쉽게 다가갈 수 있고 누구나 즐겁게 체험할 수 있는 인터랙티브 미디어 공간이 지속적으로 확장될 것으로 보인다.

싱가포르 박물관 증강현실

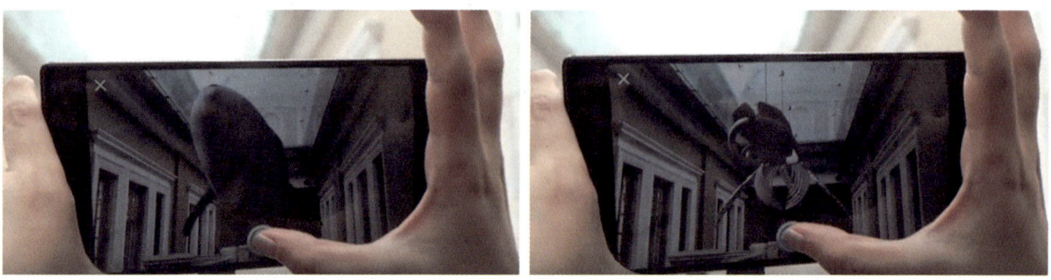

싱가포르에 있는 한 박물관에는 인디안 핀 고래에 대한 전시 공간이 있다. 이 공간에는 거대한 사이즈의 희귀한 이 고래에 대한 실체는 없다. 관람객이 스마트폰을 이용해서 빈 공간 방향으로 플레이하면 증강현실이 되어 고래의 형태가 가상 영상으로 보인다. 특히 일반 박물관에서는 볼 수 없는 고래의 뼈, 건 모습, 움직이는 상태까지 애니메이션으로 감상할 수 있다. 마치 실제로 살아 움직이는 고래를 보는 듯한 체험이 가능하게 해주는 대목이다.

과거의 기록이나 유물을 복원하거나 실제로 보기 어려운 대상에 대한 것을 디지털이나 가상현실로 제작하여 박물관이나 체험관에서 다양한 서비스로 제공되고 있다.

Section
03
미래의 감성 UX 디자인

(1) 인터페이스 확장

미래에 고려되는 공간은 지금 우리의 개념보다는 확대될 것이고, 사용자와 시스템이 만나는 인터페이스 역시 확장될 것이다. 물리적 속성 아래 감추어져 있던 인터페이스가 아날로그 위에 드러나게 되고, 이것은 결국 미래에 디지털 정보인 비트(Bit)와 물리적 단위인 원자(Atom)의 자연스러운 결합으로 발전하게 될 것이다. 디지털과 결합한 물리적 물성 위에 콘텐츠로 구현되는 것이 미래의 UX 디자인과 직결되는 것이다.

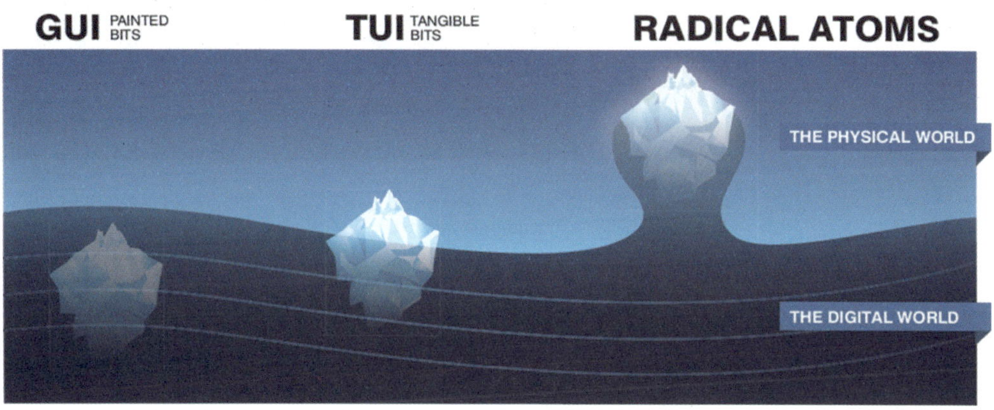

출처: MIT media Lab, Tangible Media Group.

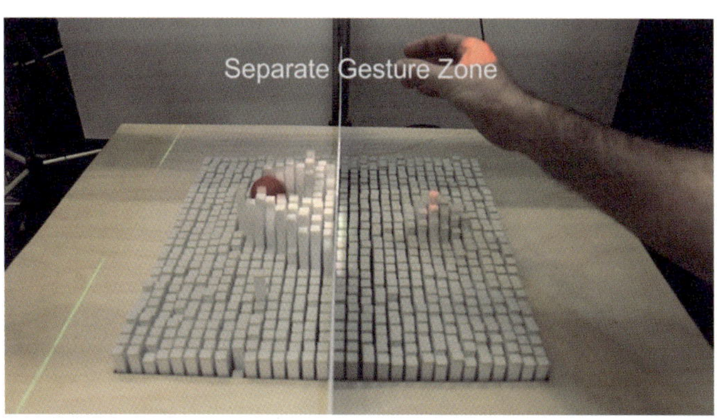

(2) 진정한 융합 디자인

첫 장에서 언급한 바와 같이 가까운 미래는 Conceptual 시대가 도래함에 따라 예술적・감성적 가치가 세상을 지배하는 High Concept과 공감(정서)의 능력이 중요한 시점이다. 따라서 철학과 같은 인문학적 지식 위에 컴퓨터와 공학의 기술이 더해지고, 디자인과 예술의 감수성이 결합되는 진정한 융합 디자인이 추구되고 있다. 홀로그래피 기술이 스토리와 시각, 청각 등의 오감을 자극하고 관객의 몰입을 주도하는 총체 예술로 승화되어 UX 디자인의 결과물로 나타나게 된다. 로보틱스라는 최첨단 기술이 단순히 사람의 능력과 일자리를 대체하거나 우리를 지배하게 될 거라는 두려움을 앞세우기보다는 사람에게 유용하고 사용자 중심의 디자인을 추구하여 우리를 위한 사람을 위한 사용자를 위한 UX 디자인을 지향해야 할 것이다.

인공지능과 로보틱스 기술이 우리 생활 속에 점차 스며들고 있다. 산업적인 곳에서 사용되던 자동화 기술과 로봇이 우리 생활을 편리하게 해주고 어려움을 도와주는 서비스로 등장하고 있다. 1인 가구가 늘어나고 실버 세대가 점차 증가되면서 애완동물을 대신할 애완 로봇이 등장하고 나와 감성을 커뮤니케이션할 수 있는 인형 로봇이 나타나고 있다. 단순한 자동화 기계가 아니고 사람들과 감성을 교감하거나 아픔을 치료해주는 방법으로 이러한 기술이 사용되고 있는 것이다. 미래 사회에는 이러한 감성 기술이 더욱 발전할 것으로 보인다. MIT에서는 감성을 표현하거나 사람들의 감성 상태를 인지하는 로봇을 개발하고 있고, 일본은 애완 로봇을 키우다가 수명이 다하면 장례 행사를 해주는 일까지 일어나고 있다. '바이센티니얼 맨'이라는 영화에서 사람과 같이 감성과 창의를 점차 갖게 되는 로봇의 이야기가 곧 가까운 미래에 현실화될 것이다.

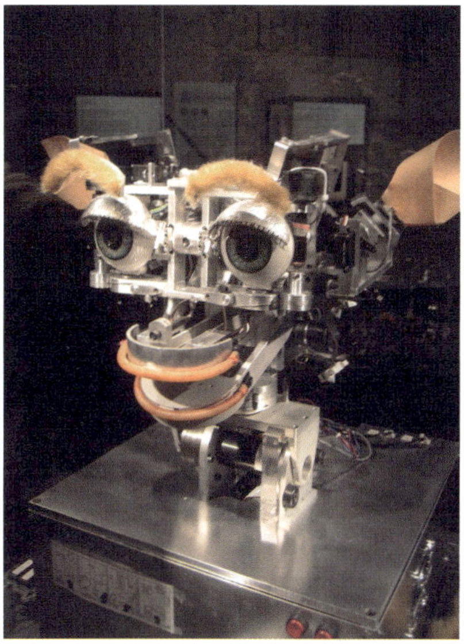

Interesting V

디자인과 공학 사이 – 미래의 융합 UX

미래의 UX 디자인은 '기술'과 '생각'이 만난 감성 디자인이 필요한 시대가 될 것이다. 기술 역시 기능 위주의 제품이나 대량생산주의 또는 공업적인 합리성만을 추구하는 것이 아니라 인간성을 가미한 기술을 중시여기게 된다. 인간성이란 기계와 인간의 가장 큰 차이점인 사고를 한다는 것과 감정을 갖는다는 특징을 말한다. 이러한 기술은 휴먼 테크놀로지라는 형태로 나타나고 UX 디자인의 기반이 되어 감성 디자인으로 나타날 것이다.

이러한 컨셉으로 창조된 디자인은 그리고 사용자들과 함께 완성이 되어 교감이 이루어졌을 때 이는 디지털 총체예술의 형태로 나타나는 것이다. 바그너가 언급했던 총체예술은 오페라 공연을 통해서 극중의 가상으로 만들어진 상황을 배우와 배경, 조명, 사운드 등을 통해 연출되고 그 연출된 가상의 상황을 관객들이 얼마나 실제처럼 받아들이고 체험하고 느낄 수 있는지에 초점을 맞추고 있다. 관객이 현장감과 실재감을 더 잘 느낄 수 있도록 하는 모든 오페라의 요소들이 잘 어우러지는 것, 그것을 총체예술이라 했다. 융합 UX 디자인은 바그너의 총체예술을 디지털 가상공간으로 가져와 관객이 체험하고 인터랙션하는 모든 과정을 똑같이 행하는 디지털 총체예술이라 본다. 감성 UX 디자인의 결과로 만들어진 것은 제작자의 메시지나 스토리, 컨셉 등을 사용자가 몰입과 임장감을 느낄 수 있도록 만든다. 실제와 같은 또는 감동을 줄 수 있는 아름다운 시각적 요소와 사운드, 그리고 적극적 참여를 유도하는 인터랙션을 통해 대상을 이해하고 체험하며 공감할 수 있다. 이런 전체적인 과정과 형태가 디지털 총체예술이라 칭하고 싶다.

| 저자약력 |

권지은
뉴욕 SVA(School of Visual Arts)에서 Computer Art 석사 학위를 취득하였고, 홍익대학교 IDAS(국제디자인대학원)에서 디자인학 박사 학위를 취득하였다. 상명대학교 대학원 감성공학과 교수, 숭의여자대학교 영상컨텐츠전공 교수, 제일기획 Senior Pro로 재직하였다. 현재는 상명대학교 융합공과대학 휴먼지능정보공학과 교수로 재직 중이며 미디어 아티스트로 활동하고 있다.
저서로는 〈웹 컬러 스타일리스트〉(2004, 정글프레스), 〈뉴욕 디자인〉(2009, 아트피버), 〈디자이너를 위한 감성 프로세싱〉(2014, 예문사) 등이 있다.

디지털의 진화: **감성 UX 디자인**

2018년 6월 20일 1판 1쇄 인쇄
2018년 6월 25일 1판 1쇄 발행

저　자 | 권지은
발행인 | 이수영
발행처 | 도서출판 청람
서울시 마포구 독막로 288(대흥동, 세양상가 109호)
전　화 | 02)3272-2601~2
팩　스 | 02)3272-2603
이메일 | crbooks@daum.net
홈페이지 | http://www.crbooks.co.kr
등　록 | 2000.8.26. 제6-0509호

ISBN 978-89-5972-641-7 93610 [정가 25,000원]